中国农村

从小康到全面小康

孔祥智 等 著

Rural China

From Well-off Society to Overall Well-off Society

中国人民大学出版社

·北京·

图书在版编目（CIP）数据

中国农村：从小康到全面小康/孔祥智等著 . -- 北京：中国人民大学出版社，2021.1
ISBN 978-7-300-28719-5

Ⅰ.①中… Ⅱ.①孔… Ⅲ.①农村经济发展-研究-中国 Ⅳ.①F323

中国版本图书馆 CIP 数据核字（2020）第 207315 号

中国农村：从小康到全面小康
孔祥智 等　著
Zhongguo Nongcun：Cong Xiaokang dao Quanmian Xiaokang

出版发行	中国人民大学出版社				
社　　址	北京中关村大街 31 号		**邮政编码**	100080	
电　　话	010 - 62511242（总编室）		010 - 62511770（质管部）		
	010 - 82501766（邮购部）		010 - 62514148（门市部）		
	010 - 62515195（发行公司）		010 - 62515275（盗版举报）		
网　　址	http://www.crup.com.cn				
经　　销	新华书店				
印　　刷	天津中印联印务有限公司				
规　　格	170 mm×240 mm　16 开本		**版　　次**	2021 年 1 月第 1 版	
印　　张	21 插页 1		**印　　次**	2021 年 1 月第 1 次印刷	
字　　数	291 000		**定　　价**	68.00 元	

前　言

实现小康社会，是几千年中国人的梦想。

全面小康，是小康的升级版，其本质依然是小康。党的十九大提出，全面建成小康社会要"经济更加发展、民主更加健全、科教更加进步、文化更加繁荣、社会更加和谐、人民生活更加殷实"，并且要"得到人民认可、经得起历史检验"。换句话说，全面小康看的不是平均数，而是要惠及14亿人口。在奔小康的道路上，一个都不能落下。全面小康，不仅仅要看居民收入，而且是要在经济发展、政治民主的前提下，科技、教育、文化等各个方面都要实现小康。党的十九大规划了2035年基本实现现代化的宏伟目标，全面建成小康社会则为现代化的实现奠定了坚实的基础。

2020年是全面建成小康社会的决胜期。2020年中央一号文件指出："2020年是全面建成小康社会目标实现之年，是全面打赢脱贫攻坚战收官之年。""完成上述两大目标任务，脱贫攻坚最后堡垒必须攻克，全面小康'三农'领域突出短板必须补上。"因此，2020年全面建设小康社会的任务，一是脱贫攻坚，二是力争补上农村公共服务不足的短板。

2020年实现农村人口全部脱贫，是我党的庄严承诺，也是全面建成小康社会的题中应有之义。小康不小康，关键看老乡。老乡之中关键看剩余的551万贫困人口。这些贫困人口集中在52个尚未摘牌的国家级贫困县和1 113个贫困村。中央一号文件提出了三大措施助力脱贫：一是"挂牌督战"，并组织精锐力量对这些县、村强力帮扶，落实到户、到人，"一项一项整改清零，一户一户对账销号"。二是对于特殊贫困群体，要发挥社会保障体系的托底作用，"要落实落细低保、医保、养老保险、特困人员救助供养、临时救助等综合社会保障政策，实现应保尽保。"三是在产业扶贫、就业扶贫之外强化消费扶贫，通过城市居民购买贫困县、贫困村所生产的农产品带动脱贫。为此，2020年3月13日，国家发展和改革委员会（简称"发改委"）印发了《消费扶贫助力决战决胜脱贫攻坚2020年行动方案》，对城市社区的消费扶贫行动进行了部署，进一步落实国务院办公厅《关于深入开展消费扶贫助力打赢脱贫攻坚战的指导意见》和国家发改委等15部委2019年11月9日联合发布的《动员全社会力量共同参与消费扶贫的倡议》，推动形成消费扶贫"人人皆能为、人人皆有为"的浓厚氛围。

今年遇到的最大问题，就是不期而至的新冠肺炎疫情，对整个经济发展都产生了不可估量的影响，当然会影响到脱贫攻坚。为此，2020年2月17日，《国务院扶贫办 财政部关于积极应对新冠肺炎疫情影响 加强财政专项扶贫资金项目管理工作 确保全面如期完成脱贫攻坚目标任务的通知》要求各地扶贫和财政部门加快资金分配拨付，调整和优化资金使用，重点向扶贫产业项目倾斜，强化就业支持，全力保障贫困群众基本生活。

补短板是全面建成小康社会的另一个重要任务。对此，2020年中央一号文件提出要加快补上农村基础设施和公共服务短板。农村基础设施欠账很多，今年主要是推动"四好农村路"示范创建提质扩面，启动省域、市域范围内示范创建；完成"三区三州"和抵边村寨电网升级改造攻坚计划。基本实现行政村光纤网络和第四代移动通信网络普遍覆盖。当前城乡差距主要体现在公共服务上，补齐短板是一个长期的过程，今年的一号文件主要从农村供水、农村人居环境整治、农村教育质量、农村基础医疗卫生服务、农村社会保障和乡村文化服务等方面进行了部署。

全面建成小康社会，2020年是关键之年。举全党、全国之力，充分发挥政治优势、制度优势，这一目标一定能够如期实现。

目　录

第一章　2020：决胜全面小康①

2020 年 2 月 5 日，中央一号文件《中共中央 国务院关于抓好"三农"领域重点工作确保如期实现全面小康的意见》公开印发，这是新世纪以来中共中央颁发的第 17 个有关"三农"工作的一号文件，吹响了全面建设小康社会的集结号。

第一节　从小康"迈进"全面小康

一、小康社会的提出及进展

小康是中国人对于超过温饱、比较殷实生活的一种概况，是几千年来劳动人民对于生活状态的一种向往。语出《诗经·大雅·民劳》，原文为"民亦劳止，汔可小康"。

改革开放的总设计师邓小平最早提出了小康社会的设想。1979 年 12 月 6 日，邓小平在会见日本首相大平正芳时谈道："我们的四个现代化的概念，不是像你们那样的现代化的概念，而是'小康之家'。"他规划了 20 世纪末期现代化的目标，但"中国到那时也还是一个小康的状态。"② 1980 年 1 月 16 日，邓小平在中共中央召集的干部会议上的讲话，在介绍和外宾谈话时提到，到 20 世纪末，争取国民生产总值每人平均达到一千美金，算个小康水平。可见，他所设想的"小康"是脱离贫困、解决温饱问题之后的生活状态，并不是很富裕，但在那时，已经是全体中国人民凝

---

① 执笔人：孔祥智。
② 邓小平 . 邓小平文选：第二卷 . 北京：人民出版社，1994：237.

心聚力为之奋斗的 20 年长期目标了。

小康目标的实现要有切实可行的规划和措施。1982 年 9 月 1 日，中国共产党第十二次全国代表大会（简称"十二大"）召开，大会报告《全面开创社会主义现代化建设的新局面》正式提出了从 1981 年到 20 世纪末经济建设总的奋斗目标，即在不断提高经济效益的前提下，力争全国工农业的年总产值翻两番。如果实现了这个目标，我国国民收入总额和主要工农业产品的产量将居于世界前列，整个国民经济的现代化过程将取得重大进展，城乡人民的收入将成倍增长，人民的物质文化生活可以达到小康水平。这是我国第一次明确提出从 20 世纪 80 年代初到 20 世纪末全党、全国人民的奋斗目标，即全国工农业的年总产值翻两番和实现小康。这是一个十分形象而具体的目标，既可鼓舞人心，又可凝聚人气。此后，"翻番"和"小康"成为 20 世纪后期中国人民耳熟能详并且高频率出现在报刊和网络上的词汇。

1984 年 3 月 25 日，邓小平会见日本首相中曾根康弘，他在谈到中国的发展时说："翻两番，国民生产总值人均达到八百美元，就是到本世纪末在中国建立一个小康社会。这个小康社会，叫做中国式的现代化。翻两番、小康社会、中国式的现代化，这些都是我们的新概念。""翻两番，分成前十年和后十年，前十年主要是为后十年的更快发展做准备。"[①] 1987 年 4 月 30 日，邓小平会见西班牙个人社会党副总书记、政府副首相格拉时谈到了"三步走"的战略构想："第一步在八十年代翻一番。……以一九八〇年为基数，当时国民生产总值人均只有二百五十美元，翻一番，达到五百美元。……第二步是到本世纪末，再翻一番，人均达到一千美元。……实现这个目标意味着我们进入小康社会。把贫困的中国变成小康的中国。"[②] 这两次谈话，是邓小平同志对于建设小康社会的具体解释，加深了人们对于小康社会的理解。

---

① 邓小平．邓小平文选：第三卷．北京，人民出版社，1993：54.
② 邓小平．邓小平文选：第三卷．北京，人民出版社，1993：226.

1987 年 10 月 25 日，中国共产党第十三次全国代表大会（简称"十三大"）召开，大会报告吸收了邓小平的设想，提出了到 21 世纪中叶，经济建设分"三步走"的目标：第一步，实现国民生产总值比一九八〇年翻一番，解决人民的温饱问题。这个任务已经基本实现。第二步，到本世纪末，使国民生产总值再增长一倍，人民生活达到小康水平。第三步，到下个世纪中叶，人均国民生产总值达到中等发达国家水平，人民生活比较富裕，基本实现现代化。这次大会提出的到 21 世纪中期的发展设想，成为中国共产党人的长期发展目标，即在中华人民共和国成立 100 周年时，中国经济社会的发展前景。从十二大的"两步走"到十三大的"三步走"，反映了共产党人对经济发展规律和中国大地所蕴含的巨大发展能量的准确认识和把握。1992 年 10 月 12—19 日，党的十四大报告提出："在九十年代，我们要初步建立起新的经济体制，实现达到小康水平的第二步发展目标。再经过二十年的努力，到建党一百周年的时候，我们将在各方面形成一整套更加成熟更加定型的制度。在这样的基础上，到下世纪中叶建国一百周年的时候，就能够达到第三步发展目标，基本实现社会主义现代化。"该报告还提出为了建设小康社会和基本实现现代化，在制度建设方面应该实现的目标任务。

二、建设全面小康社会：提出及演变

2002 年 11 月 8 日召开的党的十六大宣布我国已经实现了现代化建设"三步走"战略的第一步和第二步目标，人民生活总体上达到小康水平，并提出到 2020 年全党的奋斗目标，即建设全面小康社会。十六大报告指出："我们要在本世纪头二十年，集中力量，全面建设惠及十几亿人口的更高水平的小康社会，使经济更加发展、民主更加健全、科教更加进步、文化更加繁荣、社会更加和谐、人民生活更加殷实。"报告给出了到 2020 年上述四大方面的发展目标，其中，经济发展方面的数量指标是：国内生产总值到 2020 年力争比 2000 年翻两番。这是继党的十二大以后党中央提出的第二个翻番目标。党的十七大继续强调国民生产总值翻两番，强调"确保到 2020 年实现全面建成小康社会的奋斗目标。"

2012 年 11 月 8 日召开的党的十八大在十六大、十七大确立的全面建设小康社会目标的基础上提出了新的要求，即经济持续健康发展，包括到二〇二〇年实现国内生产总值和城乡居民人均收入比二〇一〇年翻一番；人民民主不断扩大；文化软实力显著增强；人民生活水平全面提高，包括基本公共服务均等化总体实现；资源节约型、环境友好型社会建设取得重大进展。这些目标科学、具体而可行，具有可操作性。更重要的是，把基本公共服务均等化列入全面建设小康社会的目标，体现了党的执政理念的变化。

2017 年 10 月 18 日召开的党的十九大提出："解决人民温饱问题、人民生活总体上达到小康水平这两个目标已提前实现。"并对全面小康给予了新的界定，即"到建党一百年时建成经济更加发展、民主更加健全、科教更加进步、文化更加繁荣、社会更加和谐、人民生活更加殷实的小康社会"。党的十九大提出："从现在到二〇二〇年，是全面建成小康社会决胜期"，要"使全面建成小康社会得到人民认可、经得起历史检验"。"小康不小康，关键看老乡。"建设全面小康社会的短板在农村，党的十九大提出的乡村振兴战略，其总体要求是"产业兴旺、生态宜居、乡风文明、治理有效、生活富裕"，目标是"建立健全城乡融合发展体制机制和政策体系，加快推进农业农村现代化"，这和全面建设小康社会的目标是高度一致的。

三、小结

本节梳理了改革开放以来党和国家建设小康社会、全面小康社会在不同时期的认识及其演变。应该说，在过去 40 余年改革开放进程中，党和政府的所有决策、政策都在围绕着小康社会和全面小康社会建设，它们的实现程度也在不断提升。从前面的梳理可以得出以下四个结论。

第一，全党对小康社会建设的认识不断深化。从小康理念的提出，到"两步走"，再到"三步走"；从全面小康理念及具体目标的提出，到十九大具体规划了到 2020 年、2035 年、2050 年三个阶段的目标任务，党对小康、全面小康的认识越来越清晰，目标、措施也越来越具体。

第二，小康、全面小康目标是长期的但又是分阶段的。党的十五大确立了邓小平理论作为全党的指导思想，其核心就是改革和发展。发展是目的，改革是为了发展服务。自改革开放以来，中国共产党进行的所有改革都是为了实现不同阶段小康、全面小康的总体目标服务的。小康和全面小康是最大、最实际的人民利益。

第三，实现全面小康的目标，农村农民是关键。小康社会建设阶段的目标主要以国民生产总值衡量，是一个总体目标，没有区分城市和乡村、城市居民和农村居民。十六大提出的建设全面小康社会的目标也是以国民生产总值衡量的，到十八大增加了收入指标，即"实现国内生产总值和城乡居民人均收入比二〇一〇年翻一番"，这样，全国农民能否实现人均收入翻番就成为实现全面小康的首要问题。早在 2008 年 10 月 12 日召开的十七届三中全会就根据全面建设小康社会的目标提出了到 2020 年农村改革发展的基本目标任务，包括"农民人均纯收入比二〇〇八年翻一番，消费水平大幅提升，绝对贫困现象基本消除"。在党的十八大以后，这一目标又修正为比 2010 年翻一番。这就把农民收入作为一项重要指标纳入全面建设小康社会目标，具有重大而深远的意义。

第四，由于二元经济结构、二元社会结构的深远影响，城乡之间的差距不仅仅表现在收入上，还表现在公共服务等各个方面，因此，推进城乡公共服务均等化是建设全面小康社会的重要内容。为此，党的十八大提出："坚持工业反哺农业、城市支持农村和多予少取放活方针，加大强农惠农富农政策力度，让广大农民平等参与现代化进程、共同分享现代化成果。"党的十八届三中全会进一步指出："城乡二元结构是制约城乡发展一体化的主要障碍。必须健全体制机制，形成以工促农、以城带乡、工农互惠、城乡一体的新型工农城乡关系，让广大农民平等参与现代化进程、共同分享现代化成果。"党的十九大提出实施乡村振兴战略，"建立健全城乡融合发展体制机制和政策体系，加快推进农业农村现代化"，政策不断深化，从惠农，到富农、强农，农业、农村、农民越来越跟上国家现代化的步伐。

第二节　2020 年中央一号文件与全面小康社会建设

一、2020 年中央一号文件的特点

2020 年中央一号文件的显著特点，就是一个主题、一套措施。一个主题就是确保全面实现小康，一套措施就是所有措施都围绕全面实现小康这个主题。这是过去的一号文件很少见到的（除了 2011 年一号文件的主题是水利建设之外）。

"小康不小康，关键看老乡"，广大农民全面实现小康，是实现十九大提出的"到建党一百年时建成经济更加发展、民主更加健全、科教更加进步、文化更加繁荣、社会更加和谐、人民生活更加殷实的小康社会"的关键。改革开放 40 余年来，尤其是自 2004 年以来，中共中央每年都发布一个中央一号文件，实施了一系列既保农民增收又保主要农产品供给的政策。例如，自 2004 年开始实施种粮农民直接补贴、良种补贴、农机购置补贴，自 2006 年开始实施的农业生产资料价格综合补贴，这些补贴合称"四大补贴"。尽管自 2016 年开始改革补贴的方向，但补贴的力度并没有变化。在 2004 年和 2006 年，国家分别实施了稻谷和小麦的最低收购价格制度；从 2009 年起，逐步实施玉米、大豆、油菜籽、棉花、食糖、生猪等重要农产品的临时收储价格。这些临时收储价格自 2014 年起分别进行了改革，但两大主粮的最低收购价格一直在执行。根据中央一号文件的精神，我国自 2005 年起启动测土配方施肥补贴项目；组织实施"科技入户

工程"，扶持科技示范户；设立小型农田水利设施建设补助专项资金，对农户投工投劳开展小型农田水利设施建设予以支持。正是包括上述政策在内的一系列惠农政策的实施，造就了农业发展的"黄金十年"，以及粮食生产的十六连丰和农民收入的持续增长（见表1-1）。

表 1-1　2000—2019 年农民收入年增长绝对值和年增长率

年份	2000	2001	2002	2003	2004	2005	2006
年增长绝对值（元）	2 282.1	2 406.9	2 528.9	2 690.3	3 026.6	3 370.2	3 731.0
年增长率（%）	2.1	4.2	4.8	4.3	6.8	6.2	7.4
年份	2007	2008	2009	2010	2011	2012	2013
年增长绝对值（元）	4 327.0	4 998.8	5 435.1	6 272.4	7 393.9	8 389.3	9 430.0
年增长率（%）	9.5	8.0	8.5	10.9	11.4	10.7	9.3
年份	2014	2015	2016	2017	2018	2019	
年增长绝对值（元）	10 489.0	11 422.0	12 363.0	13 432.0	14 617.0	16 021.0	
年增长率（%）	9.2	7.5	6.2	7.3	6.6	6.2	

注：从 2013 年起，国家统计局开展了城乡一体化住户收支与生活状况调查，2013 年及以后的农民收入为人均可支配收入，此前为人均纯收入。

资料来源：历年《中国统计年鉴》，2019 年数据来自 http://www.stats.gov.cn/tjsj/zxfb/202001/t20200117_1723396.html。

从表1-1可以看出，农民收入从此前的多年低迷上升到当年6.8%的较高年增长率，此后一直维持在6.2%以上的年增长率。实际上，自2010年以来，农民人均收入年增长率一直高于城镇居民，从而引致城乡居民收入之比持续下降，从2004年的3.08∶1下降到2019年的2.64∶1。这也是要实现收入倍增目标应该满足的。否则，随着全面小康社会的实现，农民和城乡居民的收入差距反而拉大了，农民是不会满意的，这样的全面小康就失去了意义。实际上，按照表1-1的数据，扣除价格因素，农民在2019年已经完成了收入倍增目标。也就是说，单就收入而言，全国农村在2019年就完成了全面小康社会建设的任务。此外，从表1-1也可以看出，农民人均收入在 2011 年的年增长率达到极大值，即 11.4%，随后几乎是逐年下降，呈"倒 U"形分布，这也预示着未来农民收入进一步提高的难度会不断加大。

农民收入是一系列指标的综合。表 1-1 所示的是平均数值，掩盖了不同产业、不同人群、不同地区的差异。在经济学研究中，基尼系数是用来反映收入不平等状况的重要指标，基尼系数小于 0.2 表示收入绝对平均；基尼系数为 0.2~0.3 表示收入比较平均；基尼系数为 0.3~0.4 表示收入相对合理；基尼系数为 0.4~0.5 表示收入差距较大；基尼系数在 0.5 以上表示收入差距悬殊。国际上通常把基尼系数为 0.4 作为贫富差距的临界值和警戒线，如果基尼系数大于 0.4 即表示由于居民收入不平等水平可能引发社会动荡，应该进行干预以减轻不平等程度。我们曾经运用农业部全国农村固定观察点数据计算出 2004—2012 年各个年份的基尼系数，结果显示，如果采用原始数据，则农民收入分配在此期间的不平等程度十分惊人，9 年间有 6 年基尼系数大于 0.4。但如果去掉上下 5% 的极端值，则所有年份基尼系数均在 0.3 和 0.4 之间，处于相对平均区间。[①] 这个结果说明了处于两个极端的农民收入是造成差距过大的主要原因，也说明了在建设全面小康过程中实施脱贫战略的重要意义。

根据国家统计局发布的数据，按现行国家农村贫困标准测算，2019 年末，全国农村贫困人口为 551 万，比上年末减少 1 109 万，下降 66.8%；贫困发生率 0.6%，比上年下降 1.1 个百分点。[②] 因此，2020 年中央一号文件高度关注脱贫问题，认为"2020 年是全面建成小康社会目标实现之年，是全面打赢脱贫攻坚战收官之年。""脱贫攻坚最后堡垒必须攻克，全面小康'三农'领域突出短板必须补上。"在一号文件部署的五大问题中，第一个就是脱贫攻坚。提出脱贫攻坚到了"攻城拔寨、全面收官"的关键时刻，要"一项一项整改清零，一户一户对账销号"，要"健

---

① 孔祥智. 农民收入的现状、结构与不平等问题研究. 农林经济管理学报，2015 (2).
② 详见国家统计局网站。

全监测预警机制，加强对不稳定脱贫户、边缘户的动态监测"，巩固脱贫成果，防止返贫。脱贫攻坚是全面建设小康社会的最突出短板，是农村建设全面小康社会的最后一战。2020 年的脱贫攻坚主要关注两类人群：一是深度贫困地区人群。文件提出"进一步聚焦'三区三州'等深度贫困地区，瞄准突出问题和薄弱环节集中发力，狠抓政策落实。对深度贫困地区贫困人口多、贫困发生率高、脱贫难度大的县和行政村，要组织精锐力量强力帮扶、挂牌督战。"这类地区资源环境条件差，社会经济不发达，既是脱贫攻坚的重点，也是"后脱贫"时代巩固脱贫成果、促进经济社会发展的重点。二是特殊贫困群体，如老年人、残疾人、因病致贫人群等，在剩余的 551 万贫困人口中，相当比例属于这类人群，根据一号文件精神，要"要落实落细低保、医保、养老保险、特困人员救助供养、临时救助等综合社会保障政策，实现应保尽保。"实现农村社会保障政策和脱贫政策的有效衔接，以社会保障政策托底实现全面脱贫。

如何巩固脱贫成果，防止已脱贫人群返贫也是一号文件关注的重要内容。按照一号文件要求，除了"认真查找漏洞缺项，一项一项整改清零，一户一户对账销号"，还要（1）健全监测预警机制，认真检测每一个脱贫户的生产、收入和消费状况，如有返贫迹象立即采取相应措施。（2）加强对不稳定脱贫户、边缘户的动态监测，这类农户处于贫困户和非贫困户的中间地带，一旦出现诸如自然灾害、农产品价格暴跌以及家庭成员大病等问题，极有可能很快返贫。（3）深入开展消费扶贫，采取市民合作社或者农民专业合作社吸收市民入股等方式，把消费者和生产者联结在一起，以城带乡，以城市居民的生活消费带动贫困地区经济发展和贫困农民脱贫致富。

如何把脱贫攻坚政策和乡村振兴政策有机衔接是 2020 年中央一号文件的重点内容之一。目前，全国的贫困发生率只有 0.6%，共有 52 个未摘帽贫困县和 1 113 个贫困村，已经摘帽的县和村的经济发展如何与乡村振兴对接？一号文件指出："坚持贫困县摘帽不摘责任、不摘政策、不摘帮扶、不摘监管。"即继续执行已经实施的脱贫政策，把脱贫转向乡村振兴，转向致富强农。在绝对贫困问题解决以后，相对贫困问题永远存在。因此，一号文件指出："要研究建立解决相对贫困的长效机制，推动减贫战略和工作体系平稳转型。"从 2021 年起，乡村振兴战略的实施将成为全党工作的重心，而 2020 年是重要的过渡年份，尤其是已经摘帽的贫困县，要把解决相对贫困问题纳入实施乡村振兴战略统筹安排，探索经验，以便明年向全国推广。

二、公共服务均等化是实现全面小康的关键

十九大报告指出："人民美好生活需要日益广泛，不仅对物质文化生活提出了更高要求，而且在民主、法治、公平、正义、安全、环境等方面的要求日益增长。""更加突出的问题是发展不平衡不充分，这已经成为满足人民日益增长的美好生活需要的主要制约因素"。这种不平衡不充分在农业农村领域表现得最为突出，主要是农村基础设施不足、公共服务落后。自 21 世纪以来，中央在公共服务均等化方面做出了巨大努力。2005年 10 月，中共十六届五中全会通过了《中共中央关于制定国民经济和社会发展第十一个五年规划的建议》，提出要推进社会主义新农村建设，总要求是"生产发展、生活宽裕、乡风文明、村容整洁、管理民主"，"村容整洁"是五大要求之一。此后，多年的中央一号文件都对农村基础设施建设做出部署。自 2003 年起，中央人民政府开始实施新型农村合作医疗试点，此后政府补助金额不断增加。自 2009 年起，国家开始建立新型农村社会养老保险制度（简称"新农保"）；2014 年，国务院颁布了《国务院关于建立统一的城乡居民基本养老保险制度的意见》，要求在 2020 年之前建立新农保与城市居民社会养老保险制度（简称"城居保"）合并实施的城乡居民基本养老保险制度。2016 年 1 月，国务院发布《国务院关于整合城乡居民基本医疗保险制度的意见》，要求从完善政策，推进城镇居民医保和新农合制度整合，逐步在全国范围内建立起统一的城乡居民医保制

度。从 2007 年起，国家开始建立农村最低生活保障制度，对符合标准的农村人口给予最低生活保障，此后保障标准不断提升。可见，在 21 世纪以来惠农政策的支持下，农村公共服务水平总体呈快速上升趋势，农村道路、广播电视"村村通"全部实现，广大农民是满意的。但也应该看到，城乡基础设施和公共服务之间的差距依然很大，成为全面建设小康社会的最突出的短板，也是城乡发展不平衡、农村发展不充分最直观的体现。

为此，2020 年中央一号文件提出从八个方面"对标全面建成小康社会加快补上农村基础设施和公共服务短板"。一是加大农村公共基础设施建设力度。推动"四好农村路"示范创建提质扩面，在完成具备条件的建制村通硬化路和通客车任务基础上，有序推进较大人口规模自然村（组）等通硬化路建设。支持村内道路建设和改造。二是提高农村供水保障水平。全面完成农村饮水安全巩固提升工程任务。有条件的地区将城市管网向农村延伸，推进城乡供水一体化。三是扎实搞好农村人居环境整治。包括分类推进农村厕所革命。全面推进农村生活垃圾治理。梯次推进农村生活污水治理。全面完成 2018 年 2 月中共中央办公厅、国务院办公厅联合印发的《农村人居环境整治三年行动方案》。四是提高农村教育质量。加强乡镇寄宿制学校建设，统筹乡村小规模学校布局，改善办学条件，提高教学质量。加强乡村教师队伍建设。落实中小学教师工资政策。五是加强农村基层医疗卫生服务。推进标准化乡镇卫生院建设，改造提升村卫生室，消除医疗服务空白点。加强乡村医生队伍建设。加强基层疾病预防控制队伍建设。六是加强农村社会保障。提高城乡居民基本医疗保险财政补助和个人缴费标准。提高城乡居民基本医保、大病保险、医疗救助经办服务水平，真正实现新农保和城居保的接轨。七是改善乡村公共文化服务。推动基本公共文化服务向乡村延伸，扩大乡村文化惠民工程覆盖面。实施乡村文化人才培养工程。保护好历史文化名镇（村）、传统村落、民族村寨、传统建筑、农业文化遗产、古树名木等。八是治理农村生态环境突出问题。大力推进畜禽粪污资源化利用。深入开展农药化肥减量行动。稳步推进农用地土壤污染管控和修复利用等。

三、"补短板"的保障措施

2020 年中央一号文件提出了强化农村补短板的保障措施。这些措施共有五大方面。

一是投入政策。文件提出要强化对"三农"的投入。包括（1）加大投入力度。文件提出要加大中央和地方财政"三农"投入力度，中央预算内投资继续向农业农村倾斜，确保财政投入与补上全面小康"三农"领域突出短板相适应。（2）允许地方政府有序扩大用于支持乡村振兴的专项债券发行规模。要在一般债券支出中安排一定规模支持符合条件的易地扶贫搬迁和乡村振兴项目建设。地方土地出让金用于农业农村投入的比例要进一步提高。（3）发挥金融支农的作用，稳妥扩大农村普惠金融改革试点，推动温室大棚、养殖圈舍、大型农机、土地经营权依法合规抵押融资。落实农业保险保费补贴政策。

二是用地政策。要在坚守耕地和永久基本农田保护红线的前提下，切实解决好脱贫攻坚和乡村振兴的用地问题，如"农家乐"用地、农机具库房用地、农产品仓储用地、农产品加工厂房用地等，这些问题不解决，乡村振兴很难推进。因此，一号文件指出，要"完善乡村产业发展用地政策体系，明确用地类型和供地方式，实行分类管理。"（1）根据生产实际合理确定辅助设施用地规模上限，并将农业种植养殖配建的保鲜冷藏、晾晒存贮、农机库房、分拣包装、废弃物处理、管理看护房等辅助设施用地纳入农用地管理。（2）加大村庄整治、土地整理的力度，节余的农村集体建设用地优先用于发展乡村产业项目。（3）要求新编县乡级国土空间规划应安排不少于 10% 的建设用地指标，省级部门在制订土地利用年度计划时，应安排至少 5% 新增建设用地指标保障乡村重点产业和项目用地。

三是人才政策。2018 年 3 月 8 日，习近平总书记参加十三届全国人大一次会议山东代表团的审议时提到了人才振兴，他认为，要推动乡村人才振兴，把人力资本开发放在首要位置，强化乡村振兴人才支撑，加快培育新型农业经营主体，让愿意留在乡村、建设家乡的人留得安心，让愿意上山下乡、回报乡村的人更有信心，激励各类人才在农村广阔天地大施所能、大展才华、大显身手，打造一支强大的乡村振兴人才队伍，在乡村形成人才、土地、资金、产业汇聚的良性循环。① 为了形成人才振兴的氛围，2020 年中央一号文件专门就推动人才下乡进行了部署，主要是：（1）畅通各类人才下乡渠道，支持大学生、退役军人、企业家等到农村干事创业；有组织地动员城市科研人员、工程师、规划师、建筑师、教师、医生下乡服务。（2）县域内人才统筹使用，城市中小学教师、医生在晋升高级职称前，原则上要有 1 年以上农村基层工作服务经历。

四是科技政策。强化科技对"补短板"的支撑作用。（1）加强农业关键核心技术攻关和农业生物技术研发，形成具有自主知识产权的重大科学技术，在主要农产品品种研发上具有发言权。（2）加强农业机械化科学技术研究，加快大中型、智能化、复合型农业机械研发和应用，大力推动山地、丘陵地区农业机械化进程，推动温室大棚机械化进程。（3）加强农业技术推广体系建设，进一步壮大科技特派员队伍，加快现代气象为农服务体系建设。

五是以改革推动"补短板"。发挥改革对发展的促进作用。（1）探索小农户与现代农业有机衔接的方式、方法，把小农户纳入现代农业轨道，推进中国特色农业现代化的实现。（2）进一步探索宅基地所有权、资格权、使用权"三权分置"的途径，深化农村宅基地制度改革试点，以财产权益的保护拓宽农民增收渠道。（3）在农村集体产权制度改革的大背景下，探索新时代农村集体经济发展的路径，确保农村基层组织稳定，拓宽农民收入来源。

---

① 习近平参加山东代表团审议．中新网，2018-03-08．

第三节 永立潮头：如何执行 2020 年中央一号文件

一、当前面临的形势及基本对策

2020 年中央一号文件的发布正值新型冠状病毒肺炎（简称"新冠肺炎"）疫情肆虐，对农业生产和农民增收必然会产生一定的影响，主要表现在：（1）民宿、休闲农业、农业旅游观光等受到严重影响。本来这些产业在春节前后需求旺盛，但由于疫情影响需求大幅下降。这不仅影响到农民收入，还会影响到投资者信心和资金链。疫情过后，这些产业能否在短时期内发展起来，还有待进一步观察。（2）畜牧业从 2019 年的非洲猪瘟中还没有恢复过来就遇上了疫情，即使疫情能很快结束，畜牧业也很难在短期内恢复到正常水平。（3）疫情对春耕和春季田间管理的影响是必然的，主要是化肥、农药供应不可能恢复到正常水平，且一些地区的价格也偏高。（4）农民工全面而充分的就业会受到影响，短期内很难恢复到正常水平。由于工资性收入在农民人均收入中占比很大，这种状况必将极大地影响到 2020 年农民收入的稳定提高。

因此，对于 2020 年中央一号文件的执行要紧密结合当前疫情所造成的农业生产困境和严峻影响。第一，尽快恢复农业生产，防疫、生产两不误，确保粮食和其他主要农产品的供给。供销社系统要在改革中发挥为农服务主力军作用，确保农业生产资料供给不断档、价格不提高。第二，按照一号文件的要求，充分调动那些不能及时外出打工的劳动力发展富民乡村产业，加快家庭农场、农民合作社等新型农业经营主体的培育和支持力度，通过订单农业、入股分红、托管服务等方式，带动小农户融入农业产业链。以新型农业经营主体为依托，打造地方知名农产品品牌，增加优质绿色农产品供给，提升农民生产经营效益。疫情过后，支持各地立足资源优势打造各具特色的农业全产业链，推动农村一二三产业融合发展。第三，稳定农民工就业。要在防疫的前提下推动农民工实现稳定就业。尤其是在疫情过后，要确保农民工迅速就业。按照一号文件的要求，实施家政服务、养老护理、医院看护、餐饮烹饪、电子商务等技能培训，推动农民工就业水平的提高。第四，加快生猪产业的恢复。尤其是在疫情过后，要把恢复生猪生产作为一项政治任务，落实"菜篮子"市长负责制，纠正随意扩大限养禁养区和搞"无猪市""无猪县"的问题。作为一个产业的发展，最关键的是产业链利益关系的形成，以"龙头企业＋合作社＋农户"为主要形式，推动生猪养猪标准化和规模化，包括规模化养殖和服务规模化。第五，继续推进农村集体产权制度改革，深化农村宅基地制度改革，拓宽农民财产性收入来源。

二、大力发展农业社会化服务业

实践证明，在一些农业社会化服务产业发育水平高的地方，农业生产受到的影响会小一些；反之则大一些。疫情对于一个地区农业社会化服务体系是否健全是一个严峻的考验。

例如，为了解决疫病传染问题，山东丰信农业服务连锁有限公司提出了疫情期间"无接触种地"的解决方案，为特殊时期的大小农户提供足不出户就能享受到优质的全程托管服务，让各类服务组织可以高效地进行生产，促进了农业社会化服务体系建设。农户仅需关注"丰信之家"公众号并注册丰信会员，即可线上知农事、买农资、用农机、看农田、问专家、享优惠、卖农产品，线下享受无接触配送及田间巡查等服务，足不出户就能种好地。

这个"无接触种地"方案包括：（1）"足不出户知农事"。农户在注册丰信之家后，完成地块位置标注，平台会根据地块位置，自动分配服务店长，店长调研地块信息，上传平台后，平台智能设计全程托管方案，定时向农户推送农事提醒。（2）"足不出户买农资"。农户可根据需求在平台上自由选择产品进行下单订货，由该区域店长负责送货上门。（3）"足不出户用农机"。农户需要农机服务时，可从平台上选择对应的服务组织、农机手等，下单后，农机手根据约定时间到农户地块完成作业。(4)"足不出户看农田"。平台根据地块位置自动匹配服务店长，店长根据线上专家或人工智能决策系统的派单，定期到农户地块巡查，并拍照上传，农户可以随时随地了解农田情况。(5)"足不出户问专家"。农户或店长均可在平台上提出生产环节各种问题，入驻平台的农技专家将在工作时间1小时内、非工作时间3小时内及时答复。(6)"足不出户享优惠"。平台还设计了团购拼单功能，农户可以和亲朋好友一起团购农资、租赁农机等，享受折上折的优惠。(7)"足不出户卖产品"。农户可将自家的农产品在平台上销售，农产品收购企业也可通过平台定向采购。从目前情况看，"无接触种地"解决方案的效果良好，农民十分满意。截至2020年2月21日，丰信平台已收到2万余个农资订单，涵盖了肥料、农药等春耕必需品，其中，近500名丰信店长已完成部分春耕农资的无接触配送，能解决十余万亩耕地的生产所需。全国5 000余名丰信店长坚持服务在一线，累计帮助农户巡查耕地40余万亩，向农户发送耕地状况照片近10万张；通过飞防打药等方式，帮助农户打药4万余亩；通过农资团购，帮助农户平均每亩地节省9.7元。

在一些农业社会化服务体系建设成效显著的地区，新型农业经营主体、社会化服务组织不仅在防疫中发挥了技术优势，还在组织春耕中发挥了独特的作用。一些社会服务组织利用喷杆喷雾机、植保无人机、烟雾机等高效植保机械，配合卫生防疫部门对村道、街巷及其他公共场所进行疫情防控消毒作业，取得了良好的效果。如山西省临汾市尧都区红福泰合作社利用农业机械齐全的优势，使用自家的农用喷雾器，为成员所在村开展免费地面消毒，提升了疫情防控的效率。大量农民专业合作社主动承担农业生产托管任务，开展"订单作业"，并按照防疫要求，结合机具作业效率，统筹安排作业地点和作业时段，做到错峰作业，实现了防疫、生产两不误。山西省平遥县和之瑞种植专业合作社联合社以土地托管为手段解决农民的后顾之忧，以手机 APP（托管通）为平台已经签订六万余亩土地的合同，有效解决了农民在防疫期间不方便种地的问题。山西省翼城县农业社会化服务联合体利用自身优势，积极联系农药厂家，迅速组织采购农业生产除草环节所需农药。联合体核心企业山西省翼城县新翔丰农业科技有限公司充分发挥农业生产托管服务功能，通过电话会议安排全县 20 余支农业生产托管服务队伍，与当地村委会对接，预约整地作业。公司服务暂时没有覆盖的村，通过党支部动员当地的农机合作社和农机大户组建抗击疫情春耕生产服务队，以市场化方式承担本村春耕生产任务，农户利用公司微信公众号预订生产资料后，公司安排车辆和服务人员配送，实行"点对点、点对店"服务到村，有效减少村里人员聚集和流动。目前，山西各县玉米种子的到位比例一般在 50%～60%，而山西德育丰农业科技有限公司实行服务的各地一般可达 80%以上。

可见，为解决小农户与现代农业发展有机衔接的问题，尤其是在防疫期间的农业生产问题，各类农业社会化服务组织能够起到重要的支撑作用。为此，特提出以下建议。

一是紧急动员各类新型农业经营主体参与防疫期间的农业社会化服务。根据统计，全国共有农民专业合作社 120 多万家，平均每个村 2 家以上，覆盖了 50%以上的农户，而这些农户恰是我国农产品供给的主体。其中，规模较大、有明显带动能力、经营水平较高的合作社大约占三分之一。如果疫情期间这些合作社都能够被调动起来参与社会化服务，则会极大提高服务供给和服务质量。

二是中央政府紧急拨付一部分资金用于防疫期间政府购买农业社会化服务，鼓励省、市、县三级人民政府根据本地主导产业和薄弱环节（如畜牧业）给予追加补贴。在现实中，政府购买农业社会化服务有非竞争性购买（也称私办公助）、竞争性购买（政府通过招标的方式选择提供服务的私人部门或非营利组织）、直接资助（政府选择特定的能够提供公共服务的私人部门或非营利组织并给予资助）、政府补贴（政府向有资格的服务对象按照一定的标准直接提供补贴）等方式，可供各级政府在补贴时进行选择。

三是促进新型农业经营主体的形成和发展。2020 年中央一号文件指出："重点培育家庭农场、农民合作社等新型农业经营主体"。为此，（1）鼓励农民工返乡创业，创办家庭农场和农民专业合作社。在防疫期间，市场监管部门要采取灵活的注册方式，简化注册手续，使其尽快投入农业生产经营活动。（2）由于疫情，部分农民工无法返回原打工城市，建议地方政府对于防疫期间注册的家庭农场、农民专业合作社、农业企业给予适当补贴，以提高其积极性。

四是扩大中央财政支持农业社会化服务试点项目的实施范围。从2019 年山西等地执行的情况看，试点的效果是好的，深受农民的欢迎，促进了农业现代化水平的提高，在试点中发育或支持的社会化服务组织在这次防疫中也发挥了突出的作用。建议扩大试点范围，尽快拨付试点资金，推进试点工作的实施。

第二章　加强农村基础设施建设：
全面小康的根基[①]

　　农村基础设施建设是农村建设的根基，是推动乡村振兴的基础性力量（曹福生和蔡保忠，2018）。党和政府一直高度重视我国农业农村基础设施建设，多次出台相关政策文件，并切实推进。农村基础设施的完善度进一步提高，农村居民的生活水平显著提升。但城乡差距仍然存在，还有很多重点、难点问题需要攻克。必须坚持农业农村优先发展不动摇，不断完善农村基础设施规划、建设和管护体制，激活供给农村基础设施的市场活力，全面升级农村基础设施，促进城乡融合发展。

第一节　全面撒网　蒸蒸日上

　　自全面建设小康社会以来，政府统筹规划、有序推进农村基础设施建设，市场多元主体参与，主要在交通、供水、供电、能源和通信方面，基本满足了广大农村地区的生产生活基础设施需求，农村居民生产生活水平较21世纪初有了显著提升。目前正在加紧推进农村地区基础设施优化升级，加快缩小城乡差距。

一、交通："瓶颈"制约基本解决，后续完善加紧推进

　　总体来说，"两通"工作基本完成，"四好"建设稳步推进。截至2019年12月15日，我国农村公路的里程总数已经超过了404万千米，占

---

　　① 执笔人：杨睿、王沁轩。

全国公路里程总数的 80% 以上；中央累计投入资金超过 6 120 亿元，用于乡镇、建制村的 230 余万千米公路建设、改造。在通硬化路方面，全国仅剩 1 个具备条件的乡镇和 1 个具备条件的建制村还未完成项目建设，正在全力推进中；在通客车率方面，我国具备条件的建制村、乡镇分别达到 99.45%、99.64%。① 我国农村交通体系的建设，不仅在"建好"方面基本实现，更在"管好、护好、运营好"方面积极推进。2015 年，中华人民共和国交通运输部（简称"交通运输部"）发布了《交通运输部关于推进"四好农村路"建设的意见》，部署了相关工作。以江苏为例，2018 年全省优良路率居全国之首；近两年，建成了长达 15 082 千米的农村道路安全生命防护工程和覆盖 399 个平交路口的"千灯万带"示范工程。②

具体来看，道路四通八达，农村居民生活出行变得更加方便。对广大农村居民来说，随着农村道路硬化和乡村客车服务辐射半径的逐步扩大，走出大山不再举步维艰。以甘肃省天水市清水县为例，"开门就是山，十里羊肠道；背磨，肩挑，乘车难"描述的是这里农村居民原先的出行实况。自党的十八大以来，清水县制定并实施了一系列"四好农村路"举措，新增县城公交 46 辆，每年每辆补贴 6.5 万元，新增城乡公交 10 辆，每年每辆补贴 3.5 万元；乡镇、建制村客车全覆盖，村民前往县城和乡镇的时间分别平均缩短了 25%、30%。③ 以贵州全省为例，3.99 万个 30 户以上的自然村通硬化路，惠及农村居民 1 166 万余人，其中，建档立卡的贫困居民有 183 万余人，群众出行难的问题得到进一步解决。

出行畅行无阻，农村经济交通瓶颈得以突破。落后的农村交通基础设施会阻碍农业现代化生产与运营的推进，传统农业困境难以突破；在农村交通运输方面，较低的通达度使得乡村好产品难以输送出去、乡村好风光难以将游客吸引进来。随着农村交通基础设施建设的完善，其对农村经济的制约力度逐步下降，农村产业逐步升级发展，这主要体现在两个方面。

---

① ② ③ 详见中华人民共和国交通运输部网站。

　　一方面，农村交通基础设施的完善推进了农村物流体系的建设升级。一是物流覆盖范围显著扩大。2017 年，我国已通邮行政村比重达到 100%。近 20 年来，农村投递路线里程呈现总体上升趋势，2018 年，上升幅度尤为明显，累计里程超过 403 万千米（见图 2-1）。二是物流成本有效降低。以江苏省为例，其镇村公交开通率超过 95%，建设了乡（镇）、县和地市三级农村物流站点体系，物流配送装载率超过 90%、回程装载率接近 80%。三是物流系统不断升级，冷链工程建设提上日程。2020 年中央一号文件提出"启动农产品仓储保鲜冷链物流设施建设工程"。不断完善的物流体系建设，有效带动了农村地区经济发展。前文提到的甘肃省天水市清水县，当前主要产业公路覆盖率达 85%，便利的物流体系建设，带动了当地开展干鲜果种植 60 余万亩、蔬菜种植 11 万亩、中药材种植 5 万亩、畜禽饲养 479.07 万头。

　　另一方面，农村交通基础设施的完善推动了乡村旅游产业的繁荣发展。在重庆市黔江区，30 个镇（乡、街道）、219 个村（社区）全部通上了硬化路，带动发展农家乐、民宿 800 余家。在江西省上饶市，"环山觅水大通道"项目的建设，推进横峰县新增国家级、省级 3A 或 4A 级乡村旅游景点 14 个，推动婺源县打造 29 个魅力乡村和 274 个新农村。横峰县义门村的"90 后"村民张雪芝，在北京工作 3 年后，受到家乡越来越好的基础设施与美好自然风光的吸引，也和丈夫一起返乡创办农家乐。①

　　然而"两通"范围仍存在局限性，养护运营仍存在不健全等问题。虽然"两通"目标——具备条件的乡镇、建制村"通硬化路"和"通客车服务"基本实现，道路宽度和质量得到进一步提升，但自然村道路硬化和村内道路建设还不够完善，大多数省份自然村通硬化路率还难以达到 100% 覆盖，交通道路养护运营的制度与实施还不够完善，先进地方的典型做法还未得到普适性推广，部分地区仍然存在"重建轻养"问题。2020 年中

————————————

　　①　详见中华人民共和国交通运输部网站。

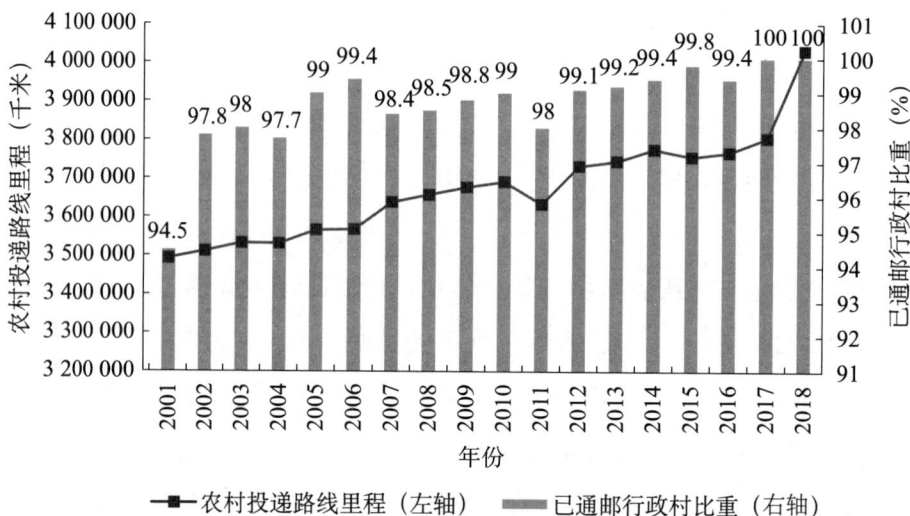

图 2-1 我国农村投递路线里程与已通邮行政村比重变化趋势（2001—2018 年）

注：通邮的营业网点，在 1999—2006 年的统计标准为邮政局（所）；自 2002 年起，还包括邮政代办点；自 2007 年起，更改为规模以上邮政业法人企业办理业务的场所。

资料来源：国家统计局网站。

央一号文件指出，"在完成具备条件的建制村通硬化路和通客车任务基础上，有序推进较大人口规模自然村（组）等通硬化路建设。支持村内道路建设和改造。加大成品油税费改革转移支付对农村公路养护的支持力度。加快农村公路条例立法进程。加强农村道路交通安全管理。"并进一步完善农村交通基础设施及配套制度体系建设。

二、供水：节水防灾齐头并进，饮水安全巩固提升

概括来说，我国农村水利工程建设取得了以下三个方面的显著成效。

第一，水利设施量质齐增，减灾能力逐步加强。首先，我国水利设施的数量不断增加，大中型工程建设力度在近年有所加强。就我国水库建设总体情况而言，水库数量呈现总体上升趋势，在 2012—2013 年间，上升幅度尤为明显，2018 年，已经达到 98 822 座；小型水库建设量占据水库建设总量的 95% 以上，占比有略微下降趋势；中型水库建设量占比在 4%

左右，有略微上升趋势（见图 2-2）。2018 年，水库容量达 8 953 亿立方米，其中，大型水库占 79.49%，中型水库占 12.58%，小型水库占 7.93%。

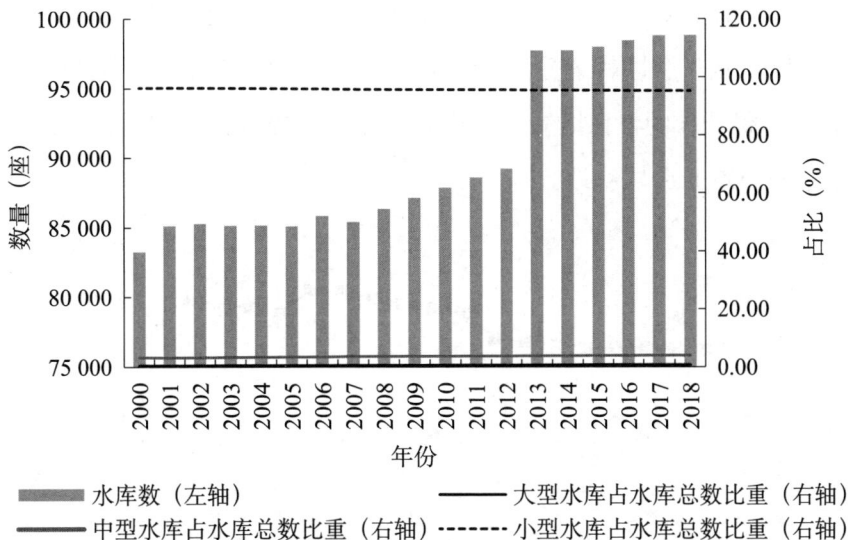

图 2-2　我国水库建设状况（2000—2018 年）

资料来源：国家统计局网站。

其次，我国水利设施的辐射面积不断扩大，尤其是在节水灌溉方面。我国有效灌溉、节水灌溉的耕地面积呈现总体上升趋势，2017 年占耕地总面积比重分别达到 50.27% 和 25.44%，而在 2000 年时，节水灌溉面积占比仅为 12.60%（见图 2-3）。

除此之外，我国水利设施的质量不断提升。以珠江流域水利设施建设为例，各项防洪水利设施的建设标准不断升级。在 2013 年发布的《珠江流域综合规划（2012—2030 年）》中，全面升级各区防洪标准，计划农田防洪标准达到 10 年一遇到 20 年一遇，珠三角重点堤防保护区防洪标准达到 100 年一遇到 200 年一遇。[①]

---

① 何治波，吴珊珊，张文明. 珠江流域防汛抗旱减灾体系建设与成就. 中国防汛抗旱，2019，29（10）：71-79.

基于此，我国防汛抗旱能力明显加强，尤其是在抗旱方面。近年来，水灾和旱灾成灾面积均呈现总体下降趋势（见图 2 - 3），2018 年，分别为 2 551 千公顷和 2 621 千公顷，较 2000 年的 4 321 千公顷和 26 784 千公顷有较大幅度的下降。2018 年，中央下拨特大防汛抗旱经费 35.06 亿元，防止 3 176.08 千公顷耕地受淹，防止 23 422.06 千公顷耕地遭遇旱灾，挽回 221.38 亿公斤的粮食损失；已建成的堤防工程全年保护 6 亿余人，保护超过 41 000 千公顷耕地。[①]

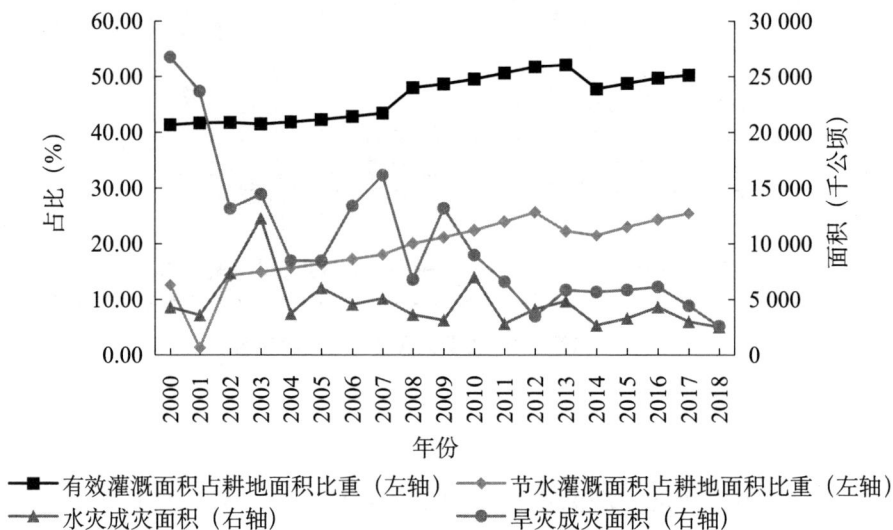

图 2 - 3 我国水利设施辐射面积和防汛抗旱能力情况（2000—2018 年）

注：有效灌溉面积是指土地较为平整，具有一定水源，已经配套相关灌溉设备、工程，在正常年份时可以正常灌溉的耕地面积，一般是水浇地和水田面积的合计。

资料来源：国家统计局网站；2000—2019 年《中国统计年鉴》。

第二，高效灌溉管护改革，助力现代农田建设。在农村水利工程建设方面，建设重点之一是高效节水灌溉领域。2018 年，中央投资大中型灌排工程与灌区节水改造 137.6 亿元、投资高效节水灌溉等农田水利设施 225 亿元，合计占当年中央政府投资总额的 20.69%。全年新增 828 千公

[①] 详见中华人民共和国水利部《2018 年全国水利发展统计公报》。

顷可灌溉耕地、2022 千公顷节水灌溉耕地、1 536 千公顷高效节水灌溉耕地；全国节水灌溉工程面积达到 36 135 千公顷，其中，微灌喷灌面积为 11 338 千公顷，低压管灌面积为 10 566 千公顷，节水灌溉效果初显。2018 年农业用水为 3 693.1 亿立方米，占全国用水总量的 61.4%，较上年减少 73.3 亿立方米；农田灌溉水有效利用系数达 0.554，较上年增长了 0.006。在农村水利制度改革方面，社会资本投资增加，管护制度逐步完善。2017 年，在建设高效节水灌溉和农村饮水工程的投资中，社会资本投入比例分别为 13% 和 30%。全国有 100 个县已经完成"农田水利设施产权制度改革和创新运行管护机制试点"任务。截至 2018 年底，农业水价综合改革面积累计超过 1.6 亿亩。高效灌溉设施建设和水利管护制度改革的大力推进，加快了我国现代农田的建设步伐。[①] 2018 年，全国累计建成高标准农田 6.4 亿亩，完成 9.7 亿亩重要农产品保护区和粮食生产功能区的划定任务。

第三，饮水安全巩固提升，生活质量越来越好。从农村饮水解困到安全保障，再到巩固提升阶段，从让农村居民喝上水到喝上放心水，农村饮水工程一直是农村水利工程建设的重中之重，在农村供水量、供水质、供水方便程度和覆盖范围方面，综合提升了我国农村居民饮水水平（见表 2－1）。

一方面，农村饮水工程的推进实现从水量保障到水质提升的跨越。2018 年底，全国农村集中供水率达 86%，农村通自来水率达 81%，65.3% 的农户所在自然村的饮用水经过集中净化处理。以新疆阿克苏地区柯坪县为例，2018 年 10 月，当地农村居民告别了 70 余年的涝坝水和山泉水生活，喝上了自来水。

---

① 详见中华人民共和国水利部《2017 年全国水利发展统计公报》《2018 年全国水利发展统计公报》。

表 2-1　农村饮水工程发展阶段及其成效

时间	阶段	成效
1949—2004 年	农村饮水解决困难阶段	到 1999 年底，70％以上的农村人口饮水困难问题得到解决； 2000—2004 年，中央财政资金划拨 97 亿元，剩余 6 004 万农村人口的饮水困难问题得到解决。
2005—2015 年	农村饮水安全保障阶段	投入 2 861 亿元用于农村饮水安全工程建设，5.2 亿农村居民和 4 700 多万农村学校师生的饮水安全问题得到解决。
2016 年至今	农村饮水巩固提升阶段	截至 2018 年底，建成各类农村供水工程 1 100 余万处，惠及 9.4 亿农村人口； 农村集中供水率 86％； 农村自来水普及率 81％

资料来源：董明锐.农村饮水安全 让亿万农民喝上放心水.中国水利，2019（19）：56-58.

　　另一方面，农村饮水工程的升级惠及范围进一步扩大，深入贫困地区。2018 年，投资农村饮水安全巩固提升工程共计 573.6 亿元，惠及 7 800 多万农村居民、436 万建档立卡贫困人口。[①] 2019 年 1 月至 11 月，80％参与上一年"农村饮水安全脱贫攻坚任务"的省（自治区、直辖市）已经全面完成任务，合计 96 万贫困人口的饮水安全问题得到解决，在还未全面完成任务的 5 个省中，平均解决比例已经达到 92.1％，仅有约 8.2 万贫困人口的饮水安全问题未得到解决，正在加紧推进。[②]

　　超过 6 000 万农村人口的饮水型氟超标问题得到解决，广西、新疆、江西、湖北和辽宁等地的农户户均减少医疗费支出 100～200 元，农村居民的生活水平因此得到有效提升。

　　但农村水利工程惠及程度有限，农村水利制度完善程度有限。虽然在全面建设小康社会的近 20 年时间里，我国在农村水利设施的建设和农村水利制度体系的完善方面，切实惠及农村百姓，实现了质的飞跃，但是我们的进步空间依旧还很广阔。在农村饮水安全巩固提升的脱贫攻坚战中，还有 5 个省约 8.2 万贫困人口的饮水安全问题未得到解决，像完善四川省

① 详见中华人民共和国水利部《2018 年全国水利发展统计公报》。
② 详见中华人民共和国水利部历期《农村饮水安全工作简报》。

阿坝藏族羌族自治州这样居住分散、地质复杂、水源不稳定地区的农村水利工程建设、管护，还需要攻坚克难。在推进高效节水灌溉的现代农业生产方式中，截至 2017 年，我国节水灌溉面积占耕地面积比重刚刚超过 1/4，高效节水灌溉面积占耕地面积比重则仅有 15.23％，农田灌溉水有效利用系数为 0.554，还远低于 0.7～0.8 的世界先进水平，节水灌溉工程的建设还任重道远。在防汛抗旱的减灾保卫战中，总体来说，涝灾的威胁程度相对更大，农村防汛预警体系建设、病险工程除险加固还存在不足。在改革农村水利设施产权制度和创新农村水利设施运行管护机制的推进中，试点县任务刚刚完成，其先进经验和典型做法得到普适性推广还需要一定的时间。在激活农村水利设施投资建设资金来源和运营管护方式方面，还需要进一步探索更加科学有效的制度体系。

三、供电：户户通电告别煤油，改造升级产业振兴

户户通电，告别煤油灯时代。随着 20 世纪中后期农业排灌用电的发展，农村用电需求激增，1979 年，我国农村开始实施第一次大规模的农村电网改造工程。1998 年，改造农村电网、改革农村电力管理制度、推进城乡用电同网同价的"两改一同价"政策开始实施；截至 2000 年，全国 97％的人口用电问题得到解决，80％的农村地区配备了大电网。截至 2004 年，在完成两期农村电网改造工程以后，农户用电价格下降 31.58％（从 0.76 元/度降至 0.52 元/度），4.8 万个行政村、近 1.5 亿农民从中受益。2015 年 12 月 23 日，青海省玉树藏族自治州的 9 614 户、合计 3.98 万农村居民合闸通电，从此我国农村居民彻底告别了"煤油灯"时代，实现家家户户用上电①，而且基本实现了在本省（自治区、直辖市）范围内，统一城乡居民的生活用电价格。

提质升级，从农民生活到产业发展。不仅要户户用上电，更要户户用好电。在户户通电的基础上，我国又开展了新一轮农村电网改造升级工

---

① 郑晓奕，樊曦. 光明之路——新中国成立 60 年农村电力发展综述. 新化网，2019；本刊编辑部. 壮丽 70 年 从"用上电"到"用好电". 农电管理，2019（10）：1.

程，这使得农村供电保障体系愈加完善，农村居民用电质量显著提升，乡村产业发展用电需求逐步得到满足，推动了城乡电力的统筹发展。

一方面，乡村办水电站的建设缓解了部分农村动力电供应压力。由于农村居民居住分散，农田分布范围广、地势复杂，架设动力电网难度大、线路长，尤其是在偏远山区，相对建设成本较高，使得动力电网一时难以在全国农村快速、全面建成，农业高效灌溉、乡镇企业的发展也因此受到电力制约。而乡村办水电站的兴建，有效地解决了部分地区动力电网难以及时覆盖的问题；乡村办水电站的增效扩容，则有效地解决了部分地区动力电供应不足的问题。2018 年，我国已建成乡村办水电站 46 515 座。其中，2008—2013 年，乡村办水电站装机容量的增幅尤其明显（见图 2-4）；2018 年，达到 8 043.5 万千瓦，占全国水电装机容量的22.8%。乡村办水电站的年发电总量达到 2 345.6 亿千瓦时，占全国水电发电总量的 19%，为部分地区现代农业生产提供了电力保障。

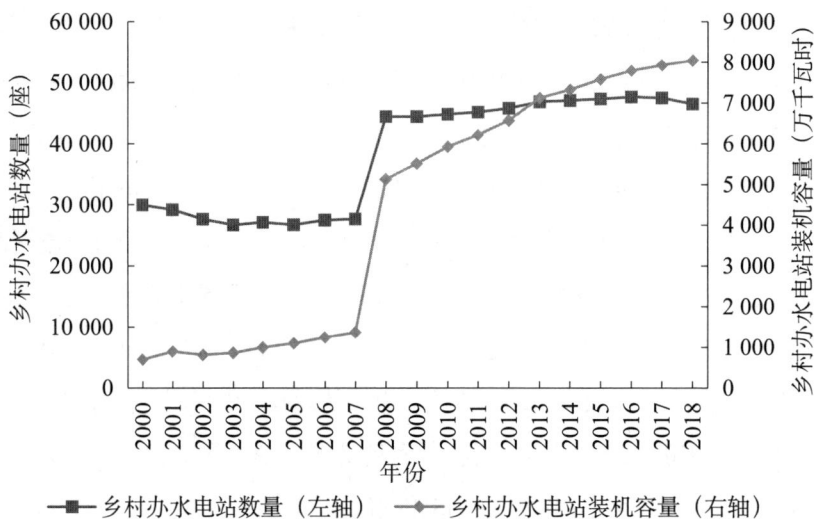

图 2-4 我国乡村办水电站发展趋势（2000—2018 年）

注：2000—2007 年统计口径为乡村办水电站，自 2008 年起统计口径变更为农村水电站，是指装机容量 5 万千瓦及以下的水电站和配套电网，自 2008 年起全国数据中包含水利部直属数据，故统计口径的变化可能是造成 2007—2008 年变动幅度尤为剧烈的原因。

资料来源：国家统计局网站。

另一方面，农村动力电网的完善也在加紧推进中。据报道，2016—2017 年，我国完成了 3 大工程：（1）小城镇中心村农网改造升级工程，惠及 30 个省（自治区、直辖市）7.8 万个村、1.6 亿的农村居民；（2）农村机井通电工程，全国 17 个省（自治区）和新疆建设兵团 1 万多个乡镇、1.5 亿亩农田的 160 万个机井通了电；（3）贫困村通动力电工程，使得动力电覆盖 3.3 万个自然村、800 万名贫困村居民。[①] 2018 年，国家电网农村供电可靠率达到 99.795%，客户年均停电时间仅为 18 小时，虽然较城市对应的 99.955% 和 4 小时的水平还存在着一定的差距，但是较农村 2005 年时的 99.382% 和 54 小时，已有了很大的提升。2019 年全年中央预算内农网改造升级资金的 64.9% 用于"三区三州"深度贫困地区[②]，农村动力电网完善程度和范围正在进一步加深和扩大，配套制度体系正在加紧建设。2020 年中央一号文件指出，计划"完成'三区三州'和抵边村寨电网升级改造攻坚计划""国家支持家庭农场、农民合作社、供销合作社、邮政快递企业、产业化龙头企业建设产地分拣包装、冷藏保鲜、仓储运输、初加工等设施，对其在农村建设的保鲜仓储设施用电实行农业生产用电价格"。农村供电体系得到完善，在解决农村居民生活用电问题的基础上，逐步满足乡村产业发展电力需求，推进乡村振兴。

从改造到升级，从生活到生产，农村供电网络的建设和完善正逐步向城市靠拢。农村用电量呈现总体上升趋势（见图 2-5），2018 年，达到 9 358.54 亿千瓦时，较 2010 年上涨了 41.1%。

四、能源：使用需求基本满足，使用结构还需升级

从"用不上"到"用得上"，农村居民能源使用需求基本得到满足。就电能方面而言，前文已经介绍，随着 2015 年农村电网全覆盖，农村居民生活用电问题得到全面解决；随着农村电网改造升级工程的推进，农村经济

① 张喆炯. 中国农村电网改造升级效果显著. 国际在线，2019-06-28.
② 详见国家能源局网站。

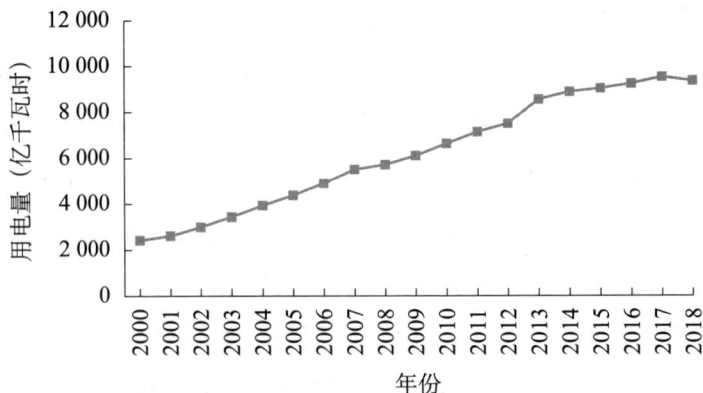

图 2-5 我国农村用电量变化趋势（2000—2018 年）

资料来源：国家统计局网站。

生产用电问题正逐步得到解决。从能源终端消费总量来看，按发电煤耗计算法所得，2017 年，城镇生活消费占比为 57.78%，乡村生活消费占比为 42.22%，达到 24 325.13 万吨标准煤；较 2000 年时乡村生活消费占比为 39.15%、总量 5 838.58 万吨标准煤来说，有了很大的提升。从人均生活用能量来看，我国人均生活用能量的城乡差距在逐步缩小（见图 2-6），截至 2017 年，农村人均生活用能量为 417 千克标准煤，已经超过了城镇人均生活用能量的 416 千克标准煤，城乡人均生活用能量水平基本持平。

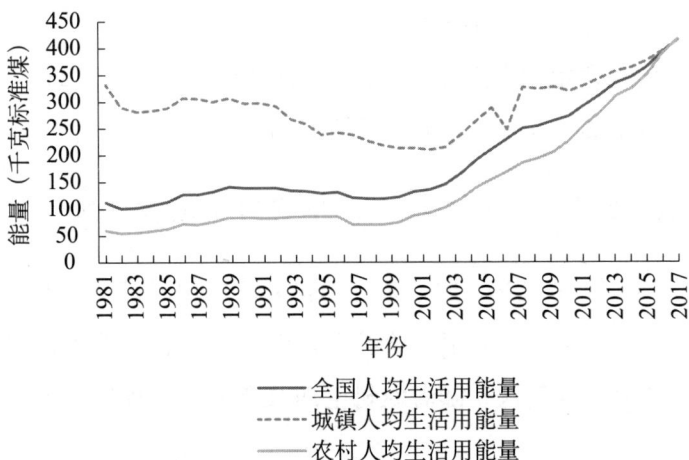

全国人均生活用能量
城镇人均生活用能量
农村人均生活用能量

图 2-6 我国城乡人均生活用能变化趋势（1980—2017 年）

资料来源：《中国能源统计年鉴 2018》。

　　从"用得上"到"高效化"，农村居民能源使用结构正在优化。除了满足日益增长的农村生产生活用能需求外，还要推进绿色清洁能源体系建设，保护乡村美丽自然风光。据国家能源局发布，2019 年初我国煤电超低排放和节能改造"十三五"总量目标提前两年完成，世界上最大的清洁煤电供应体系已经建成。如图 2-7 所示，在农村居民生活能源消费构成中，煤合计消费占比逐步下降，电力、油品、天然气等更加高效化的能源消费占比略有上升；值得注意的是，自 2012 年以来，其他能源消费占比显著上升，且明显高于其他能源消费在城镇居民生活能源消费中的占比（见图 2-8），这和农村沼气、太阳能、风能等能源的转型升级利用密切相关，得益于农村能源的综合建设。2017 年，全国累计 4 057.7 万户居民使用沼气池、年户均产气量为 364.5 立方米，累计配备省柴节煤灶 10 676.05 万台、节能炕 1 683.89 万铺子、节煤炉 2 769.41 万台、太阳能热水器 8 723.5 万立方米、太阳灶 222.27 万台，小型光伏发电装机总容量为 26.16 万千瓦、小型风力发电装机总容量为 9.59 万千瓦。[①]

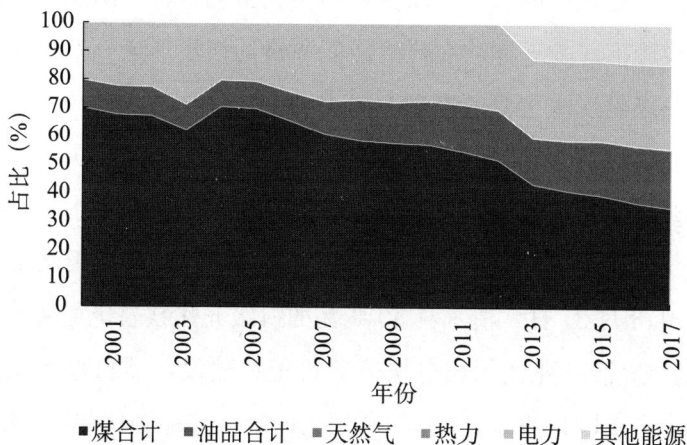

图 2-7　我国农村居民生活能源消费结构变化趋势（2000—2017 年）

注：部分能源消费为 0 或极少，故在图中不显示。

资料来源：2000—2018 年的《中国能源统计年鉴》。

---

① 详见《中国农业年鉴 2018》及历年《中国能源统计年鉴》。

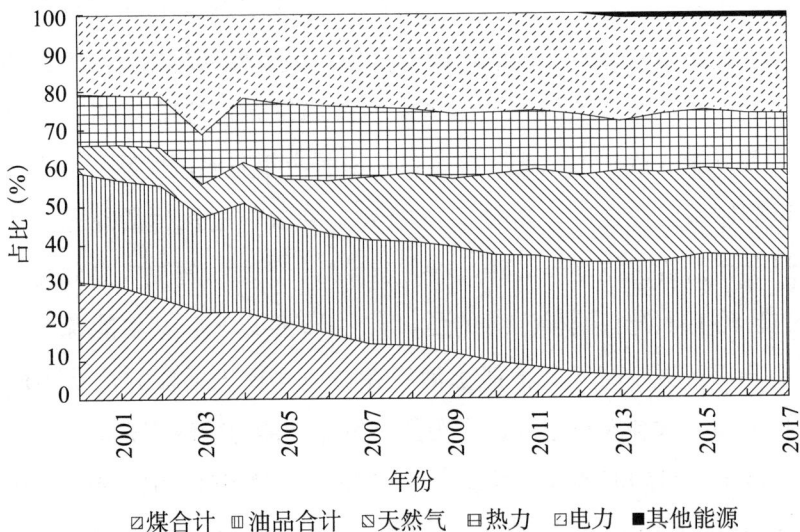

图 2-8 我国城镇居民生活能源消费结构变化趋势（2000—2017 年）

资料来源：2000—2018 年《中国能源统计年鉴》。

但是煤依旧是农村的主要消费能源，明显高于煤合计消费在城镇居民生活能源消费总量中的占比。以秸秆固化成型燃料、太阳能开发、沼气和节能技术设施推广为一体的农村清洁能源格局初步形成，农村能源生产使用的结构升级是未来主要的推进方向。

从"一贫如洗"到"一举两得"，将能源供应与产业扶贫相融合，有条不紊地开展光伏扶贫电站的建设。2019 年建设规模达到 2 649 万千瓦，全国累计 418 万贫困户基于此获得稳定收入。[①] 以甘肃省天水市清水县为例，2019 年 8 月 31 日，清水县 50 兆瓦的村级光伏扶贫电站建设、并网完成；清水县白驼 60 兆瓦的风电扶贫项目正在建设，项目投入运营后，将带动 300 多户贫困户脱贫。[②] 充分利用贫困地区"能源优势"，在增加能源供给数量和多样性的同时，将其转变为"经济优势"，拓展农村居民稳增收渠道。

---

① 冲刺，向着建成全面小康的那一天——2019 年国家能源局脱贫攻坚工作综述. 国家能源局网站，2020-01-19.
② 做清水扶贫"规划师"——记国家能源局清水县挂职干部张建伟. 中国电力报，2019-09-24.

五、通信：通达水平显著提升，对接数字农业生产

农村生活通信水平显著提升，基本实现村村通。2010 年以来，我国开通互联网宽带业务的行政村比重呈现总体上升趋势，截至 2016 年已经达到 96.7%，除了少数偏远地区以外，我国农村基本实现光纤网络通信。农村宽带接入用户，无论是在绝对数量方面，还是在占互联网宽带接入用户总量的比重方面，都呈现总体上升趋势；截至 2018 年，11 741.67 万用户接入农村宽带，占用户总量的 28.82%，而在 2010 年，这两个数字仅为 2 475.7 万户、19.60%（见图 2-9）。2020 年中央一号文件指出，计划"基本实现行政村光纤网络和第四代移动通信网络普遍覆盖"。

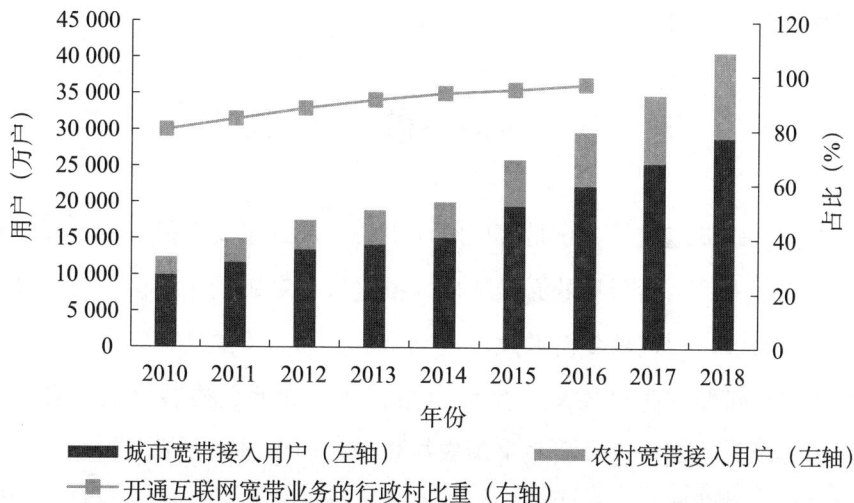

图 2-9　我国农村互联网通信变化情况（2010—2018 年）

资料来源：国家统计局网站。

农业信息化社会服务体系加紧建设，对接现代化生产。在"小农户"对接"大服务"的现代农业生产模式中，数字化农业农村信息资源平台的构建，就是其中重要的一项"大服务"。它可以为农业及关联产业领域中的供求双方提供更加全面、及时的信息，缓解信息的不对称和不完全问题；建立线上交易平台，可降低市场供求双方的交易成本。以 2019 年 7

月实地调研的山东省威海市农业社会化服务大数据平台为例，其依托山东益农公司的技术支持，以下辖各镇（街道）的线上信息服务平台为基础，采集全镇测土配方施肥、农产品安全监管、劳动力、农机具、土地流转等数据，形成涉农资源数据库，为农户或新型农业经营主体提供一站式信息查询、线上交易服务。截至 2019 年 12 月，全市信息发布总量 6 278 条，其中供求信息 443 条；收集农户信息 988 235 条、土地地块信息 1 037 083 条、土地托管信息 1 101 条、土地流转信息 61 131 条。2020 年中央一号文件指出，计划"依托现有资源建设农业农村大数据中心，加快物联网、大数据、区块链、人工智能、第五代移动通信网络、智慧气象等现代信息技术在农业领域的应用。开展国家数字乡村试点"。现代信息化的农业生产体系正在逐步构建。

第二节　政策完善　保驾护航

农村基础设施建设一直是我国农业农村发展的重要途径，更是保障我国农村地区人民生活质量的必然要求。推进农村基础设施建设，对实现农业的转型升级，促进城乡协调发展起到重要作用。中国共产党十六届五中全会提出要按照"生产发展、生活富裕、乡风文明、村容整洁、管理民主"的要求，扎实推进社会主义新农村建设；而乡村振兴战略提出的"产业兴旺、生态宜居、乡风文明、治理有效、生活富裕"二十字方针，实际上也是社会主义新农村建设的升级，在农村基础设施建设的分类和要求方面做出了调整。

在社会主义新农村建设时期，2008 年、2011 年及 2013 年的《农村基础设施发展报告》均参照中国新农村建设的相关法规文件，将农村基础设施分为农业生产性基础设施、农村生活性基础设施、生态环境建设、农村社会发展基础设施四个大类。具体来看：（1）农业生产性基础设施主要指现代化农业基地及农田水利建设；（2）农村生活性基础设施主要指饮水安全、农村沼气、农村道路、农村电力等基础设施建设；（3）生态环境建设主要指天然林资源保护、防护林体系、种苗工程建设、自然保护区生态保护和建设、湿地保护和建设、退耕还林等农民吃饭、烧柴、增收等当前生计和长远发展问题；（4）农村社会发展基础设施主要指有益于农村社会事业发展的基础建设，包括农村义务教育、农村卫生、农村文化基础设施等。

2018 年，中共中央、国务院印发《乡村振兴战略规划（2018—2022年）》，从改善农村交通物流设施条件、加强农村水利基础设施网络建设、构建农村现代能源体系、夯实乡村信息化基础等四个方面提出了加强农村基础设施建设的具体内容。具体来看：（1）改善农村交通物流设施条件主要包括推进农村公路建设养护、构建农村物流基础设施骨干网络、加快完善农村物流基础设施末端网络等；（2）加强农村水利基础设施网络建设主要包括推进重大水利工程建设、巩固提升农村饮水安全保障水平、推进小型农田水利设施达标提质等；（3）构建农村现代能源体系主要指优化农村能源供给结构、完善农村能源基础设施网络、开展燃料清洁化工程、推进农村能源消费升级等；（4）夯实乡村信息化基础主要指深化电信普遍服务、实施新一代信息基础设施建设工程、实施数字乡村战略、深化农业农村大数据创新应用等。

从社会主义新农村建设到如今的乡村振兴战略，一直以来党和国家在各个层面共同发力，不遗余力地推动着我国农业农村的现代化发展，不断完善农村基础设施建设的相关政策。本节将分社会主义新农村建设时期（2006—2017 年）和乡村振兴时期（2018 年至今）两个时间段，分别梳理该时期内建设农村基础设施的主要做法。具体政策梳理如下。

一、社会主义新农村建设时期（2006—2017 年）

（一）中央一号文件梳理

历年，中央一号文件都非常重视农村基础设施建设工作，提出要"加强农村基础设施建设""加快农业基础建设"等相关要求。2006 年中央一号文件首次提出"加强农村基础设施建设，改善社会主义新农村建设的物质条件"。2007年中央一号文件提出"实施新农村电气化建设'百千万'工程"，强调要"加快发展农村清洁能源"。2008年中央一号文件提出"深入实施广播电视'村村通'，繁荣农村公共文化"。2009年中央一号文件提出"调整农村饮水安全工程建设规划，把农村学校、国有农场纳入建设范围"。2010年、2011年中央一号文件强调了农村基础设施建设中水利的重要地位。2012年中央一号文件提出"统筹规划全国农产品流通设施布局，加快完善覆盖城乡的农产品流通网络"。2013年中央一号文件表示要"强化农业物质技术装备，加大力度推进高标准农田建设"。2014年中央一号文件提出要"加大生态保护建设力度"；2015年、2016年、2017年中央一号文件都提出"开展农村人居环境治理和美丽宜居乡村建设"。具体政策梳理如表2-2所示。

表2-2 新农村建设时期中央一号文件梳理

年份	政策文件	有关内容（摘选）
2006	《中共中央 国务院关于推进社会主义新农村建设的若干意见》	加强农村基础设施建设，改善社会主义新农村建设的物质条件；大力加强农田水利、耕地质量和生态建设；加快乡村基础设施建设；加强村庄规划和人居环境治理等
2007	《中共中央 国务院关于积极发展现代农业扎实推进社会主义新农村建设的若干意见》	加快农业基础建设；大力抓好农田水利建设；加快发展农村清洁能源；加大乡村基础设施建设力度；继续推进天然林保护、退耕还林等重大生态工程建设等
2008	《中共中央 国务院关于切实加强农业基础建设进一步促进农业发展农民增收的若干意见》	突出抓好农业基础设施建设；继续加强生态建设；继续改善农村人居环境；增加农村饮水安全工程建设；继续实施农村电网改造；增加农村沼气投入；支持有条件的农牧区发展太阳能、风能等
2009	《中共中央 国务院关于2009年促进农业稳定发展农民持续增收的若干意见》	加快高标准农田建设；加强水利基础设施建设；加快农村基础设施建设等
2010	《中共中央 国务院关于加大统筹城乡发展力度进一步夯实农业农村发展基础的若干意见》	突出抓好水利基础设施建设；大力建设高标准农田；构筑牢固的生态安全屏障；加强农村水电路气房建设等

续表

年份	政策文件	有关内容（摘选）
2011	《中共中央　国务院关于加快水利改革发展的决定》	加快水利发展，切实增强水利支撑保障能力，实现水资源可持续利用；突出加强农田水利等薄弱环节建设；全面加快水利基础设施建设等
2012	《中共中央　国务院关于加快推进农业科技创新持续增强农产品供给保障能力的若干意见》	坚持不懈加强农田水利建设；加强高标准农田建设；搞好生态建设；加强农产品流通设施建设等
2013	《中共中央　国务院关于加快发展现代农业进一步增强农村发展活力的若干意见》	强化农业物质技术装备，加大力度推进高标准农田建设；加大公共财政对农村基础设施建设的覆盖力度，逐步建立投入保障和运行管护机制；推进农村生态文明建设等
2014	《中共中央　国务院关于全面深化农村改革加快推进农业现代化的若干意见》	加大生态保护建设力度，继续实施天然林保护、京津风沙源治理二期等林业重大工程；开展村庄人居环境整治；推动县乡公共文化体育设施和服务标准化建设等
2015	《中共中央　国务院关于加大改革创新力度加快农业现代化建设的若干意见》	加大农村基础设施建设力度；全面推进农村人居环境整治；鼓励社会资本投向农村基础设施建设等
2016	《中共中央　国务院关于落实发展新理念加快农业现代化实现全面小康目标的若干意见》	大规模推进高标准农田建设；大规模推进农田水利建设；加强农业生态保护和修复；加快农村基础设施建设；开展农村人居环境整治行动和美丽宜居乡村建设等
2017	《中共中央　国务院关于深入推进农业供给侧结构性改革加快培育农业农村发展新动能的若干意见》	大规模实施农业节水工程；加强重大生态工程建设；持续加强农田基本建设；深入开展农村人居环境治理和美丽宜居乡村建设；拓宽农业农村基础设施投融资渠道等

资料来源：历年中央一号文件。

（二）农业生产性基础设施建设政策文件梳理

在农田水利方面，自 2011 年中央一号文件发布后，《中共中央宣传部　中共中央对外宣传办公室　教育部　财政部　水利部文化部　国家广电总局　新闻出版总署关于切实加强水利公益性宣传的意见》印发，从宣传角度为新时期水利发展提供了舆论保障。2013 年，水利部印发《水法规体系总体规划》，把农田水利条例、农村水利水电管理等列入拟开展调查研究、咨询论证、组织起草的立法项目，为党和国家进行水利建设工作提供了法律保障。2016 年，国家发展改革委印发《国家发展改革委关于支持贫困地区农林水利基础设施建设推进脱贫攻坚的指导意见》提出，"在'十三五'时期，中央预算内农林水利建设投资用于贫困地区的比重达到 40% 左右"，为推进贫困地区农林水利基础设施建设提供了政策保障。

在农业设施方面，2012 年《国务院关于支持农业产业化龙头企业发展的意见》明确提出，"支持龙头企业开展高标准基本农田、粮食生产基地、标准化规模养殖基地等项目建设"。2016 年《农业部关于加大贫困地区项目资金倾斜支持力度，促进特色产业精准扶贫的意见》提出，"积极推动农业基础设施建设项目向贫困地区倾斜"，对推动贫困地区农业生产性基础设施建设有重要意义。2017 年，《中共中央办公厅 国务院办公厅关于加快构建政策体系培育新型农业经营主体的意见》提出，"鼓励新型农业经营主体合建或与农村集体经济组织共建农业设施"，有利于新型农业经营主体的生存发展，能够培育更多新型农业经营主体。具体政策梳理如表 2 - 3 所示。

表 2 - 3 新农村建设时期农业生产性基础设施建设政策文件梳理

年份	政策文件	印发部门	有关内容（摘选）
2011	《中共中央宣传部 中共中央对外宣传办公室 教育部 财政部 水利部文化部 国家广电总局 新闻出版总署关于切实加强水利公益性宣传的意见》	中共中央宣传部、中共中央对外宣传办公室等7部门	大力宣传新时期党和国家水利工作的方针政策，广泛开展国情、水情宣传教育；为当前和今后一个时期水利又好又快发展营造良好舆论氛围
2012	《国务院关于支持农业产业化龙头企业发展的意见》	国务院	加强标准化生产基地建设；支持符合条件的龙头企业开展高标准基本农田、粮食生产基地、标准化规模养殖基地等项目建设，切实改善生产设施条件
2013	《水法规体系总体规划》	水利部	把农田水利条例、农村水利水电管理等列入拟开展调查研究、咨询论证、组织起草的立法项目

续表

年份	政策文件	印发部门	有关内容（摘选）
2016	《国家发展改革委关于支持贫困地区农林水利基础设施建设推进脱贫攻坚的指导意见》	国家发展改革委	主要目标："十三五"时期，中央预算内农林水利建设投资用于贫困地区的比重达到40%左右，地方同步加大投入，并视情况进一步增大倾斜支持力度
2016	《农业部关于加大贫困地区项目资金倾斜支持力度促进特色产业精准扶贫的意见》	农业部	加强农业生产基础设施建设，积极推动农业基础设施建设项目向贫困地区倾斜，不断夯实贫困地区产业发展基础
2017	《中共中央办公厅　国务院办公厅关于加快构建政策体系培育新型农业经营主体的意见》	中共中央办公厅、国务院办公厅	加强基础设施建设；支持新型农业经营主体和工商资本投资土地整治和高标准农田建设；鼓励新型农业经营主体合建或与农村集体经济组织共建农业设施等

资料来源：根据有关政策文件整理。

（三）农村生活基础设施建设政策文件梳理

在交通物流方面，2009年，《国务院办公厅转发交通运输部等部门关于推动农村邮政物流发展的意见的通知》提出"将推进农村邮政基础设施建设作为主要任务和政策措施"，为促进农业产业结构调整、增加就业和农民增收提供了政策保障。2011年，《交通运输部关于积极推进城乡道路客运一体化发展的意见》明确要"完善农村客运基础设施，加快提升农村客运普遍服务能力"，旨在推进城乡道路客运一体化发展。2013年《交通运输部关于交通运输推进物流业健康发展的指导意见》提出"加大对农村物流基础设施和信息网络建设的支持力度"，有助于我国城乡协调发展。

在供电供水方面，2007年《国家发展改革委关于做好"十一五"农村电网完善和无电地区电力建设工作的通知》提出了"十一五"期间农网完善和无电地区电力建设的具体目标、任务、项目安排和投资计划。2010年，在《国家发展改革委办公厅关于开展农村电网改造升级工程规划有关要求的通知》中，制定了"农网改造升级三年（2010—2012年）规划"。2016年《国家发展改革委关于"十三五"期间实施新一轮农村电网改造升级工程的意见》提出，"到 2020 年，全国农村地区基本实现稳定可靠的供电服务全覆盖，供电能力和服务水平明显提升"等目标。2015 年，《水利部关于进一步加强农村饮水工程运行管护工作的指导意见》提出要"强化水源保护和水质保障，加快建设和完善县级或区域水质检测中心"。这些政策文件从任务目标、具体规划和实施要求等不同方面，为我国农村地区供水供电基础设施发展提供了重要的指导意见。

在信息和人居环境方面，2014 年《国务院办公厅关于改善农村人居环境的指导意见》提出"稳步推进宜居乡村建设""加快农村互联网基础设施建设"等要求。2015 年《国务院办公厅关于促进农村电子商务加快发展的指导意见》明确要"加快农村信息基础设施建设和宽带普及"，高度重视农村互联网基础设施建设。2015 年《住房城乡建设部等部门关于加强村镇无障碍环境建设的指导意见》提出，"到 2020 年，村镇无障碍环境建设投入不断加大，残疾人家庭、老年人家庭无障碍设施建设和改造不断推进"，为农村地区残疾人、老年人等群体的生活提供便利。具体政策梳理如表 2-4 所示。

表 2-4 新农村建设时期农村生活基础设施建设政策文件梳理

年份	政策文件	印发部门	有关内容（摘选）
2007	《国家发展改革委关于做好"十一五"农村电网完善和无电地区电力建设工作的通知》	国家发展改革委	做好农村电网完善和无电地区电力建设工作，解决好农村地区和无电人口用电问题；提出"十一五"期间农网完善和无电地区电力建设的具体目标、任务、项目安排和投资计划等
2009	《国务院办公厅转发交通运输部等部门关于推动农村邮政物流发展的意见的通知》	国务院办公厅	将推进农村邮政基础设施建设作为主要任务和政策措施；国家对农村邮政普遍服务基础设施建设项目给予支持；各地要进一步加大投入和支持力度，切实加强村邮站的建设等
2010	《国家发展改革委办公厅关于开展农村电网改造升级工程规划有关要求的通知》	国家发展改革委办公厅	编制农网改造升级总体规划；制定农网改造升级三年（2010—2012 年）规划；提出中西部农网改造升级工程继续执行中西部农网完善工程国家资本金和还贷资金等有关政策

续表

年份	政策文件	印发部门	有关内容（摘选）
2011	《交通运输部关于积极推进城乡道路客运一体化发展的意见》	交通运输部	完善农村客运基础设施；加快提升农村客运普遍服务能力
2013	《交通运输部关于交通运输推进物流业健康发展的指导意见》	交通运输部	加大对农村物流基础设施和信息网络建设的支持力度；积极争取中央和地方财政对农村物流的支持
2014	《国务院办公厅关于改善农村人居环境的指导意见》	国务院办公厅	全力保障基本生活条件；大力开展村庄环境整治；稳步推进宜居乡村建设，如加快农村互联网基础设施建设，推进宽带网络全面覆盖等
2015	《住房城乡建设部等部门关于加强村镇无障碍环境建设的指导意见》	住房城乡建设部等部门	目标任务：到2020年，村镇无障碍环境建设投入不断加大，村镇道路、基本公共服务设施、基本公共活动场所、残疾人家庭、老年人家庭无障碍设施建设和改造不断推进
2015	《水利部关于进一步加强农村饮水工程运行管护工作的指导意见》	水利部	强化水源保护和水质保障，加快建设和完善县级或区域水质检测中心
2015	《国务院办公厅关于促进农村电子商务加快发展的指导意见》	国务院办公厅	加强农村流通基础设施建设；重点支持老少边穷地区物流设施建设；加快农村信息基础设施建设和宽带普及等
2016	《国家发展改革委关于"十三五"期间实施新一轮农村电网改造升级工程的意见》	国家发展改革委	到2020年，全国农村地区基本实现稳定可靠的供电服务全覆盖，供电能力和服务水平明显提升，农村电网供电可靠率达到99.8%等

资料来源：根据有关政策文件整理。

（四）生态环境建设政策文件梳理

2007年，《国务院办公厅转发环保总局等部门关于加强农村环境保护工作意见的通知》提出"加强农田防护林建设和林业重点工程建设""加强村庄绿化、庭院绿化、通道绿化、农田防护林建设和林业重点工程建设"等多项农村生态环境建设的任务。2015年，《中共中央 国务院关于加快推进生态文明建设的意见》提出要"强化农田生态保护，实施耕地质量保护与提升行动"。这都体现了农村生态文明建设在社会主义新农村建设中的重要地位。2017年，《中共中央办公厅 国务院办公厅关于创新体制机制推进农业绿色发展的意见》提出"基本形成与资源环境承载力相匹配、与生产生活生态相协调的农业发展格局"等目标任务，从宏观上为相关工作的实施提供了方向。具体政策梳理如表2-5所示。

表2-5 新农村建设时期生态环境建设政策文件梳理

年份	政策文件	印发部门	有关内容（摘选）
2007	《国务院办公厅转发环保总局等部门关于加强农村环境保护工作意见的通知》	国务院办公厅	加强农村自然生态保护：以保护和恢复生态系统功能为重点；重视自然恢复，保护天然植被，加强村庄绿化、庭院绿化、通道绿化、农田防护林建设和林业重点工程建设；加快水土保持生态建设；加强海洋和内陆水域生态系统的保护等
2015	《中共中央 国务院关于加快推进生态文明建设的意见》	中共中央、国务院	强化农田生态保护，实施耕地质量保护与提升行动，加大退化、污染、损毁农田改良和修复力度，加强耕地质量调查监测与评价
2017	《中共中央办公厅 国务院办公厅关于创新体制机制推进农业绿色发展的意见》	中共中央办公厅、国务院办公厅	基本形成与资源环境承载力相匹配、与生产生活生态相协调的农业发展格局；资源利用更加节约高效；产地环境更加清洁；生态系统更加稳定；绿色供给能力明显提升

资料来源：根据有关政策文件整理。

（五）农村社会发展基础设施建设政策文件梳理

2006年，《建设部关于印发2006年工作要点的通知》提出要"优先整治村内供水、道路、排水、垃圾、废弃宅基地、公共活动场所、住宅与畜禽圈舍混杂等项目"，旨在解决最基础、最迫切的农村卫生基础设施需求。2014年，《国务院办公厅关于改善农村人居环境的指导意见》指出"离城镇较远且人口较多的村庄，可建设村级污水集中处理设施，人口较少的村庄可建设户用污水处理设施"等做法，为农村社会发展基础设施建设的开展提供了更多可行方案。2015 年《中共中央办公厅　国务院办公厅关于深入推进农村社区建设试点工作的指导意见》提出，要"推进农村基层综合性公共服务设施建设"，进一步推进了农村社会发展基础设施建设的进程。具体政策梳理如表 2-6 所示。

表 2-6　新农村建设时期农村社会发展基础设施建设政策文件梳理

年份	政策文件	印发部门	有关内容（摘选）
2006	《建设部关于印发 2006 年工作要点的通知》	建设部	扎实稳步推进村容村貌整治：村庄整治要立足于村庄已有基础，优先整治村内供水、道路、排水、垃圾、废弃宅基地、公共活动场所、住宅与畜禽圈舍混杂等项目
2014	《国务院办公厅关于改善农村人居环境的指导意见》	国务院办公厅	加快农村环境综合整治：有条件的地方推进城镇垃圾污水处理设施和服务向农村延伸；离城镇较远且人口较多的村庄，可建设村级污水集中处理设施，人口较少的村庄可建设户用污水处理设施
2015	《中共中央办公厅　国务院办公厅关于深入推进农村社区建设试点工作的指导意见》	中共中央办公厅、国务院办公厅	提升农村社区公共服务供给水平：推进农村基层综合性公共服务设施建设，提升农村基层公共服务信息化水平；发动农村居民和社会力量开展形式多样的农村社区公共空间、公共设施、公共绿化管护行动

资料来源：根据有关政策文件整理。

（六）农村基础设施建设整体统筹性政策文件梳理

2006 年，中共十六届六中全会审议通过的《中共中央关于构建社会主义和谐社会若干重大问题的决定》明确要求"各级政府要把基础设施建设和社会事业发展的重点转向农村"。2016 年，《国务院关于印发"十三五"脱贫攻坚规划的通知》中，把地区基础设施建设情况列入脱贫指标。体现了农村基础设施建设的重要性。2017 年，《国务院办公厅关于创新农村基础设施投融资体制机制的指导意见》从投融资方面，为推进农村基础设施建设提供了政策保障。具体政策梳理如表 2-7 所示。

表2-7　新农村建设时期农村基础设施建设统筹性政策文件梳理

年份	政策文件	印发部门	有关内容（摘选）
2016	《国务院关于印发"十三五"脱贫攻坚规划的通知》	国务院	把地区基础设施建设情况列入脱贫指标；明确了具体的贫困地区重大基础设施建设工程；提出加强贫困地区重大基础设施建设，加快改善贫困村生产生活条件等
2017	《国务院办公厅关于创新农村基础设施投融资体制机制的指导意见》	国务院办公厅	以创新投融资体制机制为突破口，明确各级政府事权和投入责任，拓宽投融资渠道，优化投融资模式，加大建设投入，完善管护机制，全面提高农村基础设施建设和管理水平

资料来源：根据有关政策文件整理。

二、乡村振兴时期（2018年至今）

（一）中央一号文件梳理

2018年中央一号文件提出，从物流、水利、能源、信息几个角度加强农村基础设施建设，为新时代农村基础设施建设提供了方向。2019年中央一号文件强调，要"加强国家数字农业农村系统建设"，体现了互联网在农业农村发展中的地位逐渐提高。2020年中央一号文件提出要"加快补上农村基础设施和公共服务短板"，这是我国确保如期实现全面小康的重要举措。具体政策梳理如表2-8所示。

表2-8　乡村振兴时期中央一号文件梳理

年份	政策文件	有关内容（摘选）
2018	《中共中央　国务院关于实施乡村振兴战略的意见》	加强农田水利建设；实施重要生态系统保护和修复工程；推动农村基础设施提档升级，推动城乡基础设施互联互通；持续改善农村人居环境等
2019	《中共中央　国务院关于坚持农业农村优先发展做好"三农"工作的若干意见》	完成高标准农田建设任务；抓好农村人居环境整治三年行动；加强农村污染治理和生态环境保护；实施村庄基础设施建设工程；加强国家数字农业农村系统建设等
2020	《中共中央　国务院关于抓好"三农"领域重点工作，确保如期实现全面小康的意见》	对标全面建成小康社会，加快补上农村基础设施和公共服务短板；加强现代农业设施建设等

资料来源：历年中央一号文件。

（二）其他综合性政策文件梳理

2018年，《中共中央 国务院乡村振兴战略规划（2018—2022年)》提出，要加强农村基础设施建设，继续把基础设施建设重点放在农村。2019年《中共中央 国务院关于建立健全城乡融合发展体制机制和政策体系的意见》再次强调，"把公共基础设施建设重点放在乡村，加快推动乡村基础设施提挡升级"。2019年《中共中央 国务院关于打赢脱贫攻坚战三年行动的指导意见》提出，"加快补齐贫困地区基础设施短板"。这些文件都体现了农村基础设施建设在实现乡村振兴、实现全面小康目标下的必要性和紧迫性。具体政策梳理如表2-9所示。

表2-9 乡村振兴时期农村基础设施建设综合性政策文件梳理

年份	政策文件	印发部门	有关内容（摘选）
2018	《中共中央 国务院乡村振兴战略规划（2018—2022年)》	中共中央、国务院	加强农村基础设施建设，继续把基础设施建设重点放在农村；加快补齐农村基础设施短板，促进城乡基础设施互联互通，推动农村基础设施提挡升级等
2018	《中共中央 国务院关于打赢脱贫攻坚战三年行动的指导意见》	中共中央、国务院	加快补齐贫困地区基础设施短板；加大深度贫困地区互联网基础设施建设投资力度；动员更多贫困群众参与小型基础设施、农村人居环境整治等项目建设等
2019	《中共中央 国务院关于建立健全城乡融合发展体制机制和政策体系的意见》	中共中央、国务院	建立健全有利于城乡基础设施一体化发展的体制机制。把公共基础设施建设重点放在乡村，坚持先建机制、后建工程，加快推动乡村基础设施提挡升级等

资料来源：根据有关政策文件整理。

（三）农村基础设施建设分类别政策文件梳理

在交通物流方面，2019年，《中共中央 国务院交通强国建设纲要》提出，要"加强特色农产品优势区与旅游资源富集区交通建设"，有利于促进农民增收和农村产业融合。2019年，《国务院办公厅关于深化农村公路管理养护体制改革的意见》提出"到2022年农村公路通行条件和路域环境明显提升、农村公路列养率达到100％"等工作目标，为进一步深化农村公路管理养护体制明确了方向。

在水利基础设施方面，2018年，水利部印发《加快推进新时代水利现代化的指导意见》提出，要"强化乡村振兴战略水利保障"。2019年，《国务院办公厅关于切实加强高标准农田建设提升国家粮食安全保障能力的意见》提出"到2020年，全国建成8亿亩高标准农田"等目标任务。这些政策文件有利于推进我国农田水利建设，为保障粮食安全、实现乡村振兴提供了政策保障。

在能源基础设施方面，2018年，《国务院关于印发打赢蓝天保卫战三年行动计划的通知》提出要"加快调整能源结构，构建清洁低碳高效能源体系"等要求。《国务院关于促进天然气协调稳定发展的若干意见》也提到"针对农村'煤改气'等重点领域，国务院各有关部门要视情组织专项督查"。可见国务院对农村地区能源结构调整的重视。

在信息基础设施方面，2018年，《国务院办公厅关于全面加强乡村小规模学校和乡镇寄宿制学校建设的指导意见》明确提出要"推进'互联网＋教育'发展"，注重学校信息基础设施建设。2019年，中共中央办公厅、国务院办公厅印发《数字乡村发展战略纲要》提出，"加快乡村信息基础设施建设"等重点任务，体现了农村信息基础设施建设的重要性。具体政策梳理如表2-10所示。

表2-10　乡村振兴时期各类农村基础设施建设政策文件梳理

	年份	政策文件	印发部门	有关内容（摘选）
交通物流设施	2019	《交通强国建设纲要》	中共中央、国务院	形成广覆盖的农村交通基础设施网；加强特色农产品优势区与旅游资源富集区交通建设；加强农村邮政等基础设施建设；完善农村配送网络等
	2019	《国务院办公厅关于深化农村公路管理养护体制改革的意见》	国务院办公厅	工作目标：到2022年，农村公路通行条件和路域环境明显提升；农村公路列养率达到100％等

续表

	年份	政策文件	印发部门	有关内容（摘选）
水利基础设施	2018	《加快推进新时代水利现代化的指导意见》	水利部	强化乡村振兴战略水利保障：推进农田水利设施达标提质；实施农村供水工程升级改造，加强农村饮用水水源保护等
	2019	《国务院办公厅关于切实加强高标准农田建设提升国家粮食安全保障能力的意见》	国务院办公厅	目标任务：到2020年，全国建成8亿亩高标准农田；到2022年，建成10亿亩高标准农田；到2035年，全国高标准农田保有量进一步提高等
能源基础设施	2018	《国务院关于印发打赢蓝天保卫战三年行动计划的通知》	国务院	加快调整能源结构，构建清洁低碳高效能源体系；加快农村"煤改电"电网升级改造；电网企业要统筹推进输变电工程建设，满足居民采暖用电需求等
	2018	《国务院关于促进天然气协调稳定发展的若干意见》	国务院	针对农村"煤改气"等重点领域、冬季采暖期等特殊时段，国务院各有关部门要视情组织专项督查，指导督促地方和相关企业做好安全生产工作
信息基础设施	2018	《国务院办公厅关于全面加强乡村小规模学校和乡镇寄宿制学校建设的指导意见》	国务院办公厅	推进"互联网＋教育"发展：要积极创造条件，加强硬件建设，充分利用卫星、光纤、移动互联网等，加快实现两类学校宽带网络全覆盖等
	2019	《数字乡村发展战略纲要》	中共中央办公厅、国务院办公厅	加快乡村信息基础设施建设：大幅提升乡村网络设施水平；完善信息终端和服务供给；加快乡村基础设施数字化转型

资料来源：根据有关政策文件整理。

　　各地方政府也高度重视农村基础设施建设，涌现出一批优秀的典型的经验做法。以河北省和浙江省的做法为例：河北省经过多年的实践探索，形成了农村公路建设"七公开"制度，推动了农村公路建设健康发展。2014年，《交通运输部关于推行农村公路建设"七公开"制度的意见》出台，将农村公路建设"七公开"经验向全国推广。2019年3月，中共中央办公厅、国务院办公厅转发《中央农办　农业农村部　国家发展改革委关于深入学习浙江"千村示范、万村整治"工程经验扎实推进农村人居环境整治工作的报告》。报告对浙江"千村示范、万村整治"工程提出了高度赞扬，并表示"要深入总结经验，指导督促各地朝着既定目标，持续发力，久久为功，不断谱写美丽中国建设的新篇章"。浙江省从宣传绿色理念、坚持财政支持、明确主体责任、规划因地制宜等多个角度保障了农村基础设施建设工作的进行。

农村基础设施建设是一项综合性任务，需要从中共中央、国务院，到各部委，再到地方政府，各部门协同发力。从历年相关政策制定上可以发现，我国农村基础设施建设工作正在逐步完善。在能源方面，从支持农村电网建设，逐步转向调整能源结构，构建清洁低碳高效能源体系；在农田水利方面，从推进农田水利基础设施建设，逐渐转向推进农田水利设施达标提质和升级改造；在交通物流方面，从推进农村公路和物流基础设施建设，逐渐转向广覆盖的农村交通基础设施网建设和管护制度建设；在信息方面，也越来越注重加强农村互联网基础设施建设。这些指导性政策文件的逐步深入、拓展，体现了我国农村基础设施制度体系建设的进步和完善。

第三节　短板识别　精准出击

在农村基础设施建设方面，虽然农村居民的生活保障问题已经得到基本解决，但是城乡之间的差距依旧明显。农村基础设施建设的完善程度不足，城乡之间的融合发展就会因要素流动性不足而受阻。当前，农村基础设施的攻坚方向，已经从"全面撒网"转变为"精准施策"，下文将详细介绍农村基础设施建设中的重点、难点问题，主要体现在四个方面的发展不均衡上。针对这些重点、难点问题，我国已陆续出台相关政策文件，坚持农业农村优先发展，不断探索完善制度体系，不断提升建设水平，争取"到本世纪中叶，城乡融合发展体制机制成熟定型。城乡全面融合，乡村全面振兴，全体人民共同富裕基本实现"①。

一、空间分布上的不均衡

　　还有极少数地区农村基础设施建设尚在攻坚克难。以四川省阿坝藏族羌族自治州农村饮水安全工程建设为例。该地虽然基本解决了全州 72 万农牧民的饮水困难问题，但是由于地处深度贫困地区——青藏高原东南边缘，面临着季节性水源不稳定、地质灾害频发、工程点多面广的问题，农村饮水安全巩固升级的难度和成本大大增加，部分区域难以达标。还有一些诸如此类的贫困地区，通硬化路、通客车、保障饮水安全、保障能源供给等基础设施建设，面临着较恶劣的自然条件和较高昂的实施成本，而难以建成达标。

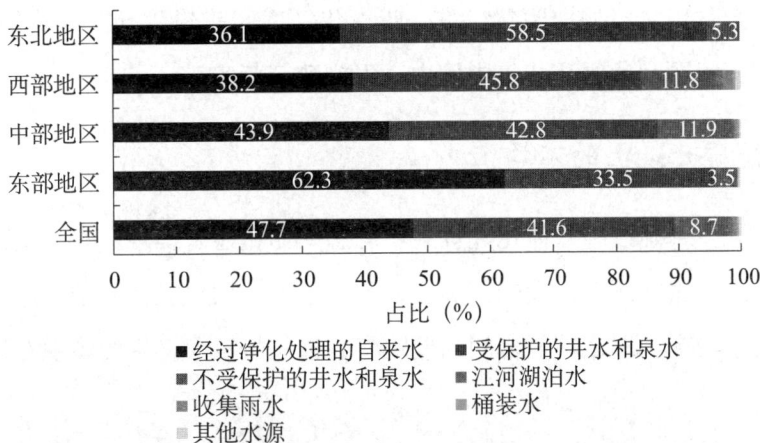

图 2-10　我国行政村农户饮用水来源情况（2016 年）

注：部分来源占比极少，故在图中不显示。

资料来源：国家统计局网站，全国第三次农业普查。

　　农村基础设施区域间发展不协调问题依旧存在。东部地区一直处于领先地位，中部地区近年来也快速追赶，而西部地区和东北地区整体来看还

处于落后位置，尤其是西部地区。以农户饮用水来源为例，在东部地区，饮用水来源为经过净化处理自来水的行政村比例，明显高于西部、东北地区；其中，中西部地区饮水来源不受保护的行政村比例，明显高于其他地区这一比值（见图2-10）。不过近年来，西部地区的农田生产设施建设成就可观，尤其是针对西部缺水的自然条件，该地区节水灌溉的耕地面积占农田灌溉总面积的比重最高，达到27.26%，高于全国平均水平。

基于此，农村基础设施建设，补齐偏远、贫困地区的紧缺型短板问题是重中之重，亟须精准施策，确保生活保障性基础设施的全覆盖。在《中共中央 国务院关于抓好"三农"领域重点工作确保如期实现全面小康的意见》中指出，"要坚持精准扶贫，以更加有力的举措、更加精细的工作，在普遍实现'两不愁'的基础上，全面解决'三保障'和饮水安全问题，确保剩余贫困人口如期脱贫。进一步聚焦'三区三州'等深度贫困地区，瞄准突出问题和薄弱环节集中发力，狠抓政策落实"。

二、提质升级上的不均衡

在城乡基础设施一体化建设中，静态一体化还未实现，农村基础设施完善程度较城市还有很大的距离。在此基础上，如果农村基础设施完善速度落后于城市，那么城乡之间的差距将会进一步拉大。主要体现在以下两方面。

在农村基础设施建设的深入度上，优质性不足。（1）在交通运输领域。交通便利性的完善空间还较大。全国仅有8.6%的乡镇有火车站，7.7%的乡镇有码头，21.5%的乡镇有高速公路出入口。[①] 落后的农产品物流体系制约流通性。一是冷链体系不完善，2017年，在调研江苏省泰州市上膳源有机农场时，相关负责人提到，制约其农业订单进一步发展的主要因素就是冷链体系建设不完善，新鲜蔬菜难以保鲜送达更广阔的范

---

① 详见国家统计局网站的第三次全国农业普查数据。

围。二是电商配套基础设施不完善，2016 年，我国有电子商务配送站点的行政村比例仅有 25.1%。（2）在水利设施建设方面，节水灌溉设施配备不足，高效节水灌溉面积仅占耕地总面积的 15.23%；防灾减灾体系不完善，灾害预警系统还未能全面覆盖"最后一千米"。（3）在供电方面，动力电网还未实现全覆盖，乡村生产性用电受到制约。（4）在能源使用方面，全国还有 44.2% 的农户主要生活能源为柴草。（5）在通信方面，全国拥有上网手机的农户比重仅有 47.8%，城乡数字鸿沟依然较大（郭美荣等，2017）。

在农村基础设施建设的广泛度上，丰富性不强。优先解决了生活保障性基础设施建设难题，但在生产性、生态性基础设施建设方面还留有较大的空白。在生产性基础设施建设方面，延伸产业链条、促进三产融合的配套基础设施建设不足。在周振等（2019）的文章中提到，在他们的实地调研中，陕西省某县政府部门负责人介绍到，虽然有很多工商企业到当地考察，但是受限于基础设施，真正来投资的却很少。在生态型性基础设施建设方面，得益于"生态宜居"建设，已经有了较大的突破，但是仍有很大的进步空间，尤其是在保护、合理开发乡村生态旅游资源的配套基础设施建设方面，完善度还不高，仅有 4.9% 的行政村开展旅游接待服务。[1] 除此之外，在生活方面，文体性基础设施建设不足，全国有剧场、影剧院的乡镇占比 11.9%，有农民业余文化组织的行政村占比 41.3%。

因此，要坚持农业农村优先发展，以更加快速的步伐升级、改造农村基础设施，尤其是在促进农村经济发展的生产性基础设施和保护乡村优美环境的生态性基础设施建设方面，需不断丰富农村基础设施建设的种类，缩小城乡建设差距。

三、供需主体间的不均衡

供给方式和供给主体的单调性制约着农村基础设施供需均衡。

---

[1]　详见国家统计局网站的第三次全国农业普查数据。

这导致农村基础设施的供给能力不足。农村经济基础薄弱，再加之复杂的自然条件，导致农村基础设施建设初始投资较高、资金回收周期较长；由于农村居民居住分散及其公共产品特性，农村基础设施建设投入产出比较低。历史上，政府几乎是唯一的供给主体；而应对庞大的农村基础设施建设工程，仅靠政府一己之力的投资，是远远不够的。随着经济社会发展，农村基础设施的供给主体逐渐呈现多元化，但市场活力依旧不足（田祥宇和景香君，2019）。

这还导致农村基础设施供需结构失衡。这样单调性的供给方式和供给主体，导致供需主体分离程度较高，存在信息不完全性，部分农户亟须外界力量投资的一些基础设施得不到充足的资金技术支持，而政府投资的一些基础设施，则有可能仅需农户自身力量即可完成。孔祥智等（2006）以福建省永安市为例，通过聚类分析证实，农民最迫切需求的公共产品和最急需政府投资的公共产品排列顺序有很大不同，这说明，农民有能力自己解决一部分公共产品的建设，而不需要政府在此耗费精力。

基于此，在农村基础设施的投资管护方面，可协调政府、市场两股力量配置资源，充分发挥农村集体经济组织和农民自治的作用。政府作为统筹主体，引导市场多元主体参与农村基础设施的建设与运营。政府作为供给主体，以多种方式参与农村基础设施的建设与运营，依据不同性质的基础设施，实施外包、特许经营或私有化经营等政府和社会资本合作（public-private partnership，PPP）模式运营（韩美贵等，2016）。2017 年，国务院办公厅颁布《关于创新农村基础设施投融资体制机制的指导意见》，指导农村基础设施投资主体多元化工作。

四、体制配套上的不均衡

在应对上述重点、难点问题时，体制机制的不健全会进一步阻碍其解决进度。正是因为多元化供给的"激励"体制机制设置不完善，市场上的供给主体和供给形式丰富度不够导致基础设施供给能力有限、供需结构失衡，提质升级的动力不足，静态一体化和动态一致性难以实现。正是因为在开工建设前，未形成完善统一的规划、建设、运营体制机制设计，分工权责不明晰、政府支持不明确，造成很多已建成的农村基础设施存在较大的"重建轻养"问题，农村基础设施老化失修现象较为常见，使用年限、效果受到影响。

因此，完善农村基础设施规划、建设和运营的体制机制设计，是突破重点、难点问题的"必要条件"。故而我国颁布多项关于农村基础设施建设的政策文件。《国务院办公厅关于创新农村基础设施投融资体制机制的指导意见》指出，要"建管并重、统筹推进。坚持先建机制、后建工程"。在《国务院办公厅关于深化农村公路管理养护体制改革的意见》中，明确要完善农村公路管理养护体制、建立农村公路管理养护长效机制，并做好资金保障支持工作。《国务院办公厅关于切实加强高标准农田建设提升国家粮食安全保障能力的意见》指出，要"构建集中统一高效的管理新体制"。

参考文献

1. 本刊编辑部. 壮丽 70 年　从"用上电"到"用好电". 农电管理，2019（10）：1.

2. 车小磊，李刚. 黑龙江：脱贫攻坚 饮水为先. 中国水利，2020（1）：54-55+64.

3. 董明锐. 农村饮水安全 让亿万农民喝上放心水. 中国水利，2019（19）：56-58.

4. 郭美荣，李瑾，冯献. 基于"互联网＋"的城乡一体化发展模式探究. 中国软科学，2017（9）：10-17.

5. 国家统计局. 新中国成立 70 周年经济社会发展成就系列报告. 国家统计局网站，2019.

6. 国家统计局. 中国统计年鉴. 北京：中国统计出版社，

2000—2019.

7. 国家统计局能源统计司. 中国能源统计年鉴. 北京：中国统计出版社，2000—2018.

8. 韩美贵，蔡向阳，徐秀英，张云清. 不同类型农村基础设施建设的 PPP 模式选择研究. 工程管理学报，2016，30（4）：90-94.

9. 何治波，吴珊珊，张文明. 珠江流域防汛抗旱减灾体系建设与成就. 中国防汛抗旱，2019，29（10）：71-79.

10. 孔祥智，李圣军，马九杰. 农户对公共产品需求的优先序及供给主体研究——以福建省永安市为例. 社会科学研究，2006（4）：47-51.

11. 马晓河，刘振中. 农村基础设施和公共服务需要明确攻坚方向. 中国党政干部论坛，2020（1）：68-70.

12. 任卫东，张文静，胡璐. 全国农村饮水安全攻坚成效观察. 小康，2019（32）：68-69.

13. 田祥宇，景香君. 农村基础设施投资公平性研究现状与展望——基于政策保障机制的视角. 经济问题，2019（4）：85-91.

14. 曾福生，蔡保忠. 农村基础设施是实现乡村振兴战略的基础. 农业经济问题，2018（7）：88-95.

15. 张克俊，杜婵. 从城乡统筹、城乡一体化到城乡融合发展：继承与升华. 农村经济，2019（11）：19-26.

16. 张小林. 对藏区等深度贫困地区农村饮水安全建设的调查与思考. 人民长江报，2020-01-25.

17. 中国农业年鉴编辑委员会. 中国农业年鉴. 北京：中国农业出版社，2018.

18. 周振，涂圣伟，张义博. 工商资本参与乡村振兴的趋势、障碍与对策——基于 8 省 14 县的调研. 宏观经济管理，2019（3）：58-65.

第三章　刷新乡村"颜值"　催生乡村"蝶变"[①]

　　2017 年党的十九大报告中明确提出"开展农村人居环境整治行动"。2018 年 2 月，中共中央办公厅、国务院办公厅印发的《农村人居环境整治三年行动方案》中明确要求"到 2020 年，实现农村人居环境明显改善，村庄环境基本干净整洁有序，村民环境与健康意识普遍增强。"2020 年中央一号文件《中共中央　国务院关于抓好"三农"领域重点工作确保如期实现全面小康的意见》中提出"扎实搞好农村人居环境整治。"重点是分类推进农村厕所革命，全面推进农村生活垃圾治理，梯次推进生活污水治理，广泛开展村庄清洁行动。2020 年 3 月中央农村工作领导小组、农业农村部印发《2020 年农村人居环境整治工作要点》，制定了涵盖 11 个方面的 50 项举措，提出了明确的目标任务。

　　我国农村地区全面开展惠及农民生产生活的整治行动，主要以改善农村人居环境、综合整治农村水系、补齐农村生活垃圾分类短板、改造厕所为重点，提升农村地区整体整治水平，满足农民实际需求与理想期盼。2020 年是全面建成小康社会的收官之年，由于经济基础、人文环境以及自然条件等方面的差异，部分地区农村人均环境整治相对滞后，亟须进一步科学谋划制定政策与措施，部分地区农村人居环境整治仍然是全面建成小康社会的短板。本章主要对农村人居环境现状、政策沿革、农村厕所革命和农村生活垃圾污水处理进行系统梳理与分析，对存在的问题提出针对性建议，探索农村环境整治的长效机制，改善村容村貌，提升农民的幸福感和满意度。

---

　　① 执笔人：卢洋啸。

第一节　乡村美　百姓乐

农村人居环境整治作为乡村振兴战略的重要任务，有利于满足农民的深切期盼，补齐"三农"领域短板。在农村人居环境整治行动推进过程中，我国充分发挥农民的主体地位，从政策谋划、统筹协调、督促落实和宣传引导等方面形成合力，完善机制保障，加强资金监管，有力有序推进整治行动。[①]

一、总体情况

自 2005 年党的十六届五中全会提出建设社会主义新农村以来，中央政府、各级地方政府在农村基础设施建设上投入了大量资金，2014 年国务院办公厅印发《国务院办公厅关于改善农村人居环境的指导意见》，提出到 2020 年，全国农村居民住房、饮水和出行等基本条件明显改善，人居环境基本实现干净、整洁、便捷，建成一批各具特色的美丽宜居村庄的要求。2018 年召开的全国农业农村厅局长会议要求，农村人居环境整治进一步由点到面全面展开。

2006 年 12 月 31 日我国开始第二次全国农业普查，2016 年 12 月 31 日开始第三次全国农业普查。第二次全国农业普查共调查了 656 026 个村级组织，其中有 637 011 个村。第三次全国农业普查共调查了 596 450 个村，其中有 556 264 个村委会、40 186 个涉农居委会；下设 317 万个自然村；15 万个 2006 年以后新建的农村居民定居点。随着经济社会的发展，尽管部分统计口径发生了变化，但从第二次、第三次全国农业普查公布的数据来看，十年间我国农村发生了翻天覆地的变化，人居环境得到了显著改善（如表 3 - 1 所示）。

---

① 于法稳. 乡村振兴战略下农村人居环境整治. 中国特色社会主义研究. 2019（2）：82 - 87.

表 3-1 我国第二次农业普查与第三次农业普查数据对比

项目	内容	项目	内容
第二次全国农业普查数据	①饮用水经过集中净化处理的村比重为 24.5% ②实施垃圾集中处理的村比重为 15.8% ③有沼气池的村比重为 33.5% ④完成改厕的村比重为 20.6%	第三次全国农业普查数据	①经过净化处理的自来水全国比重为 47.7%，其中东部地区比重为 62.3%，中部地区比重为 43.9%，西部地区比重为 38.2%，东北地区比重为 36.1% ②生活垃圾集中处理或部分集中处理的村比重为 73.9%，其中东部地区比重为 90.9%，中部地区比重为 69.7%，西部地区比重为 60.3%，东北地区比重为 53.1% ③按主要生活能源划分的农户构成，柴草占比为 44.2%，煤占比为 23.9%，煤气、天然气、液化石油气占比为 49.3%，沼气占比为 0.7%，电占比为 58.6%，太阳能占比为 0.2%，其他为 0.5%（每户可选两项，分项之和大于 100%） ④完成或部分完成改厕的村比重为 53.5%，其中，东部地区比重为 64.5%，中部地区比重为 49.1%，西部地区比重为 49.1%，东北地区比重为 23.7%

资料来源：国家统计局。

　　截至 2018 年底，我国乡村人口已达 56 401 万人，农村居民住宅外道路为水泥或柏油路面的户比重为 75.4%，比 2013 年提高 24.0 个百分点；农村居民有管道供水入户的户比重为 79.7%，比 2013 年提高 18.8 个百分点。其中，83.6% 的户所在自然村实现了垃圾集中处理，比 2013 年提高 34.9 个百分点；65.3% 的户所在自然村实现了饮用水集中净化处理，比 2013 年提高 19.7 个百分点。2018 年，农村居民使用卫生厕所的户比重为 56.0%，比 2013 年提高 20.4 个百分点。国家统计局公布的《2018 年〈中国妇女发展纲要（2011—2020 年）〉统计监测报告》显示，2018 年，农村集中式供水受益人口比重达 86%，比 2010 年提高 28 个百分点，2017 年已"达到 85% 左右"。

　　我国农村卫生厕所户数与卫生公厕户数逐年升高，卫生厕所普及率从

2008 年的 59.7％提升至 2017 年的 81.7％[①]（如图 3-1 所示）。截至 2018
年底，北京、天津、上海、江苏、山东、广西、海南和四川等 8 个省/直
辖市/自治区通过农村生活垃圾治理验收，100 个农村生活垃圾分类和资
源化利用示范县（市、区）中，已有 75％的乡镇和 58％的行政村启动垃
圾分类工作。

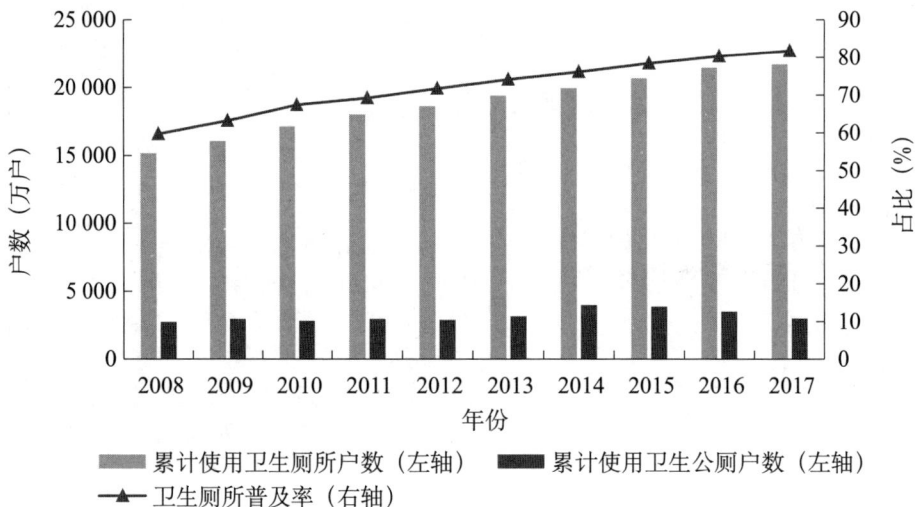

图 3-1 2008—2017 年我国农村卫生厕所情况

我国农村沼气池产气量在 2013 年达到峰值 157.8 亿立方米。但沼气
池在使用的过程中存在产气不稳定的问题，加之农户缺少足够原料、残留
沼渣处理难度较大，产量逐年下降，2018 年为 112.2 亿立方米。随着农
民收入的提高，安装便利的太阳能热水器成为居家必备，呈现逐年上升的
趋势。太阳灶则在日照时间较长的农村地区更为适用。具体变化趋势如
图 3-2 所示。农村沼气池产气量与农村太阳能热水器的数值只是农村生
活设施变化的一个缩影，但折射出农民在日常生活中逐渐重视环保能源的
运用，改善农村环境，推进再生资源利用。

加强农村面源污染治理，有利于改善农村人居环境。农村面源污染存
在不确定性和空间异质性，较为分散、隐蔽、随机，不易监测。农村面源

---

① 数据来源为《中国农村统计年鉴》。

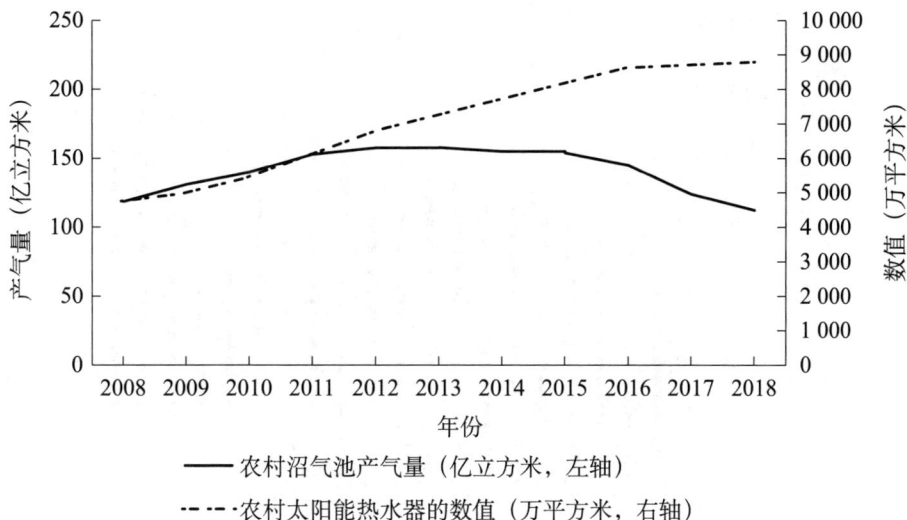

图 3-2 我国农村生活设施的变化

污染来源广泛，农村生活和农业生产产生的污染物，包括生活污水、固体废弃物、农田农药化肥等都是潜在来源。因此我国陆续出台了多项面源污染防治措施，严格控制禽畜养殖污染，严格控制农药化肥施用量，提高农村污染物的无害化处理比重，加强农村饮用水源的保护，在保障治理措施有效实施的前提下，同步优化农村生产生活环境。

2020 年中央一号文件中要求"加强农膜污染治理"。1999 年我国农用塑料薄膜使用量为 1 258 674.16 吨，2015 年达到峰值 2 603 560.59 吨，而后逐年缓慢下降至 2018 年的 2 464 795.41 吨[①]，具体变化如图 3-3 所示。农用塑料薄膜的用量大，产生的农膜遗留既影响土壤肥力，也会对农村人居环境造成负面影响，因此国家层面出台政策提倡从源头追踪，重点关注使用后的薄膜处置方式，减少环境污染。

化肥污染是典型的面源污染。我国农用化肥施用折纯量与实物量的增减趋势及幅度是基本保持一致的，自 1999 年以来逐年上升，直至 2015 年达到峰值 6 022.60 万吨，而后呈现出下降趋势，但仍保持高位。随着我国粮食产量的提高，农民逐步使用多元复合肥来弥补土壤中缺失的矿物质

---

① 数据来源为《中国统计年鉴》。

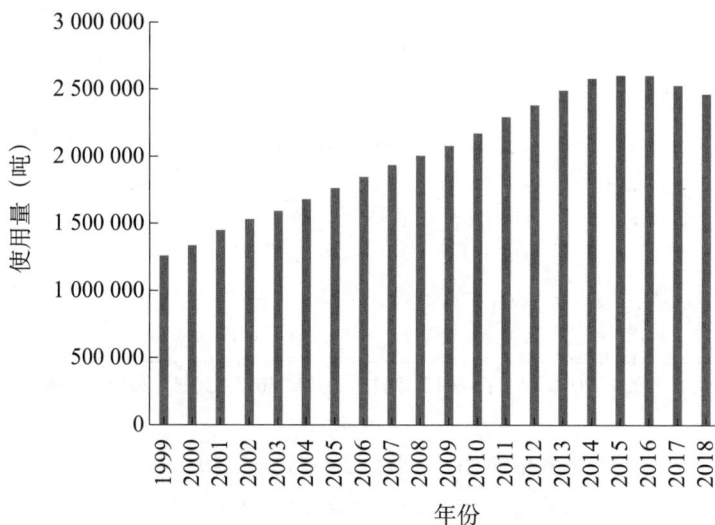

图 3-3　我国 1999—2018 年农用塑料薄膜使用量

元素，复合肥施用折纯量逐年上升（见图 3-4）。因此除了严格管控化肥对农村水体产生污染，更关键的是避免施肥过量导致土壤中残留氮磷化合物，影响农村人居环境。

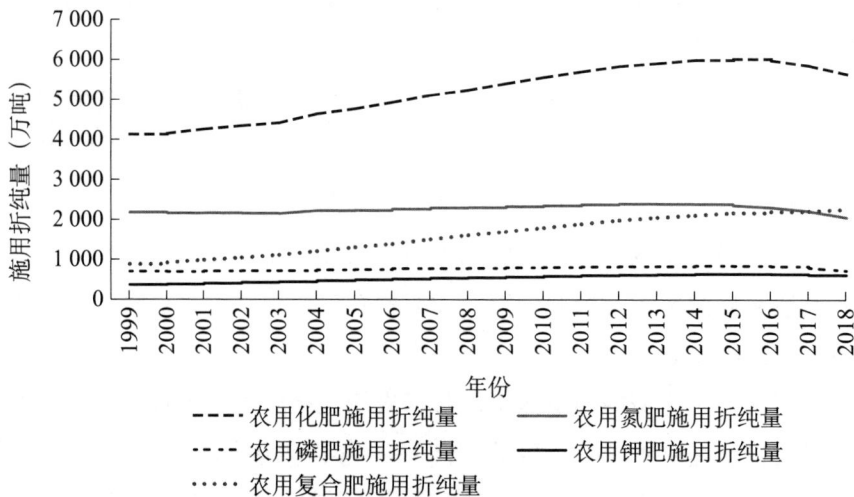

图 3-4　我国农用化肥施用折纯量

　　1999 年我国农药使用量为 132.16 万吨，2014 年使用量达到 180.33 万吨，2018 年已下降至 150.36 万吨，变化趋势如图 3-5 所示。农药残留对土壤、大气及地下水形成农药污染，因此提倡对常用农药合理安全适度施用，逐步减轻农药对农村生态环境的负面影响。

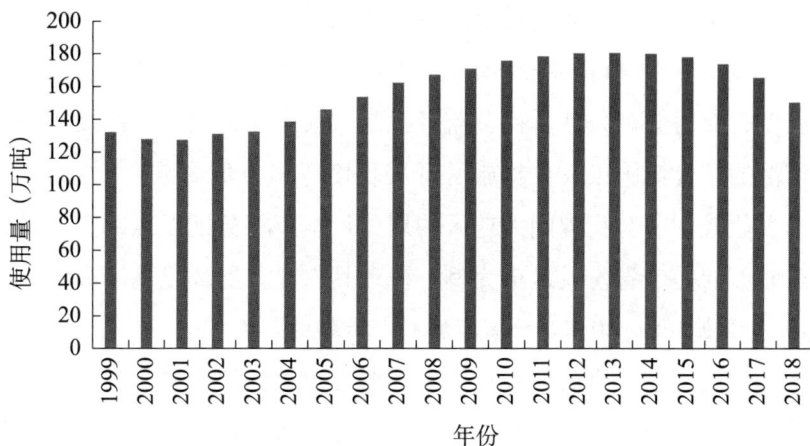

图 3-5　我国农药使用量

农村人居环境涵盖的内容多、范围广，包括村内绿化、村庄道路建设、农户天然气管网、住房改造等多方面内容。我国已开始重视面源污染对农村人居环境带来的负面影响，从源头加强了污染防治力度，极大地改善了农村人居环境。前文分析列举的系列指标变化，也在一定程度上反映出我国农村人居环境整治取得的显著成效。今后一个时期通过建立农村人居环境长效管理机制，加强污染治理和资源保护力度，逐步完善农村基础设施，保护农村人居环境的同时提升农村社区活力，从而有效提升农村人居环境整治的深度和广度，提高整治水平和质量。[①]

二、各地区整治成效

各地区在提升农村人居环境水平过程中，涌现出一批又一批的优秀整治村，为了建设美丽家园，各村齐聚多方力量，引入绿色融资模式，发展绿色农业，注重生态保护，实现农业清洁生产，持续改善农村人居环

---

① 史磊，郑珊."乡村振兴"战略下的农村人居环境建设机制：欧盟实践经验及启示.环境保护，2018，46（10）：66-70.

境。① 典型的案例有山东省烟台市福山区门楼镇新农村、海南省琼中县湾
岭镇大边村、贵州省遵义市湄潭县兴隆镇龙凤村、重庆市梁平区新农村等
生态宜居的美丽乡村。通过对农户的实地调研，分析农户参与人居环境整
治的积极性，发现农村环境整治受到农民收入水平、社会经济条件、价格
补偿程度、交通便利条件、社会监督机制、政府支持政策、村级实施人居
环境整治的综合措施以及乡村旅游开展程度等多方面影响。② 按照在第三
次全国农业普查中对我国四大地区的划分，本节将分别以东部、中部、西
部和东北部的一个省份或地市为例，梳理其农村人居环境整治成效。

1. 东部地区——山东省诸城市农村人居环境整治

诸城市出台了《诸城市农村人居环境整治工作评估办法》和《评估细
则》，筹资 3 亿元专项用于"户户通"奖励补贴，且 1 243 个村庄全部落
实了 1 名副科级以上干部包靠村庄。2019 年累计完成无害化卫生厕所改
造 11 万户，新增改厕 44 516 户，6 个街道园区改厕 29 182 户，并按照十
有标准建设了后续管护服务站 11 处、粪污中转站 24 处。诸城市探索实施
农村生活污水进管网、建污水站、建湿地、建沉淀池、循环利用等 5 种治
理模式，共完成生活污水治理村庄 257 个，纳入城镇污水管网 43 个，建
污水处理站或设施 6 个，氧化塘湿地生态处理 5 个，改厕融合 133 个，就
地回用 70 个。诸城市采用 PPP 模式推进城乡环卫一体化，新建垃圾压缩
中转站 5 座，每年投入运行资金 1.27 亿元；投资 1.5 亿元扩建日处理能
力 500 吨的生活垃圾焚烧发电项目。诸城市规模养殖场粪污处理设施配建
率达 100%，B 类以上美丽乡村覆盖率超过 90%，已完成 208 个农村社区
规划评估和 1 243 个村庄分类，创建完成 10 779 户村级"美丽庭院示范
户"。

2. 中部地区——江西省南昌市农村人居环境整治

南昌市按照"户分类、村收集、乡镇运、县区处理"的城乡一体化生

---

① 王筱萍，刘文华. 农业循环经济分层绿色融资模式研究. 经济问题. 2020（2）：115 - 123.
② 闵师，王晓兵，侯玲玲，黄季焜. 农户参与人居环境整治的影响因素——基于西南山区的调
查数据. 中国农村观察，2019（4）：94 - 110.

活垃圾治理模式，深入推进农村生活垃圾治理，行政村农村生活垃圾治理率达到100%。对全市5个涉农县区931个行政村7 249个自然村的村庄环境进行常态化长效管护，并选择蒋巷镇等5个基础条件较好的乡镇作为农村垃圾分类处理试点，建设村点污水治理设施305座，村点水环境治理设施125个，受益人口达36.93万人。村庄清洁行动累计发动群众近10万人次，清理农村生活垃圾约16万吨、村内水塘约4 600口、沟渠约3 600千米、残垣断壁约1万处。南昌市深入推进农业面源污染治理，实行绿色防控、统防统治及安全科学用药，引导农民使用低残留低毒农药，在全市40个乡镇配齐病虫害监测点基础设施，全面推广化肥减量增效技术应用，全市化肥利用率达41.5%，2016—2019年化肥使用量连续实现负增长。

3. 西部地区——陕西省农村人居环境整治

2018年7月陕西省总结了32个示范案例，形成了《陕西省农村人居环境整治案例选编》，以生动鲜活的案例为其他地区整治提供参考。2019年11月陕西省统计局汇报农村人居环境整治工作进展，全省4 838个行政村的生活污水得到有效治理；西安市新建排污管道323.60千米，46%的行政村生活污水得到有效管控。截至2018年底，陕西省行政村路网实现全覆盖，农村公路总里程达到15.5万千米，实现了100%乡镇和100%建制村通沥青（水泥）路；100%乡镇和97%建制村通客车；100%建制村通邮，99%的乡镇覆盖快递网点。依托农村饮水安全巩固提升工程建设，陕西省全力改变农村居民生产生活用水条件，截至2019年10月底，累计完成农村饮水安全投资83.28亿元（其中省级资金49.91亿元），建成安全饮水工程1.47万处，改善1 213.4万人饮水安全问题，农村自来水普及率达90%以上。全省开展村庄清洁行动的行政村为17 290个，覆盖率达到99.7%。陕西省自实施农村人居环境整治以来，取得了显著成效，但仍存在工作推进不平衡、主体作用发挥不明确、基础设施项目建设滞后、整治资金缺口较大、长效机制亟待完善等问题。

4. 东北部地区——吉林省农村人居环境整治

2019 年吉林省全面开展村庄清洁行动，84％的村庄实现了基本清洁，共为 16.4 万户建设了适宜寒冷地区、成本低的无害化卫生旱厕，到 2020 年，将力争再完成 15 万户农村卫生厕所改造。截至 2019 年底，吉林省 9 340 个行政村中，已有 6 622 个行政村建立了收运处置体系，建设转运站 434 座，购置环卫车辆 1 701 辆，配备垃圾收集设施 38.3 万个，累计投入资金 14.14 亿元。2018 年和 2019 年，吉林省共收运生活垃圾 282.11 万吨，其中通过无害化填埋场处置垃圾 47.73 万吨，占收运垃圾总数的 16.92％，焚烧发电处置垃圾 234.38 万吨，占收运垃圾总数的 83.08％。在对农村生活垃圾非正规堆放点加强整治的过程中，吉林省共排查出非正规堆放点 1 192 处，已整治销号 1 152 处，占总数的 96.6％，整治堆体约 427.78 万立方米，复垦土地约 112.26 万平方米。2016—2019 年，吉林省累计完成 19.14 万户农村危房改造，其中建档立卡贫困户 10 万户，总投资 33.32 亿元。

第二节　奏响农村整治强音

我国频繁出台了一系列与整治行动相配套的政策指引，各地区充分发挥智慧创造性地开展工作，也取得了积极成效，农村地区环境发生了巨大改变。在充分遵循乡村建设规律、适应农村经济社会发展水平、协调当地自然条件和风土人情的同时，加强经验总结和典型示范效果评价，本节聚焦整治过程中的政策沿革及效果评价。

一、宏观政策的演化

改革开放 40 余年来，我国农村人居环境整治工作按时间大致划分为三个阶段。

第一阶段：1978—2002 年，是农村人居环境整治缓慢推进期。20 世纪 80 年代初邓小平同志提出"小康社会"的新概念，1997 年江泽民同志在十五大报告中进一步提出"建设小康社会"的新任务。在建设初期，我国社会保障还不全面，环境质量有待提高，农村人居条件和基础设施也都处于较为落后的状态。虽然在这一时期我国对农村人居环境整治还缺乏全面系统的认识，但已有序推进了房屋改造、道路建设、用水条件改善等具体工作，为后期加快发展打下了坚实基础。

第二阶段：2002—2013 年，是农村人居环境整治加快建设期。2002 年 11 月，十六大报告《全面建设小康社会 开创中国特色社会主义事业新局面》提出全面建设小康社会。2003 年，党的十六届三中全会审议通过《中共中央关于完善社会主义市场经济体制若干问题的决定》，提出"坚持以人为本、全面协调、可持续发展的科学发展观"以及五大统筹——"统筹城乡发展、统筹区域发展、统筹经济社会发展、统筹人和自然和谐发展、统筹国内发展和对外开放"。我国提出了在工业化初始阶段由农业支持工业，当工业化达到一定程度后，工业反哺农业，城市支持农村，实现工业与农业、城市与农村的协调发展。2005 年 10 月，党的十六届五中全会通过了《中共中央关于制定国民经济和社会发展第十一个五年规划的建议》，提出了"生产发展、生活宽裕、乡风文明、村容整洁、管理民主"。2008 年 7 月首次召开全国农村环境保护工作电视电话会议，对有关工作进行了部署。2008—2013 年中央农村环境保护专项资金累计投入 195 亿元（见表 3 - 2）。

表 3 - 2　2008—2013 我国农村人居环境投入

年份	中央农村环境保护专项资金（亿元）
2008	5
2009	10
2010	25
2011	40
2012	55
2013	60

资料来源：2008—2013 年《中国环境状况公报》。

第三阶段：2013—2020 年，是农村人居环境整治全面开展期。2017

年党的十九大报告中提出实施乡村振兴战略，其中一项重要任务就是改善农村人居环境，建设美丽宜居乡村。2018 年中央一号文件提出"产业兴旺、生态宜居、乡风文明、治理有效、生活富裕"，与 15 年前的"生产发展、生活宽裕、乡风文明、村容整洁、管理民主"形成鲜明对比，国家对农村生态环境建设等方面的关注程度日益提升。2019 年中央一号文件《中共中央　国务院关于坚持农业农村优先发展做好"三农"工作的若干意见》共 8 个部分，第三部分"扎实推进乡村建设，加快补齐农村人居环境和公共服务短板"中明确要求"深入学习推广浙江'千村示范、万村整治'工程经验，全面推开以农村垃圾污水治理、厕所革命和村容村貌提升为重点的农村人居环境整治，确保到 2020 年实现农村人居环境阶段性明显改善，村庄环境基本干净整洁有序，村民环境与健康意识普遍增强。"2020 年 3 月印发的《2020 年农村人居环境整治工作要点》明确了任务和要求，细化举措，以确保如期完成环境整治任务。

农村人居环境整治是我国加快建设农村现代化进程中亟须补齐的突出短板，但在整治进程中各级政府部门要坚持实事求是的原则，杜绝虚假的形式主义，求真务实地推动并引导各地区建立长效管护机制，将整治工作落到实处。我国在中央层面的顶层设计中注重加强针对农村人居环境的指导，中央财政聚焦整治行动，以补助奖励等多种方式给予地方资金支持，包括启动农村厕所革命整村推进奖补试点，利用五年时间对地方农村厕所革命进行支持；安排 30 亿元专项资金启动农村人居环境整治整县推进工程，重点聚焦中西部地区的农村生活污水、垃圾及厕所粪污处理、村容村貌提升等方面短板；启动督查奖励政策；制定农村污水治理、禽畜粪污治理、旅游景区厕所建设等配套政策。在农村人居环境整治过程中，中央部委多部门联动，各司其职，密切配合，共同推动农村人居环境综合整治。表 3-3 简要梳理了近年来出台的与农村人居环境整治相关的部分文件，可以发现自 2015 年起农村人居环境整治连续 6 年出现在一号文件中，充分显示了我国整治农村环境的决心。

表3-3 中央层面与农村人居环境相关的政策梳理

时间	文件名	相关内容
2014年5月16日	《国务院办公厅关于改善农村人居环境的指导意见》(国办发〔2014〕25号)	到2020年,全国农村居民住房、饮水和出行等基本生活条件明显改善,人居环境基本实现干净、整洁、便捷,建成一批各具特色的美丽宜居村庄
2015年1月13日	《国务院关于进一步加强新时期爱国卫生工作的意见》(国发〔2014〕66号)	结合社会主义新农村建设、美丽乡村建设、改善农村人居环境和农村社区建设试点工作,以农村垃圾污水处理和城市环境卫生薄弱地段整治为重点,持续深入开展整洁行动,统筹治理城乡环境卫生问题
2015年2月1日	《中共中央 国务院关于加大改革创新力度加快农业现代化建设的若干意见》(中发〔2015〕1号)	全面推进农村人居环境整治。完善县域村镇体系规划和村庄规划,强化规划的科学性和约束力。改善农民居住条件,搞好农村公共服务设施配套,推进山水林田路综合治理。继续支持农村环境集中连片整治,加快推进农村河塘综合整治,开展农村垃圾专项整治,加大农村污水处理和改厕力度,加快改善村庄卫生状况
2015年12月31日	《中共中央 国务院关于落实发展新理念加快农业现代化实现全面小康目标的若干意见》(中发〔2016〕1号)	开展农村人居环境整治行动和美丽宜居乡村建设。实施农村生活垃圾治理5年专项行动。采取城镇管网延伸、集中处理和分散处理等多种方式,加快农村生活污水治理和改厕。全面启动村庄绿化工程,开展生态乡村建设,推广绿色建材,建设节能农房。发挥好村级公益事业一事一议财政奖补资金作用,支持改善村内公共设施和人居环境
2016年12月31日	《中共中央 国务院关于深入推进农业供给侧结构性改革 加快培育农业农村发展新动能的若干意见》(中发〔2017〕1号)	深入开展农村人居环境治理和美丽宜居乡村建设。推进农村生活垃圾治理专项行动,促进垃圾分类和资源化利用,选择适宜模式开展农村生活污水治理,加大力度支持农村环境集中连片综合治理和改厕。开展城乡垃圾乱排乱放集中排查整治行动。开展农村人居环境和美丽宜居乡村示范创建

续表

时间	文件名	相关内容
2018 年 1 月 2 日	《中共中央　国务院关于实施乡村振兴战略的意见》（中发〔2018〕1 号）	持续改善农村人居环境。实施农村人居环境整治三年行动计划，以农村垃圾、污水治理和村容村貌提升为主攻方向，整合各种资源，强化各种举措，稳步有序推进农村人居环境突出问题治理
2018 年 2 月	《中共中央办公厅　国务院办公厅关于印发〈农村人居环境整治三年行动方案〉的通知》（中办发〔2018〕5 号）	到 2020 年，实现农村人居环境明显改善，村庄环境基本干净整洁有序，村民环境与健康意识普遍增强
2018 年 12 月	《关于推进农村"厕所革命"专项行动的指导意见》（农社发〔2018〕2 号）	各地要顺应农民群众对美好生活的向往，把农村"厕所革命"作为改善农村人居环境、促进民生事业发展的重要举措，进一步增强使命感、责任感和紧迫感，坚持不懈、持续推进，以小厕所促进社会文明大进步
2019 年 1 月 3 日	《中共中央　国务院关于坚持农业农村优先发展做好"三农"工作的若干意见》（中发〔2019〕1 号）	深入学习推广浙江"千村示范、万村整治"工程经验，全面推开以农村垃圾污水治理、厕所革命和村容村貌提升为重点的农村人居环境整治，确保到 2020 年实现农村人居环境阶段性明显改善，村庄环境基本干净整洁有序，村民环境与健康意识普遍增强
2020 年 1 月 2 日	《中共中央　国务院关于抓好"三农"领域重点工作确保如期实现全面小康的意见》（中发〔2020〕1 号）	扎实搞好农村人居环境整治。分类推进农村厕所革命，东部地区、中西部城市近郊区等有基础有条件的地区要基本完成农村户用厕所无害化改造，其他地区实事求是确定目标任务。各地要选择适宜的技术和改厕模式，先搞试点，证明切实可行后再推开。全面推进农村生活垃圾治理，开展就地分类、源头减量试点。梯次推进农村生活污水治理，优先解决乡镇所在地和中心村生活污水问题。开展农村黑臭水体整治。支持农民群众开展村庄清洁和绿化行动，推进"美丽家园"建设。鼓励有条件的地方对农村人居环境公共设施维修养护进行补助

资料来源：中国政府网。

二、地方政策梳理

我国农村人口数量大，整治农村人居环境对改善民生、促进经济社会发展意义重大，改善农村人居环境迫在眉睫，各级政府狠抓落实，深入贯彻中央下发的文件精神，将农村人居环境整治进行到底。但由于各地区发展差异较大，部分地区农村人居环境矛盾突出，在整治过程中遇到了很多实际问题，比如农民的环保意识欠缺、文化水平偏低、对新生事物需要时间接纳。加之农村地区幅员辽阔，村庄布局错落无序，经济发展相对滞后，部分地区在改厕的过程中，由于气候等客观因素，也影响了整治进程。尽管整治的过程遇到了诸多难题，但坚持改善农民生活质量的初心不变，坚持农村社会发展的决心不改，必将实现农村绿色发展，建设人与自然和谐共生的美丽乡村。开展农村人居环境整治既要立足当前实际，又要着眼长远未来。各地方首先解决现阶段农村存在的突出问题，同时建立健全农村人居环境管护长效保障机制，激发农民自觉、主动、积极地建设、爱护家园，参与到农村人居环境整治行动中来，保障已建成的设施能够长期稳定运行，杜绝资源浪费、多次重建等现象。各地的政策围绕本省农村地区的特点，根据工作侧重点对环境整治提出了具体要求，表3-4中梳理了部分地区的政策。河北省、河南省、吉林省、海南省、云南省、甘肃省、内蒙古自治区、山东省、黑龙江省、江西省对垃圾治理、改厕、污水处理以及资金投入等方面均提出了不同的目标要求。

表3-4 地方农村人居环境相关政策梳理

序号	时间	文件名	相关内容
1	2018年2月	《河北省农村人居环境整治三年行动实施方案（2018—2020年）》	到2020年，全省农村人居环境明显改观，基本形成与全面建成小康社会相适应的农村垃圾污水、卫生厕所、村容村貌治理体系，村庄环境干净整洁有序，长效管护机制基本建立，农民环境卫生意识普遍增强

续表

序号	时间	文件名	相关内容
2	2018 年 4 月	《河南省农村人居环境整治三年行动实施方案》	经济条件较好的县（市、区）内、其他市县中心城区周边的村庄和饮用水水源保护区、风景名胜区、生态保护区（带）内的村庄（一类区域），人居环境质量全面提升……基本具备条件的县（市、区）内的村庄（二类区域），人居环境质量较大提升……经济欠发达县内和少数地处偏远、居住分散的村庄（三类区域），在优先保障村民基本生活条件基础上，实现人居环境干净整洁的基本要求
3	2018 年 5 月	《吉林省农村人居环境整治三年行动实施方案》	到 2020 年，90% 以上的行政村生活垃圾得到治理，基本完成非正规垃圾堆放点整治任务。到 2020 年，新改造 80 万户农村卫生厕所。同步推进既有卫生厕所提标，改善卫生条件。到 2020 年，全省 114 个重点镇和重点流域常住人口 1 万人以上乡镇生活污水得到治理，基本消除农村黑臭水体。到 2020 年，自然屯通硬化路率达到 80%，基本完成农村危房改造任务。到 2020 年，基本完成县域乡村建设规划和实用性村庄规划编制或修编任务，行政村规划管理覆盖率达到 80% 左右
4	2018 年 5 月	《海南省农村人居环境整治三年行动方案（2018—2020 年)》	到 2020 年，实现农村人居环境明显改善，基本达到"干净、整洁、见绿"，乡村公厕"不湿、不臭、不挤"，村民环境健康意识普遍增强，建成一批各具特色、宜居宜业宜游的美丽村庄。到 2020 年底，具备条件的村庄逐步建成局域供气管网。到 2020 年，全省所有村庄开展宜居宜业宜游的美丽乡村建设，基本完成 1 000 个美丽乡村示范村创建工作
5	2018 年 5 月	《云南省农村人居环境整治三年行动实施方案（2018—2020 年)》	坚持问题导向，划分旅游特色型、美丽宜居型、提升改善型、自然山水型、基本整洁型 5 种类型村庄，分步分类推进实施。到 2020 年，基本解决村庄私搭乱建和环境脏乱差等问题，实现"有新房有新村有新貌"，村庄环境基本干净整洁有序，村民环境卫生与健康意识普遍增强，人居环境明显改善，长效管护机制基本形成

续表

序号	时间	文件名	相关内容
6	2018 年 5 月	《甘肃省农村人居环境整治三年行动实施方案》	到 2020 年,实现农村人居环境明显改善,村庄环境基本干净整洁有序,村民环境与健康意识普遍增强。中西部有较好基础、基本具备条件的地区,人居环境质量较大提升,力争实现 90％左右的村庄生活垃圾得到治理,卫生厕所普及率达到 85％左右,生活污水乱排乱放得到管控,村内道路通行条件明显改善。地处偏远、经济欠发达等地区,在优先保障农民基本生活条件基础上,实现人居环境干净整洁的基本要求
7	2018 年 6 月	《内蒙古自治区农村牧区人居环境整治三年行动方案(2018—2020 年)》	到 2020 年,实现农村牧区人居环境明显改善,村庄环境基本干净整洁有序,村民环境与健康意识普遍增强。2020 年底前基本完成非正规垃圾堆放点整治工作。到 2020 年,完成 65 万户改厕任务,农村牧区卫生厕所普及率 85％以上。鼓励各类企业参与农村牧区人居环境整治项目,规范推广政府和社会资本合作模式,大力培育农村牧区垃圾污水治理市场主体
8	2018 年 6 月	《山东省农村人居环境整治三年行动实施方案》	到 2020 年,全省农村人居环境明显改善,实施乡村振兴战略取得重要阶段性成效。基本实现村庄规划编制、生活垃圾收运处置、无害化卫生厕所改造全覆盖,生活污水处理率大幅提高,生态环境质量显著提升,村民环境与健康意识普遍增强,管护长效机制初步建立,生活环境干净整洁有序,建设农民安居乐业的美丽家园,广大农村呈现"生产美、生活美、生态美"的全新面貌
9	2018 年 6 月	黑龙江《农村人居环境整治三年行动实施方案(2018—2020 年)》	到 2020 年,基本建立与全面建成小康社会相适应的农村生活垃圾、污水、厕所粪污等治理体系和村容村貌管护机制。全省 90％以上的行政村的生活垃圾得到治理,农村卫生厕所普及率达到 85％以上,行政村通硬化路率达到 100％,全省 90％以上村庄实现绿化。基本实现村庄环境干净整洁有序目标,村民环境卫生意识普遍增强,农村环境"脏、乱、差"问题有效解决

续表

序号	时间	文件名	相关内容
10	2018 年 7 月	《江西省农村人居环境整治三年行动实施方案》	2018 年选择部分地方开展试点，形成可复制推广的农村人居环境整治经验做法，2019 年全面推广。到 2020 年，实现全省农村人居环境明显改善，村容村貌明显改观，村庄干净整洁，村民环境与健康意识普遍增强，基本建成整洁美丽、和谐宜居新农村

资料来源：各省政府官网。

三、浙江省安吉县余村的典型案例分析

2019 年 3 月中共中央办公厅、国务院办公厅转发了《中央农办、农业农村部、国家发展改革委关于深入学习浙江"千村示范、万村整治"工程经验扎实推进农村人居环境整治工作的报告》。在我国推进农村人居环境整治的过程中，浙江省 17 年来推动"千村示范、万村整治"工程，农村村容村貌发生了巨大变化，推动美丽乡村建设取得巨大进步，是我国农村人居环境整治的生动实践和率先典范。习近平总书记做出了重要批示："浙江'千村示范、万村整治'工程起步早、方向准、成效好，不仅对全国有示范作用，在国际上也得到认可。要深入总结经验，指导督促各地朝着既定目标，持续发力，久久为功，不断谱写美丽中国建设的新篇章。"

浙江省在 2003 年开始实施"千村示范、万村整治"，截至 2018 年，累计建成国家生态文明建设示范市 1 个、国家生态文明建设示范县（市、区）10 个、国家"绿水青山就是金山银山"实践创新基地 5 个、省级生态文明建设示范市 5 个、省级生态文明建设示范县（市、区）38 个。全省共建成国家级生态市 2 个、国家级生态县（市、区）39 个、国家级生态乡镇 691 个、国家环境保护模范城市 7 个、省级生态市 5 个、省级生态县（市、区）67 个、省级环保模范城市 15 个。浙江省安吉县是"绿水青山就是金山银山"的理论诞生地，在农村人居环境整治方面，坚持习近平总书记的"两山理论"和"无规划不建设，无设计不施工"理念，建立了

完善的村庄建设规划体系。早在2013年安吉县已开始实行农村生活垃圾分类,2017年实现全县农村全覆盖,是全国首批"农村生活垃圾分类和资源化利用示范县"。

安吉县的天荒坪镇余村是农村人居环境整治的典型案例。余村总面积为4.86平方千米,山林面积为6 000亩,水田面积为580亩,下辖2个自然村、1个中心村、8个村民小组,农户为280户,人口为1 060,党员为56人。该村在20世纪80年代污染严重,2005年开始进行人居环境整治,2008年开始建设美丽乡村,重点改造村容村貌,重新编制了村发展规划,将村庄细化为田园观光区、生态旅游区、美丽宜居区和精品外环线。余村科学布局,合理调配农民的生产、生活、生态空间,截至2018年底,共有观光休闲旅游景区3处,民营企业11家,农家乐、民宿42家,全年累计接待游客超过80万人次,实现村集体经济收入471万元。该村2003年人均收入8 000余元,2017年人均收入41 378元,2018年提高至44 680元。2018年12月18日余村支部书记被党中央、国务院授予"改革先锋"称号。表3-5以时间为线索,梳理了余村绿色发展的生态建设之路。

表3-5 余村的绿色生态发展时间线

年份	生态建设
2003—2006	实施"千村示范、万村整治"工程,重点推进道路硬化、厕所改进等具体工作
2007	进一步加强村庄环境整治
2008	开始美丽乡村建设
2008—2012	全村整体推进,主抓农房改造
2012	实施新一轮环境绿化
2013	"三改一撤""四边绿化"
2014	实施"五水共治"
2015	建成"两山公园"
2016	建设"两山"小镇森林核心区
2017	启动"两山"示范区建设规划
2018	与周边村壮、天荒坪镇区深度融合

资料来源:余村实地调研。

余村是安吉县最早实施垃圾分类的试点村之一,在2016年创新开展

"垃圾不落地"试点，在原有垃圾分类的基础上，取消公共垃圾桶，只保留少量果壳箱，在村民预先分类的基础上实行"定点投放、定时收集、实时转运"，取得了显著成效。如今，余村的美丽乡村建设与科技发展相融合，5G基站于2019年开始试用，智能消防、智能路灯、智能停车位、智能垃圾分类等新的发展模式已深深融入农民的日常生活。余村的成功是在实践中逐步摸索得来的，清晰的规划、明确的发展思路为其发展奠定了基础。余村的治理实践是从"矿山"到"青山"，从"卖石头"到"卖风景"，从"乱治"到"善治"，实现了村民生活富裕、村内环境优美并带动农业产业快速发展。余村不仅是农村人居环境整治的典型范例，而且是乡村振兴的生动样板，为其他村庄发展提供了宝贵的经验和有益的借鉴。余村同时对传统村落进行适度改造，正视部分村落大量劳动力外流的客观事实，因地制宜合并村庄，发展产业，吸引农民返乡创业。[①] 在持续推进农村人居环境整治的过程中，鼓励各地区积极吸收典型村的有益做法，摒弃照抄照搬的简单复制，建设各具特色的美丽乡村。

第三节　将厕所革命进行到底

在2017年12月16日公布的《第三次全国农业普查主要数据公报（第四号）》中，共普查了23 027万农户，其中使用水冲式卫生厕所的有8 339万户，占36.2%；使用水冲式非卫生厕所的有721万户，占3.1%；使用卫生旱厕的有2 859万户，占12.4%；使用普通旱厕的有10 639万户，占46.2%；无厕所的有469万户，占2.0%。2019年初，中央农办等八部门联合印发的《关于推进农村"厕所革命"专项行动的指导意见》中明确提出了"到2020年，东部地区、中西部城市近郊区等有基础、有条件的地区，基本完成农村户用厕所无害化改造，厕所粪污基本得到处理或

资源化利用，管护长效机制初步建立；中西部有较好基础、基本具备条件的地区，卫生厕所普及率达到 85％ 左右，达到卫生厕所基本规范，贮粪池不渗不漏、及时清掏；地处偏远、经济欠发达等地区，卫生厕所普及率逐步提高，实现如厕环境干净整洁的基本要求。"

1993 年，我国农村卫生厕所普及率仅为 7.5％，截至 2016 年底我国农村卫生厕所普及率已达到 80.3％，2020 年要实现农村卫生厕所普及率 85％ 的目标。当前我国农村卫生厕所普及率虽然较高，但粪便无害化处理率偏低，仍需要进一步提高农村厕所改造的质量。在整改过程中，一方面，由于我国各地区经济发展水平存在差异，落后地区在资金投入上存在一定困难。另一方面，由于南北方气候差异较大、部分地区干旱缺水、部分地区高寒、沙漠等特殊自然条件也造成了农村改厕存在技术性难题，制约了改厕进程和效果，还需要进一步探索适合本地区的改造模式，逐步实现无害化卫生厕所全覆盖。

一、各地的改厕行动

厕所革命是民生问题，也是文明窗口，各地抓紧时间推进农村厕所革命，采取了一系列行之有效的措施，以确保顺利完成厕所改造任务。2019 年 7 月，中央农办、农业农村部等七部门联合印发《关于切实提高农村改厕工作质量的通知》，要求建立完善农村改厕建档立卡制度，以"一户一档""一村一档"的方式建立数据档案，同时也特别提到了东部地区以及中西部城市近郊区应进一步加强改厕力度，切实保障农村改厕工作有力有序扎实推进。

（一）加强补贴力度

2019 年财政部、农业农村部联合印发的《关于开展农村"厕所革命"整村推进财政奖补工作的通知》中明确了"从 2019 年起，财政部、农业农村部组织开展农村'厕所革命'整村推进（以下称整村推进）财政奖补工作。中央财政安排资金，用 5 年左右时间，以奖补方式支持和引导各地推动有条件的农村普及卫生厕所，实现厕所粪污基本得到处理和资源化利用，切实改善农村人居环境。"通过查阅各省政府官方网站，山东省对符合条件且积极参与的农户发放农村地区厕所改造补贴资金每户补贴 1 000～4 000 元不等；西安市农厕改造补助标准为每户每座补助 2 000 元，另加60 元建设管理费；大庆市对具备条件且达到标准的农户农厕改造补助标准为每户 4 000 元；海南农厕改造补助标准原则上每户不低于 1 600 元。

（二）细化实施方案

各级政府逐级落实农村改厕工作，充分发挥政府的引导作用，尊重农民主体地位，发挥农民作为参与者、建设者和受益者的积极性，以政府规划为引领，加强政策衔接。例如，海南省 2019 年 8 月底出台的《海南省推进农村"厕所革命"半年攻坚战行动方案》中提出了完成农村无害化厕所改造任务的具体要求和明确时间，各市县政府均制订了农村"厕所革命"工作实施方案，细化要求，有序推进。又如，安徽省阜阳市临泉县人民政府下发《临泉县 2019 年农村改厕工作实施方案》，截至 2019 年 7 月底，已完成既定全年任务，共完成农村户用卫生厕所改造 15 423 户，占全年任务（15 000 户）的 102.8%，且对实施改厕的农户每户给予 750 元的补助，对贫困户额外补助施工费 200 元，保障改厕任务顺利完成。

（三）引入动态评估

为有效解决改厕过程中遇到的技术问题，一些地区委托第三方公司统一购买服务，对改厕质量加强动态评估，推进并巩固农村改厕工作。例如，山东省日照市通过第三方公司对农村改厕工作实行动态评估，由于在第一次考核评估中共计发现了 4 484 处问题，因此又进行了第二次改厕质量动态评估，并探索创新考核方式，上线改厕考核 APP，统一考核标准，提升考核服务质量和工作效率，及时反馈发现的问题。日照市政府部门还建立了改厕考核问题清单责任制，对于评估组反馈的问题，将责任落实到个人，限期整改，确保改厕取得实际效果。

二、存在的主要问题

农村厕所革命作为农村人居环境整治攻坚战的重中之重,将原有的露天茅坑、非露天茅房、不环保旱厕改造建设成室内卫生抽水厕所,为农民的日常生活提供便利,但在整治的过程中也暴露出了一些问题。

(一)部分地区资金不配套

改厕资金由省市级政府通过以奖代补的方式出资一部分,基层政府主要从县级层面自主配套资金完成村内改厕。然而,仍未完成改厕的地区一般经济发展水平较为落后,基层政府财力紧张,仅通过乡贤捐助杯水车薪,不能解决实际问题。此外,厕所革命虽然改变了农民维系已久的如厕习惯,但农民缺乏维护技能和环保意识,部分农民为节省资金购买的厕所设备质量不达标。

(二)部分地区监督机制不健全

部分地区分散式改厕使用率偏低的问题突出,一是部分家庭马桶没有独立的隔间,与厨房邻近,不方便农户使用;二是由于部分地区地下水紧张,马桶抽不上水,时间久后存有异味,特别是在冬天,无法及时通风,迫使农户重搭旱厕;三是由于农村老龄人口居多,马桶的日常维修困难,造成马桶闲置;四是由于部分地区冬季长且寒冷,卫生厕所水管冻裂时有发生,入冬后厕所水管冻住无法使用,致使卫生厕所不得不"冬眠",降低卫生厕所使用效率和寿命。部分地区为应付检查敷衍了事,农民群众未充分享受社会发展的红利,将民心工程建走样,变成了个别官员换取政绩的面子工程。部分地区改造后的厕所不好用、不能用问题突出,不仅造成严重的资源、资金浪费,更让农民寒心,不利于农村卫生条件和生活环境的改善。

(三)后期运营管理不科学

部分地区频现卫生厕所形同虚设的现象,一是由于农户使用不当造成厕所易坏,缺少专业维修人员,农户未掌握修理技能。二是分散式污水处理的卫生厕所存在异味，由于污水处理设备需要曝气泵供氧，部分农户为省电造成设备无法有效运转，导致产生异味不易排出。分散式改厕虽然初始建设成本低，但后期维护需要投入资金并加强运维管护，不利于农村地区大规模建设。

（四）监督考核机制不健全

国家下发的专项厕所改造项目补贴应充分发挥作用，但目前在项目实施的过程中，资金发放时效需要进一步强化监督。个别地区改厕进展缓慢；个别地区虽完成改厕目标，但农民新厕所使用率偏低；个别地区改厕后的运营维护缺失等问题仍然存在。目前部分地区监督考核机制不健全，缺乏与政府职能部门相关人员直接挂钩的绩效评价体系，致使农民无处反映在改厕过程中遇到的问题。一些村弄虚作假，出现了为完成上级抽检而未实际修建化粪设备、设计不合理等问题，没有切实解决农民在厕所改造过程中遇到的实际困难。个别基层政府敷衍了事，崇尚形式主义，未将政府的惠民政策落到实处，厕所改造后存在使用隐患。

三、改厕行动的建议

农村厕所革命改变的不仅是卫生设施，更是农民生产生活方式和传统观念的变革。农村改厕是直接关乎广大农民的民生工程，对政府部门、农民群众、第三方参与者都提出了全新的挑战，针对已暴露出的问题，需要加强整改力度，确保改厕工作落到实处，以高质量、高标准、切实际的建设要求，坚决完成厕所革命。因此，在决胜全面建成小康社会的关键时期，各省级政府职能部门应及时做好顶层设计，充分考虑基层实际情况，通过资金倾斜，帮助困难地区率先完成改厕工作，杜绝由于资金紧张而导致的半途而废对农民生活造成更大不便。对于农村新公厕应合理规划、科学选址、注重细节，以为农民提供便利为目标建设实用型新公厕。

（一）摸查存在的问题

改厕工作推进已久，各地区为进一步提高改厕质量，应持续摸查存在的问题，通过建立改厕台账，落实责任人，切实保障改厕质量。针对农村户用厕所、公共厕所、旅游厕所等不同类别厕所的实际情况，合理优化布局，分门别类统计数量、点位以及所采用的改厕模式，为后期继续改造提供基础情况，有利于及时回访，查找问题。有关部门应严格把控农民采购产品的质量，通过宣传、培训等多种形式，普及卫生健康知识，引导农民意识到老式旱厕极易滋生细菌、天热时蚊虫肆虐等危害。厕所改造应充分发挥农民的主观积极性，鼓励农民参与，部分地区可采取对农民自建给予补助的形式。

（二）建立地方标准

由于各地区实际情况不同，在短时间内无法建立全国统一的高标准改厕标准，各地区应因地制宜，统一制定地方标准。建立自上而下和自下而上的双重监督反馈体系，对改厕工作持续跟踪，对农民改厕满意度定期回访。补齐个别地区存在的改厕短板，提升改厕质量，推进厕所粪污无害化处理，引进先进的改厕技术，鼓励联户、联村、联镇进行一体化治理，形成改革合力。对于在前期改厕过程中不符合要求的限期加以整改，对于困难户给予补助，以高标准、严要求推进改厕工作切实发挥作用。

（三）加强后期维护

对于改厕的后期维护应引起足够重视，建管结合。在推进建设的过程中，加强后期维护，多措并举，积极吸取先进地区的运营维护经验，结合各地实际，推动运营维护工作。同时，针对不同地区的实际情况确定改厕质量，适宜建设集中式厕所的可以适当提高比重，重点加强运维管护，扭转目前后期运营管理不科学的局面。各级政府合理调配维护资金，经济实力允许的地方可以引进第三方公司参与后期维护，探索后期维护的管理模式。通过有效的后期维护，延长厕所使用寿命，及时有效处理厕所污水，针对后期维护投入费用较高的实际情况，可以研讨市场化运作模式，对农户收取少量费用。

第四节　污水处理势在必行

根据 2017 年 12 月 14 日公布的《第三次全国农业普查主要数据公报（第一号）》，截至 2016 年末，91.3%的乡镇实现了集中或部分集中供水，90.8%的乡镇生活垃圾实现了集中或部分集中处理；73.9%的村生活垃圾实现了集中处理或部分集中处理，17.4%的村生活污水实现了集中处理或部分集中处理。

一、农村垃圾处理

农村垃圾主要指在农村的地域范围内农民日常生活及生产工作中产生的固体废物。我国农村人口约为 6.4 亿，农村生活垃圾总量巨大，随着农民生活水平的提高，农村生活垃圾成分复杂，逐步与城市生活垃圾趋同，对农村垃圾处理提出了更高的要求。2015 年住房和城乡建设部等部门出台的《住房和城乡建设部等部门关于全面推进农村垃圾治理的指导意见》中提出建立村庄保洁制度、推行垃圾源头减量、全面治理生活垃圾、推进农业生产废弃物资源化利用、规范处置农村工业固体废物、清理陈年垃圾六方面主要任务。2019 年住房和城乡建设部发布《住房和城乡建设部关于建立健全农村生活垃圾收集、转运和处置体系的指导意见》中明确提出"到 2020 年底，东部地区以及中西部城市近郊区等有基础、有条件的地区，基本实现收运处置体系覆盖所有行政村、90%以上自然村组；中西部有较好基础、基本具备条件的地区，力争实现收运处置体系覆盖 90%以上行政村及规模较大的自然村组；地处偏远、经济欠发达地区可根据实际情况确定工作目标。到 2022 年，收运处置体系覆盖范围进一步提高，并实现稳定运行。"

（一）农村垃圾治理存在的问题

从各地的整治实践看，农村垃圾治理普遍存在以下几个方面的问题。

1. 农民环保意识薄弱

在实地调研中发现，农民日常生活垃圾堆积于道路、田间的现象较为普遍，不当处置生活垃圾会对环境造成严重污染，甚至破坏生态环境。农民环保意识较为薄弱、缺乏普遍认识，因此在日常生活中未形成主动环保的自觉认知。

2. 农村地区生活垃圾处理能力薄弱

我国农村地区人口稠密程度各异，部分地区地广人稀，农民生活垃圾收集并不集中，也缺乏相应的处置系统。而人口稠密的农村地区大部分也没有专门的垃圾处理场所，对生活垃圾未实现分类回收。此外，部分地区的垃圾处置场所达不到规范标准，设施简易，所能发挥的垃圾收集处理作用有限。

3. 社会专业力量参与薄弱

农村垃圾处理需要社会专业力量的有效参与，但由于经费、人员等实际问题，目前真正参与农村生活垃圾运行管理的社会专业力量相对较为薄弱。农村生活垃圾处理的治理模式仍处于探索期，有效吸引社会专业力量的举措尚不完善，经费筹措渠道也主要依靠政府财政。因此需要加强经费补充渠道，引进市场化、专业化的社会团队构建先进的农村生活垃圾收运管理模式。2018 年，中央农办等 18 部门联合印发的《农村人居环境整治村庄清洁行动方案》中明确规定，各地可在完成"三清一改"规定动作的基础上，围绕《农村人居环境整治三年行动方案》，结合本地实际，开展"自选动作"。有针对性地实施清除无保护价值的残垣断壁、开展村庄绿化美化等其他相关工作，以问题为导向，深入推进农村人居环境整治。

（二）改进农村垃圾治理的建议

针对存在的问题，为了保障农村生活垃圾治理的全面性、长效性和系统性，在政府、社会、村集体和村民都能各尽其责的前提下，本节从以下几个方面提出改进建议，加强治理力度，促进实现农村人居环境整治行动任务。

第一，建立健全村庄保洁长效机制。以行政村为单位，充分调动村民的参与积极性，培养村内保洁队伍，确保整村实现长效保洁，及时清运垃圾、疏通河道、注重绿化。部分地区采取村内竞聘上岗的方式择优选择保洁员，在保证薪资和福利待遇的吸引下，将村内卫生整治情况与个人工资奖金挂钩，调动其上岗热情和积极性，保洁员实行制度化、常态化的动态考核奖惩管理。在日常维护管理中，细化村内清洁区域，落实责任人，指定专人负责日常巡查、监督和考核，同时调动居家村民的积极性，发挥舆论宣传作用，实现全民监督。

第二，因地制宜创新各地治理模式。对于人口稠密产生生活垃圾较多的村庄，通过引进垃圾焚烧发电厂等项目，寻找处理生活垃圾的有效路径。严格要求村民落实门前三包制度并统一检查标准，部分地区对房前屋后保持清洁的家庭，实行动态贴牌制度，将清洁程度按等级划分，在房门口醒目处贴不同等级对应颜色的贴牌，调动农民自觉参与环境整治、保持良好秩序的主动性。例如，浙江省金华市农村采用"两次四分"的分类方法，农户按"会烂"和"不会烂"标准进行一次分类，村保洁员在农户分类基础上进行二次分类，将"不会烂"垃圾再分为"好卖"与"不好卖"两类，并对农户分类及时纠错反馈，好卖垃圾由可再生资源公司回收，不好卖垃圾经乡镇转运至市垃圾填埋场统一处理。"会烂"垃圾就地堆肥，将农村生活垃圾与再生资源体系衔接，可回收物直接进入再生资源系统，可降解的有机垃圾采用堆肥等技术就地处理，降低垃圾收运处理成本，同时也做到了农民易于接受、政府财力可承受，保证垃圾处理的长期性与稳定性。

第三，农村垃圾治理实行分类管理。落实垃圾分类制度，培养农民的垃圾分类意识，在村内公共区域统一标识，以宣传标语、公益广告等形式引起村民注意，农民之间互相监督、人人参与、人人尽责，引导农民绿色生产、绿色生活，养成良好习惯。组织村干部宣讲垃圾分类，通过走访农户、村广播等多种形式引导村民重视并落实垃圾分类工作。针对农村地区塑料袋、塑料薄膜等与农业生产相关的一次性废弃物逐年增多现象，应参照城市垃圾分类管理办法，按照可回收、餐厨垃圾、有害垃圾以及其他垃圾进行分类储存、投放和运输，通过垃圾分类提高农村生活垃圾无害化处理率和垃圾处理系统效率。

二、农村污水处理

我国农村水污染主要来源于农业生产污染、乡镇企业生产污染、农村生活污物污染等方面，对农村地区的水体、土壤等自然环境产生了严重影响。2018 年我国农村污水排放量约为 230 亿吨，并呈现出持续增长的趋势，但与城市污水处理率相比，我国农村污水处理率偏低，因此治理农村污水刻不容缓。2019 年，中央农办等九部门联合发布的《关于推进农村生活污水处理的指导意见》中首次提出"统筹考虑农村生活污水治理和厕所革命"，《中共中央　国务院关于抓好"三农"领域重点工作确保如期实现全面小康的意见》中提出"梯次推进农村生活污水治理，优先解决乡镇所在地和中心村生活污水问题。"2019 年 9 月 16 日，《住房和城乡建设部村镇建设司关于印发县域统筹推进农村生活污水治理案例的通知》中总结了在推进农村生活污水治理值得借鉴的案例，具体包括江苏省南京市高淳区实施"五位一体"的农村生活污水治理运维体系，江苏省昆山市积极转换农村生活污水治理建管机制，浙江省开化县实施农村污水治理设施设计、建设、运营一体化，浙江省宁波市奉化区健全农村生活污水运维体系，山东省齐河县加快推进农村生活污水治理 5 个案例，为其他地区持续改进工作方法提供参考。

此外，各地陆续出台了行动方案，进一步细化目标，逐步解决农村污水处理配套设施不完备、与城市排水管距离远、集中处理难度大等问题。例如，在《海南省农村人居环境整治三年行动方案（2018—2020 年）》中明确提出"全面推进农村生活污水治理。按照全省农村生活污水产生区域特征，因地制宜将全省农村划分为污水处理厂辐射区和分散处理片区。到2020年，基本完成2 698个行政村（居）及其自然村农村生活污水治理工作。将农村水环境治理纳入河长制、湖长制管理，以房前屋后河塘沟渠为重点实施清淤疏浚，采取综合措施恢复水生态，逐步消除农村黑臭水体。"

各级政府部门应抓住2020年的关键节点，一方面制定有针对性的农村污水处理排放标准，合理选择污水处理技术，完善农村地区污水收集体系；另一方面加强对已有污水管网的维护，保证污水处理设施高效运行，综合破解农村生活污水治理难题。但我国农村污水处理单个设施规模小，农村人口密度低且幅员辽阔，部分地区农户居住分散，不利于降低污水设施的运行、组织及管理成本，需要应对基础设施建设与基本公共服务的双重任务。在一些已出台农村生活污水排放标准的省市中，地方标准各不相同，如表3-6所示。总体上，各地区根据实际情况，稳步探索适合本地区农村生活污水治理的相关标准。

表3-6　部分地区农村生活污水处理排放标准

地区	时间	文件名	相关内容
北京市	2019年1月	《农村生活污水处理设施水污染物排放标准》（DB11/1612—2019）	标准于2019年1月10日起实施。标准规定了农村生活污水处理设施水污染物排放控制项目和排放浓度限值。针对不同规模、排入水体类别等因素分设不同浓度限值。同时，在管理要求中提出农村生活污水处理宜因地制宜，优先选用生态处理工艺，鼓励回用，在重点地区可执行更严格的排放限值
天津	2019年7月	《农村生活污水处理设施水污染物排放标准》（DB12/889—2019）	现有农村生活污水处理设施水污染物排放应于2020年1月1日起执行本标准。本标准按照农村生活污水处理设施出水排入地表水环境功能敏感程度及处理设施规模分为一级标准、二级标准和三级标准

续表

地区	时间	文件名	相关内容
广东	2019年12月	《农村生活污水处理排放标准》（DB44/2208—2019）	自本标准实施之日起，新建农村生活污水处理设施水污染物排放执行本标准，现有农村生活污水处理设施水污染物排放应于2020年1月1日起执行本标准
湖南	2019年12月	《农村生活污水处理设施水污染物排放标准》（DB43/1665—2019）	于2020年3月31日正式实施。该标准规定了湖南省农村生活污水处理设施水污染物的排放控制、监测、实施与监督等要求，适用于处理规模小于500m³/d的农村生活污水处理设施水污染物排放管理
湖北	2019年12月	《农村生活污水处理设施水污染物排放标准》（DB42/1537—2019）	2020年7月1日起施行。本标准规定了湖北省农村生活污水处理设施水污染物排放的控制、监测和监督实施要求。本标准适用于除城镇建成区以外地区且规模小于500m³/d（不含）的农村生活污水处理设施的水污染物排放管理。本标准适用于法律允许的污染物排放行为

资料来源：各省市政府官网。

参考文献

1. 闵师，王晓兵，侯玲玲，黄季焜. 农户参与人居环境整治的影响因素——基于西南山区的调查数据. 中国农村观察，2019（4）：94-110.

2. 史磊，郑珊."乡村振兴"战略下的农村人居环境建设机制：欧盟实践经验及启示. 环境保护，2018，46（10）：66-70.

3. 王筱萍，刘文华. 农业循环经济分层绿色融资模式研究. 经济问题，2020（2）：115-123.

4. 文军，吴越菲. 流失"村民"的村落：传统村落的转型及其乡村性反思——基于15个典型村落的经验研究. 社会学研究，2017，32（4）：22-45.

5. 于法稳. 乡村振兴战略下农村人居环境整治. 中国特色社会主义研究，2019（2）：82-87.

第四章　农村文化教育　全面建成"文化小康"①

全面建成小康社会要求我国农村地区实现经济与文化的双重振兴。多年来，由于城乡二元结构的影响，农村地区的文化教育相对落后是不争的事实。精神文明的薄弱与乡风文化的流失使农民的精神财富相对匮乏。随着中国传统乡土思想与现代社会不断变化的新思潮的碰撞，农村群众容易陷入文化自我否定的境地。而且"文化贫困"具有延续性，对新生代的农民具有消极影响。提升农村文化教育水平，有助于塑造新时代的乡风文明，加强乡村文化建设，是全面建成小康社会的关键，在我国广大的农村地区，形成注重教育、努力学习，以知识文化和技能素质改变命运的思想观念有助于增强农村的"造血"能力。加快农村地区的文化建设，更好地满足农民的精神文化需求，为在新时代中提升农民的文化教育水平、促进农村乡土文化的传承与创新做出积极的贡献。

第一节　农村文化建设：不仅仅是"乡愁"

2020年是我国打赢脱贫攻坚战、全面建成小康社会的收官之年。习近平总书记指出，农村是我国传统文明的发源地，乡土文化的根不能断。农村不能成为荒芜的农村、留守的农村、记忆中的故园。新农村建设要注意生态环境保护，注意乡土味道，体现农村特点，保留乡村风貌，坚持传承文化，发展有历史记忆、地域特色、民族特点的美丽城镇。按照十九届

---

① 执笔人：张效榕、魏广成、杨习斌。

四中全会的要求，"坚决打赢脱贫攻坚战，巩固脱贫攻坚成果，建立解决相对贫困的长效机制"①，将是我国打赢脱贫攻坚战、全面建成小康社会的工作重点。而农村文化建设作为乡村决胜脱贫攻坚、改善文化民生、实现全面振兴与全面小康的重要举措，也可以成为阻断返贫、解决相对贫困的有效机制。

一、农村文化建设的内涵及意义

乡村文化是乡村居民与乡村自然相互作用过程中所创造出来的所有事物和现象的总和。根据不同的划分标准，乡村文化又分为乡村物质文化和乡村非物质文化。乡村文化相对于城市文化而言，在传统农业社会里，两者只有分布上的差别而无性质上的不同。乡村文化具有极为广泛的群众基础，在民族心理和文化传承中有着独特的内涵。

改革开放以来，农民拥有的私人文化资源日益丰富，私人文化活动逐渐增多，在一定程度上丰富了农民个体式的日常文化生活。与之相比，农民的公共文化生活却严重减少，特别是一些健康、文明的公共文化形式更是式微。②

按照实现全面建设小康社会奋斗目标新要求，到 2020 年，文化改革发展奋斗的目标是：社会主义核心价值体系建设深入推进，良好思想道德风尚进一步弘扬，公民素质明显提高；适应人民需要的文化产品更加丰富，精品力作不断涌现；文化事业全面繁荣，覆盖全社会的公共文化服务体系基本建立，努力实现基本公共文化服务均等化；文化产业成为国民经济支柱性产业，整体实力和国际竞争力显著增强，公有制为主体、多种所有制共同发展的文化产业格局全面形成；文化管理体制和文化产品生产经营机制充满活力、富有效率，以民族文化为主体、吸收外来有益文化、推

---

① 中共中央关于坚持和完善中国特色社会主义制度　推进国家治理体系和治理能力现代化若干重大问题的决定．人民日报，2019－11－06.

② 吴理财，夏国锋．农民的文化生活：兴衰与重建——以安徽省为例．中国农村观察，2007 (2)：62－69.

动中华文化走向世界的文化开放格局进一步完善；高素质文化人才队伍发展壮大，文化繁荣发展的人才保障更加有力。全党全国要为实现这些目标共同努力，不断提高文化建设科学化水平，为把我国建设成为社会主义文化强国打下坚实的基础。[①]

加强农村文化建设，能够有助于完善社会主义文化建设体系，提升农村居民素质，提高农村地区经济活力，有助于提升农民幸福感、认同感。加快乡风文明建设，是乡村振兴战略的必然要求，能够有助于缩小城乡差距，降低农民对城市文化的抵触情绪，加快城镇化步伐。

二、乡村文化建设的问题与困境

乡村文化是乡村振兴得以实现的内生动力，也是实施乡村振兴战略的内在要求。然而，我国乡村文化却存在着乡村文化流失严重、城乡文化差距悬殊以及农村人才大量流失的问题，这无疑严重制约了农业农村的发展，也影响了乡村振兴战略的实施。

（一）乡村文化流失严重

乡村文化是我国传统文化的重要组成部分，与其他文化一样具有重要的内涵和价值。然而，目前我国的乡村正在加速衰败，平均每天消失大约100个村落。伴随着我国乡村的衰落，乡村文化流失的现象也日渐严重起来。农村地区不仅在经济发展方面落后于城市，在文化建设方面同样落后于城市。落后性主要表现在以下几个方面：首先，基层政府对乡村文化建设的重视程度不够。基层政府缺乏保护乡村文化资源的意识，这导致有价值的乡村文化不仅没有得到保护，反而遭到了破坏。其次，农村文化比较单调。除了传统的节日之外，网络、有线电视以及广播等构成了村民的主要文化生活。随着农村居民收入水平不断提高，他们对文化生活需求也日益丰富起来，但基层政府所提供的文化活动往往不能满足农村居民对于美

---

① 胡锦涛. 中共中央关于深化文化体制改革 推动社会主义文化大发展大繁荣若干重大问题的决定. 实践：思想理论版，2011 (Z1)：4 - 11.

好文化生活的向往。最后，随着我国大量农村劳动力流向城市，许多优秀的传统文化失去继承者，面临失传的困境。

（二）城乡文化差距悬殊

改革开放以来，我国经济高速发展，这种高速发展尤其表现在城市地区，而农村地区的经济发展依旧非常滞后。经济水平是影响文化水平的决定性因素，城乡二元结构不仅体现在经济方面，乡村文化与城镇文化同样呈二元格局。城乡文化的二元格局主要体现在以下三个方面：首先，与城镇居民相比，农村居民在消费习惯与消费行为等方面存在较大差异，农村居民在消费性文化娱乐等方面的支出要比城镇居民少得多。其次，城乡文化活动的形式存在差异，与城市相比，农村的文化娱乐活动层次低且形式单调。最后，城乡之间存在文化设施差异，农村的文化设施形同虚设，各个乡镇的文化服务站发挥的作用较少。相反，城市具有丰富多样的文化设施，并且这些文化设施已经成为城市居民生活的重要构成。

（三）农村人才大量流失

城市能够提供较为完善的教育、医疗等公共服务和更多的就业机会，也能够实现较高的劳动价值，这使得大规模人口从农村走向城市。2019年，我国的城镇化率已经达到了 60.6%。[①] 大规模农村人口外流为城市的发展提供了源源不断的劳动力，但也引起了农村人才流失和留守老人的问题，给乡村经济和社会的可持续发展带来了严峻挑战。文化的建设、发展与传承都要以人为载体，尤其是具有一定文化水平的乡村人才。乡村人才的流失使得许多传统乡村文化面临后继无人的困境。俨然，农村人才的流失已经成为制约农村文化建设的关键因素。

三、乡村文化建设的发展路径

目前，乡村文化建设是乡村振兴战略顺利实施的短板，加强乡村文化

---

① 资料来源为国家统计局数据库。

建设、保障乡村振兴战略的顺利实施是当前的重要任务。

（一）乡村文化建设的实现途径

十九大报告中提到"深入挖掘中华优秀传统文化蕴含的思想观念、人文精神、道德规范，结合时代要求继承创新，让中华文化展现出永久魅力和时代风采。"习近平新时代中国特色社会主义思想是社会主义先进文化的最新理论成果，我们应切实做好习近平新时代中国特色社会主义思想在农村的宣传教育工作。乡村文化建设主要通过以下两种途径实现：一方面，以中国特色社会主义文化为引领。通过理论宣讲、讨论交流、开展文艺活动等多种形式宣传社会主义核心文化。另一方面，以地方特色文化为补充，合理利用地方特色的乡村文化资源，提升新时代乡村文化的内涵，同时，以开放包容的心态，借鉴城市的先进文化和其他乡村的优秀文化，并积极从国外的乡村文化中汲取有益的经验。

（二）以发展经济为支撑

马克思认为，在不同的经济和社会环境中，人们生产不同的思想和文化，思想文化建设虽然取决于经济基础，但又对经济基础发生反作用。由此可知，建设乡村文化要以推动乡村经济发展为前提和基础，通过提高乡村经济发展水平为乡村文化建设奠定坚实的物质基础。通过发展乡村经济推进乡村文化建设，主要可以采取以下几种途径：一是建立城市文化反哺乡村文化的体制机制，推进乡村文化建设，实现城市与农村的文化双赢。二是加大对乡村文化建设的投入力度。以政府财政支出和民间筹资等多元主体共同参与的方式，支持乡村文化建设。三是支持"三农"题材文艺作品创作，培养乡土文化人才，丰富乡村文化的内涵。

（三）以培育人才为保障

人才振兴是乡村振兴战略的重要内容。如果没有人才做支撑，乡村文化建设就无从谈起。通过人才振兴，鼓励外流的优秀乡村人才回归农村，积极参与乡村文化建设。乡村文化建设主要可以通过以下两种途径实现：一是鼓励大学生回乡创业。有关部门应通过完善薪资福利、放宽准入门槛以及加大培训力度等多种方式鼓励大学生参与基层组织建设。此外，有关部门还可以通过政策扶持与技术支持等方式帮助大学生回乡创业，为乡村文化建设注入活力。二是回乡农民工安置就业。一方面，充分利用农业资源发展农村经济，在农村提供更多的就业机会，吸引农民工回流；另一方面，大力培育新型职业农民，让农民成为一份体面的职业。

第二节 农村义务教育：从"有学上"到"上好学"

自 2002 年党的十六大提出全面建设小康社会以来，党中央、国务院对义务教育事业发展高度关注，制定了系列政策，确立了不同阶段的政策目标，实现了我国义务教育事业的跨越式发展。农村义务教育事业的发展同样取得了显著成就，可与城市相比，城乡间义务教育资源配置的差距越拉越大，教育公平问题变得越发尖锐。习近平总书记在党的十九大报告中指出："推动城乡义务教育一体化发展，高度重视农村义务教育"。2020年 1 月 2 日，中共中央、国务院印发《中共中央 国务院关于抓好"三农"领域重点工作确保如期实现全面小康的意见》，文件对标两大目标任务，明确要求脱贫攻坚最后堡垒必须攻克，全面小康"三农"领域突出短板必须补上。脱贫攻坚战略提出"两不愁三保障"，一个重要方面就是义务教育有保障，农村适龄儿童接受义务教育问题必须要解决好。因此，重视农村义务教育事业发展，提升农村义务教育质量在当今阶段变得越发重要。

一、农村义务教育的概念界定与意义

从法律内涵上讲，《中华人民共和国义务教育法》指出，义务教育是国家统一实施的所有适龄儿童、少年必须接受的教育，是国家必须予以保障的公益性事业。义务教育质量事关亿万少年儿童健康成长，事关国家发展，事关民族未来。义务教育有两个含义：一方面是指父母有义务将学龄

儿童送进学校接受教育，如果父母不执行，应该受到惩罚；另一方面是政府有义务为学龄儿童提供教育。①

从教育内容上讲，农村教育体系格局是一个多层次、多类别、多形式的大教育格局，在类别上主要分为农村基础教育、农村职业教育和农村成人教育。农村基础教育，也就是农村义务教育，是从内容上来界定的，主要包括农村学前教育、小学教育和初中教育组成的九年义务教育与普通高中教育。农村义务教育的形式包括幼儿园、小学、初级中学和普通高中。农村义务教育既是受教育者升学的基础，也是日后参加社会实践的基础。农村义务教育的主要目标是全面提升受教育者的思想政治素质、科学文化素质、身体与心理素质、审美鉴赏素质和基本的劳动技能素质。

提升农村义务教育质量，具有重大意义。第一，这是推进教育公平、保障学有所教、办好人民满意教育的基本要求。第二，这是建立健全城乡融合发展体制机制、推动城乡发展一体化的关键环节。第三，这是建设教育强国和学习型社会、大力提高国民素质的基础环节。②

二、我国农村义务教育的政策沿革

自新中国成立以来，我国义务教育，尤其是农村义务教育的政策导向先后经历了效率优先和追求公平两个阶段。1978—2002 年，我国集中相对匮乏的资源，完成了普及九年义务教育的工作，但也产生了区域间、城乡间、校际间教育资源分配不均等问题。2002 年，党的十六大正式提出全面建设小康社会，党中央、国务院将义务教育的重心从效率优先转移到了追求公平。2002 年《教育部关于加强基础教育办学管理若干问题的通

---

① 林毅夫.解决三农问题的关键在于发展农村教育、转移农村人口.职业技术教育，2004
（9）：31 - 35.

② 问：如何理解推动城乡义务教育一体化发展，高度重视农村义务教育？人民网，2017 -
11 - 17.

知》首次提出"义务教育均衡发展"。① 2002 年至今，党中央、国务院不断制定提升农村义务教育事业质量的系列政策，卓有成效地推动了我国农村义务教育事业发展。

第一，加强乡村小规模学校和乡镇寄宿制学校建设。乡村小规模学校（指不足 100 人的村小学和教学点）和乡镇寄宿制学校（以下统称两类学校）是农村义务教育的重要组成部分。从各村分散办学到集中寄宿制办学，可以集中力量改善学校的硬件设施，节约办学成本，让优秀的老师教育更多的学生，提高教学质量。根据相关数据，农村小规模学校在我国普遍存在，10 人以下的乡村教学点就有 3 万多所。针对处于交通不便地区和贫困落后地区的学生，乡村小规模学校要发挥其教育堡垒和文化堡垒的作用，小学校也要加强基础设施投入力度、优化教师资源配置，这对保障农民权益、解决民生问题以及存续乡村文化都具有重大意义。办好两类学校，是实施乡村振兴战略、推进城乡基本公共服务均等化的基本要求，是打赢教育脱贫攻坚战、全面建成小康社会的有力举措（见表 4 - 1 和专栏 4 - 1）。

表 4 - 1　关于"加强乡村小规模学校和乡镇寄宿制学校两类学校建设"的相关政策

时间	文件名称	内容概要
2016 年 2 月 5 日	《教育部 2016 年工作要点》	加强乡镇寄宿制学校建设，提高留守儿童教育关爱水平。完善留守儿童控辍保学工作机制
2016 年 7 月 11 日	《国务院关于统筹推进县域内城乡义务教育一体化改革发展的若干意见》	各地要结合国家加快水电路气等基础设施向农村延伸，在交通便利、公共服务成型的农村地区合理布局义务教育学校。同时，办好必要的乡村小规模学校。各地要逐县（市、区）逐校建立义务教育学校标准化建设台账，全面摸清情况，完善寄宿制学校、乡村小规模学校办学标准，科学推进城乡义务教育公办学校标准化建设，全面改善贫困地区义务教育薄弱学校基本办学条件

① 朱海涛. 我国义务教育政策导向的回顾与反思. 牡丹江大学学报，2019，28（11）：112 - 117.

续表

时间	文件名称	内容概要
2018 年 5 月 2 日	《国务院办公厅关于全面加强乡村小规模学校和乡镇寄宿制学校建设的指导意见》	到 2020 年，基本补齐两类学校短板，进一步振兴乡村教育，两类学校布局更加合理，办学条件达到所在省份确定的基本办学标准，经费投入与使用制度更加健全，教育教学管理制度更加完善，城乡师资配置基本均衡，满足两类学校教育教学和提高教育质量实际需要，乡村教育质量明显提升，基本实现县域内城乡义务教育一体化发展，为乡村学生提供公平而有质量的教育
2020 年 1 月 2 日	《中共中央 国务院关于抓好"三农"领域重点工作确保如期实现全面小康的意见》	提高农村教育质量。加强乡镇寄宿制学校建设，统筹乡村小规模学校布局，改善办学条件，提高教学质量

资料来源：根据有关政策文件和法律整理。

▶ 专栏 4-1 乡村学校建设路在何方？

2018 年 1 月，马云邀请了中国 80 多位知名企业家和明星，在海南三亚共同见证了第三届乡村教师颁奖仪式。在典礼前的午餐会上，马云提出了良好地开办中国乡村教育的一些新建议，期望能够让贫困地区的适龄儿童有机会在条件较为完善的寄宿制学校学习，"大家共同来推进中国的拆校并校机制"，引发了社会热议。随后不久，新东方教育集团董事长俞敏洪在其个人微信公众号上公开发表文章：《这次我要"怼"马云一下》，共同探讨农村教育未来的发展模式。他认为在广大乡村小学施行并校和寄宿制的成本很大，对孩子心理的影响也不容忽视，提倡中国乡村教育的格局应该是中心寄宿式学校和周边卫星式学校的结合。

第二，推行农村义务教育"两免一补"政策。"两免一补"是指国家向农村义务教育阶段（小学和初中）的贫困家庭学生免费提供教科书、免除杂费，并给寄宿生补助一定生活费的一项资助政策，简称"两免一补"。① 对农村义务教育阶段贫困家庭学生实行"两免一补"政策，极大地降低了农村适龄儿童的学习成本和农村的文盲率，提高了入学率，为许多农村贫困家庭学生提供了入学基础和政策保障，是促进农村义务教育持续健康发展的关键措施。"两免一补"政策从农村贫困地区开始实行，逐步加大力度，调整完善，目前已经推广到全国的农村和城市。根据教育部的数据，2019 年全年，教育部"两免一补"政策累计资助学生过亿，预算资助金额超过 484 亿元。认真落实好这项政策，对全面决胜小康社会，打赢脱贫攻坚战有十分重要的意义（见表 4-2）。

表 4-2　关于"两免一补"的相关政策

时间	文件名称	内容概要
2003 年 9 月 17 日	《国务院关于进一步加强农村教育工作的决定》	目前，我国农村家庭经济困难的适龄少年儿童接受义务教育迫切需要得到关心和资助。要在已有助学办法的基础上，建立和健全支持农村家庭经济困难学生接受义务教育的助学制度。到 2007 年，争取全国农村义务教育阶段家庭经济困难学生都能享受到"两免一补"（免杂费、免书本费、补助寄宿生生活），努力做到不让学生因家庭经济困难而失学
2004 年 12 月 31 日	《中共中央　国务院关于进一步加强农村工作提高农业综合生产能力若干政策的意见》	进一步发展农村教育、卫生、文化等社会事业。要落实新增教育、卫生、文化、计划生育等事业经费主要用于农村的规定，用于县以下的比例不低于 70%。到 2007 年，争取全国农村义务教育阶段贫困家庭学生都能享受到免书本费、免杂费、补助寄宿生生活费，国家扶贫开发工作重点县要加快实施步伐
2015 年 11 月 25 日	《国务院关于进一步完善城乡义务教育经费保障机制的通知》	统一城乡义务教育"两免一补"政策。对城乡义务教育学生免除学杂费、免费提供教科书，对家庭经济困难寄宿生补助生活费。民办学校学生免除学杂费标准按照中央确定的生均公用经费基准定额执行。免费教科书资金，国家规定课程由中央全额承担。家庭经济困难寄宿生补助生活费由中央和地方按照 5∶5 比例分担

① 义务教育阶段学生资助政策问答全国学生资助管理中心网站，2016-08-17.

续表

时间	文件名称	内容概要
2019 年 8 月 30 日	《教育部 国务院扶贫办印发关于解决建档立卡贫困家庭适龄子女义务教育有保障突出问题的工作方案》	加强资助保障，全面落实义务教育"两免一补"政策，并做好贫困地区农村义务教育学生营养改善计划实施工作。要层层压实责任，明确各级教育行政部门职责使命，上下共同努力合力推进

资料来源：根据有关政策文件和法律整理。

第三，实施农村义务教育学生营养改善计划。为改善农村义务教育适龄儿童营养状况，巩固"普九"水平，缩小城乡差距，提升国民综合素质，2011年，时任国务院总理温家宝主持召开国务院常务会议，决定中央财政每年承担 160 亿元，正式启动农村义务教育学生营养改善计划。在组织领导方面，中央、省、市、县根据各地实际情况对农村义务教育学生营养改善计划层层重视，层层设计，层层发力。根据中国疾控中心营养与健康所提供的数据，2017年，营养改善计划试点地区男生和女生各年龄段的平均身高比 2012 年高 1.9厘米和 2.0 厘米，平均体重多 1.3 千克和 1.4 千克，高于全国农村学生平均增长速度。实施农村义务教育学生营养改善计划，降低了农村贫困家庭的教育支出，节省了时间成本，提高了义务教育适龄儿童的身体素质（见表 4-3）。

表 4-3　关于"农村义务教育学生营养改善计划"的相关政策

时间	文件名称	内容概要
2010 年 7 月 29 日	《国家中长期教育改革和发展规划纲要（2010—2020 年）》	（一）在集中连片特殊困难地区开展试点，中央财政按照每生每天 3 元的标准为试点地区农村义务教育阶段学生提供营养膳食补助。试点范围包括 680 个县（市）约 2 600 万在校生。初步测算，国家试点每年需资金 160 多亿元，由中央财政负担 （二）鼓励各地以贫困地区、民族和边疆地区、革命老区等为重点，因地制宜开展营养改善试点。中央财政给予奖补 （三）统筹农村中小学校舍改造，将学生食堂列为重点建设内容，切实改善学生就餐条件 （四）将家庭经济困难寄宿学生生活费补助标准每生每天提高 1 元，达到小学生每天 4 元、初中生每天 5 元。中央财政按一定比例奖补

续表

时间	文件名称	内容概要
2012 年 5 月 23 日	《农村义务教育学生营养改善计划实施细则》	成立全国农村义务教育学生营养改善计划工作领导小组,统一领导和部署营养改善计划的实施。财政部门要充分发挥公共财政职能,制定和完善相关政策,切实加大投入,落实专项资金,加强资金监管,提高经费使用效益
2019 年 11 月 20 日	《教育部 国家发展改革委 财政部 国家卫生健康委 市场监管总局关于进一步加强农村义务教育学生营养改善计划有关管理工作的通知》	各地要以贫困地区和家庭经济困难学生为重点,坚持"既尽力而为,又量力而行"原则,结合地方实际,因地制宜,稳妥有序开展试点工作

资料来源:根据有关政策文件和法律整理。

第四,实施农村义务教育阶段学校教师特设岗位计划。农村义务教育阶段学校教师特设岗位计划是由教育部、财政部、原人事部、中央编办在 2006 年联合启动实施,公开招聘高校毕业生到"两基"(基本实施九年义务教育和基本扫除青壮年文盲)攻坚县农村义务教育阶段学校任教。"特岗教师"计划所需资金由中央财政和地方财政共同承担,中央财政设立专项资金,用于特设岗位教师的工资性支出。计划实施至今,乡村教师数量和质量都有了很大提升,2017 年,各地共招聘特岗教师 7.7 万人,分布在 1 万多所生师比低于国家标准的乡村小学和初中(见表 4-4)。

表 4-4 关于"农村义务教育阶段学校教师特设岗位计划"的相关政策

时间	文件名称	内容概要
2006 年 5 月 15 日	《教育部 财政部 人事部 中央编办关于实施农村义务教育阶段学校教师特设岗位计划的通知》	通过公开招募高校毕业生到西部"两基"攻坚县县以下农村义务教育阶段学校任教,引导和鼓励高校毕业生从事农村教育工作,逐步解决农村师资总量不足和结构不合理等问题,提高农村教师队伍的整体素质。各有关部门要明确职责,密切配合,共同努力。省级教育行政部门要结合本地实际,将特设岗位落实到受援学校,并认真做好教师招聘、岗前培训、跟踪服务和评估等各项工作。省级财政部门要负责统筹协调特设岗位的经费保障,落实资金,规范管理

续表

时间	文件名称	内容概要
2010 年 7 月 29 日	《国家中长期教育改革和发展规划纲要（2010—2020 年）》	创新农村教师补充机制，完善制度政策，吸引更多优秀人才从教。积极推进师范生免费教育，实施农村义务教育学校教师特设岗位计划，完善代偿机制，鼓励高校毕业生到艰苦边远地区当教师
2012 年 8 月 20 日	《国务院关于加强教师队伍建设的意见》	中小学教师队伍建设要以农村教师为重点，采取倾斜政策，切实增强农村教师职业吸引力，激励更多优秀人才到农村从教
2018 年 1 月 20 日	《中共中央 国务院关于全面深化新时代教师队伍建设改革的意见》	逐步扩大农村教师特岗计划实施规模，适时提高特岗教师工资性补助标准。鼓励优秀特岗教师攻读教育硕士。鼓励地方政府和相关院校因地制宜采取定向招生、定向培养、定期服务等方式，为乡村学校及教学点培养"一专多能"教师，优先满足老少边穷地区教师补充需要。实施"银龄讲学"计划，鼓励支持乐于奉献、身体健康的退休优秀教师到乡村和基层学校支教讲学

资料来源：根据有关政策文件和法律整理。

第五，全面改善贫困地区义务教育薄弱学校基本办学条件。加大义务教育经费保障机制，为"全面改薄"提供经济基础。以科学管理方法对义务教育基础学校"改薄"建设实施动态监控。加强科学管理，运用信息技术规范实施，加强基础数据核算，对每所学校的建设内容和项目实行动态监控。各地都要严格履行基本建设程序，确保工程质量和安全。由中央部委牵头，对义务教育基础学校"改薄"工作进展进行评估，制定改善贫困地区薄弱学校基本办学条件的衡量标准（见表 4-5）。

表 4-5　关于"全面改善贫困地区义务教育薄弱学校基本办学条件"的相关政策

时间	文件名称	内容概要
2010 年 7 月 29 日	《国家中长期教育改革和发展规划纲要（2010—2020 年）》	统筹城乡义务教育资源均衡配置，加快缩小区域、城乡教育差距，促进基本公共教育服务均等化

续表

时间	文件名称	内容概要
2013 年 12 月 31 日	《教育部　国家发展改革委　财政部关于全面改善贫困地区薄弱学校基本办学条件的意见》	通过完善农村义务教育经费保障机制、适当调整薄弱学校改造计划、继续实施初中改造工程等措施，加大项目统筹与经费投入力度，在 3～5 年内，聚焦贫困地区义务教育薄弱学校，全面改善基本办学条件，深入推进义务教育学校标准化建设，整体提升义务教育发展水平
2017 年 6 月 29 日	《教育部　财政部关于进一步加强全面改善贫困地区义务教育薄弱学校基本办学条件中期有关工作的通知》	各地可结合近年来城镇化进程、生育政策调整，以及统筹推进县域内城乡义务教育一体化改革要求，进一步调整完善全面改薄 5 年工程规划。规划调整既要符合原有政策要求，又要解决目前农村和贫困地区面临的突出难点问题，顺应未来办学发展方向，切实加强确需保留的农村小规模学校和寄宿制学校建设，着力改善学生住宿条件，妥善解决县镇学校大班额问题，加快缩小城乡、区域教育差距，促进基本公共教育服务均等化

资料来源：根据有关政策文件和法律整理。

　　全面建成小康社会以来，党和国家对提高农村义务教育质量高度重视，制定关于农村义务教育的政策远不止如此。这些政策的贯彻落实使得教育投资逐年向农村倾斜，逐渐解决了诸如农村学校数量少、农村办学条件差、农村义务教育经费不足等冲突矛盾，校际间、城乡间、区域间差距缩小，农村义务教育教育质量得以提升，特别是农村薄弱学校教学质量得到改善。

三、我国农村义务教育的现状

　　自从提出全面建成小康社会以来，我国农村教育事业发展取得的成就有目共睹。农村义务教育的需求从最开始时的"有学上"到现在的"上好学"，发生了由量到质的转变。农村人口对于高质量农村义务教育的需求进一步提升，高质量农村义务教育的供给能力也在不断进步。

首先，国家财政性教育经费对农村义务教育的投入持续增加，农村学校数量及教师规模有了很大提高，城乡间的教育差距进一步缩小。2018年，全国92.7%的县达成了义务教育均衡指标。据统计，2017年全国义务教育在校生数达1.45亿人，比2016年增加293.38万人，增幅为2.06%。2017年全国义务教育学校数（含教学点）为321 901所，比2016年减少6 287所，减幅为1.92%。其中，城区为41 196所，比2016年增加1 092所，增幅为2.72%；镇区为79 072所，比2016年增加362所，增幅为0.46%；乡村为201 633所，比2016年减少7 741所，减幅为3.70%。针对乡村教师队伍建设现状，2017年各地共招聘特岗教师7.7万人，分布在1万多所农村学校，但乡村小学和初中的生师比仍然低于国家标准。乡村小学的生师比由2016年的15.81∶1下降到2017年的15.66∶1；初中的生师比由2016年的10.98∶1上升到2017年的11.19∶1，均低于城区、镇区初中。高中阶段教育稳定发展，生师比有所降低。[①]

其次，农村教育教学改革逐渐开始凸显特色。农村义务教育在"离农还是背农"的讨论中不断深化改革，紧密联系农村实际；城乡教育资源配置的差距逐步减少，在农村义务教育教学过程中充分利用远程教育等现代化手段，促进城乡优质教育资源共享（见专栏4-2）。但目前，农村中小学教育发展与城市相比仍然不均衡，城乡教学质量存在很大的差距，义务教育资源分配的不均衡极大地阻碍着教育事业的全面发展。

再次，办学体制改革进一步推进。政府和社会力量参与农村办学格局初步形成，以政府投入为主、多渠道筹措资金，努力形成公办学校和民办学校共同发展的多元办学格局。

最后，农村中小学人事制度改革进一步规范，农村中小学教师的学历有了显著提升，教师紧缺难题有效缓解，师资结构得到了一定程度的改善。

---

① 资料来源为《中国农村教育发展报告2019》。

▶ **专栏 4－2　这块屏幕可能改变命运（节选）**①

> 　　2018 年 12 月，一篇名为《这块屏幕可能改变命运》的文章传遍网络。这篇文章讲到了将成都七中这种城镇优质中学教学资源通过直播或者录播的方式传递到比较贫困的山村，让更多的学生考上了清华北大，从而引发了"这块屏幕可能改变命运"的话题。文章详细描写了贫困山村的学生对于城市教育资源的羡慕，以及因为基础不牢，面对来自屏幕的优质教学资源的学习压力和同辈压力，还有城乡学生学习方式、教育基础的差异。教育部发展规划司司长刘昌亚谈及文章时说："全世界哪个国家也不可能做到同一个标准，也不可能实现大家都是一个老师，但是我们会在技术不断发展的情况下探索不同的教学模式，逐步消除不平衡。"

四、提高我国农村义务教育质量的对策建议

　　第一，全面加强乡村小规模学校和乡镇寄宿制学校两类学校建设，促进城乡教育公平。近年来，我国农村义务教育经历了从"村村办学"到"撤点并校"再到推行"小班小校"的历程。面对规模小、资源不足等诸多发展难题，因地制宜地调整农村义务教育学校布局成为全面加强乡村小规模学校和乡镇寄宿制学校两类学校建设的当务之急，是解决农村学生上学远上学难问题的关键，也是后期对学校投入建设的基础。学校布局既要有利于为农村学生提供公平、有质量的教育，又要尊重未成年人身心发展规律、方便儿童就近入学；既要防止过急过快撤并学校导致学生过于集中，又要避免出现新的"空心校"。各地要准确把握布局方向，科学制定布局规划，在人口较为集中、生源有保障的村单独或与相邻村联合设置完全小学；地处偏远、生源较少的地方，一般在村设置低年级学段小规模学校，在乡镇设置寄宿制中心学校，满足本地学生寄宿学习需求。

---

① 程盟超 . 这块屏幕可能改变命运 . 中国青年报，2018－12－13.

第二，进一步完善农村地区"特岗教师"计划，提升农村义务教育教学质量。《乡村教师支持计划（2015—2020 年）》指出：党和国家历来高度重视乡村教师队伍建设，在稳定和扩大规模、提高待遇水平、加强培养培训等方面采取了一系列政策举措，乡村教师队伍面貌发生了巨大变化，乡村教育质量得到了显著提高，广大乡村教师为中国乡村教育发展做出了历史性的贡献。但受城乡发展不平衡、交通地理条件不便、学校办学条件欠账多等因素影响，当前乡村教师队伍仍面临职业吸引力不强、补充渠道不畅、优质资源配置不足、结构不尽合理、整体素质不高等突出问题，制约了乡村教育持续健康发展。实施乡村教师支持计划，就要求各级政府重视乡村教师相关问题，做到按时发放工资和各类补贴，提高乡村教师的教师待遇；优先考虑当地乡村教师的支撑问题，定期举行教师交流培训活动；实施特岗教师轮岗制度，统筹分配区域内和区域间优质教师资源；加强乡村教师岗前培训工作，提升乡村教师教育教学质量等。对于"特岗教师"计划中存在的管理权限不明确等问题，应当进一步明确权责，具体事件交由专门部门针对性办理；发挥社会监督作用，让专项计划用到专业人才身上，严防各级部门利用计划营私；协调好地方政府、特岗教师、学校三个主体。

第三，统筹全国教育资源，改善贫困地区义务教育薄弱学校基本办学条件。2006 年 6 月，修订后的《中华人民共和国义务教育法》明确规定了省级政府统筹规划与实施本地区义务教育的法律责任，从此我国农村教育经费进入"省级统筹"时代。① 这种教育经费划分结构的改变更有助于平衡区域教育发展水平：首先，中央财政为中西部贫困地区的农村教育做后盾，进一步减轻县级财政压力，更容易缩小中西部与东部地区的农村义务教育差距；其次，在东部沿海发达地区，均衡发展农村教育的责任下放给省级财政，各省可根据具体情况，因地制宜制订计划，实现城乡教育资

---

① 葛新斌. 免费时代农村教育的"人财困局". 华南师范大学学报（社会科学版），2013（1）：25 - 29.

源的再平衡。在此背景下，中央和各省相关部门应当各司其职，省级部门要对省内贫困地区加大义务教育资金投入力度，协调省内教育资源；中央要统筹全国教育发展大局，针对各省间的教育差距，推行一帮一的教育帮扶政策，如东部教育发达地区各省对口帮扶中西部教育欠发达地区各省，实现省际优质教育资源的流通。

第四，保障农村义务教育资金供给，完善农村义务教育经费审查制度。为切实缓解农村教育经费长期短缺的困境，应当利用大数据科学测算欠发达地区农村教育经费缺口，省级教育部门和财政部门应根据当地农村教育发展情况，测算出未来若干年内该地农村教育经费的短缺额度，以便提前把握。教育主管部门和相关监督部门要加强对义务教育经费的监管，督促基层学校按照规定要求管理和使用资金。各级政府应健全义务教育经费监督检查机制，进一步落实农村义务教育经费保障责任。同时，应在完善农村义务教育经费申报、分配机制的基础上，按照中央规定的分担比例，逐级落实应由地方政府分担的经费投入责任。

第三节　农村职业教育：从"小农户"到"生力军"

发展农村教育事业对于提高农村人口素质至关重要，也是解决"三农"问题的重要途径。2011年，教育部等多个部门联合发布《教育部等九部门关于加快发展面向农村的职业教育的意见》，明确提出发展农村职业教育，培育新型职业农民，实现农业现代化。这一系列政策为农村职业教育指明了发展方向。

一、农村职业教育的概念界定与意义

农村职业教育指的是在县市区及以下地区开办的中等职业教育，包括中专、职业高中、技工学校以及成人中专等。农村职业教育主要发挥两种作用，即培养潜在劳动力职业能力和提高现有劳动力职业技能。农村职业

教育的对象有两种，一是劳动储备军，即未成年但即将走向社会的在校青少年学生；另一种是现有农村劳动力，主要是指农村地区的剩余劳动力。

发展农村职业教育对于实现农业现代化具有重要作用。要想实现农业现代化，首先要解决中国农村人口数量庞大但素质不高的问题。因此，提升农民的科学文化水平、培育新型职业农民是农村职业教育的重中之重。通过农村职业教育，农民可以学习掌握先进的科学文化知识和职业技能，提升劳动能力。

发展农村职业教育对于增加农村就业、促进农民增收具有重要作用。发展农村职业教育，完善转移培训制度，为农民、农业转移人口和失业或再就业人员提供多样化的劳动力技能培训，有效解决农民工就业难的问题，提高农民收入，助力乡村振兴建设。

二、我国农村职业教育的政策沿革

农村职业教育是我国农村教育体系的重要组成部分。自党的十六大以来，我国出台了一系列发展农村职业教育的政策，有效提高了农村劳动力的职业技能。笔者从政策视角出发，梳理了我国自党的十六大以来出台的农村职业教育相关的政策，如表 4-6 所示。

表 4-6　我国自十六大以来出台的与农村职业教育相关的政策

年份	政策文件	内容
2004	《关于组织实施农村劳动力转移培训阳光工程的通知》	按照"实际、实用、实效"的原则，对农村进城务工人员进行多方面的教育，努力提高他们的思想道德和文化科技水平
2004	《教育部关于贯彻落实全国职业教育工作会议精神　进一步扩大中等职业学校招生规模的意见》	加强东西合作、城乡统筹，大中城市各类中等职业学校可以分享其资源，一方面招收其他地区和省市的学生，另一方面与农村和西部地区中等职业学校合作办学
2004	《中共中央　国务院关于促进农民增加收入若干政策的意见》	加强对农村劳动力的职业技能培训，调动社会各方面参与农民职业技能培训的积极性，并要求各级财政安排专门用于农民职业技能培训的资金

续表

年份	政策文件	内容
2005	《中共中央　国务院关于进一步加强农村工作提高农业综合生产能力若干政策的意见》	全面开展农民职业技能培训工作。扩大"农村劳动力转移培训阳光工程"实施规模。广泛调动社会各方面力量参与农民职业技能培训的积极性
2006	《中华人民共和国国民经济和社会发展第十一个五年规划纲要》	培养新型农民，并将新型农民的内涵界定为"有文化、懂技术、会经营"
2006	《中共中央　国务院关于推进社会主义新农村建设的若干意见》	整合农村各种教育资源，发展农村职业教育和成人教育
2007	《中共中央办公厅国务院办公厅关于加强农村实用人才队伍建设和农村人力资源开发的意见》	农村人力资源开发工作需要提高广大农村人口的综合素质和能力，统筹城乡资源，不断促进农村人力资源的合理配置和使用
2007	《中共中央　国务院关于积极发展现代农业扎实推进社会主义新农村建设的若干意见》	加快发展农村职业技术教育和农村成人教育，扩大职业教育面向农村的招生规模
2008	《中共中央　国务院关于切实加强农业基础建设进一步促进农业发展农民增收的若干意见》	加快构建县域农村职业教育和培训网络，发展城乡一体化的中等职业教育。落实中等职业教育助学金政策
2009	《中共中央　国务院关于促进农业稳定发展农民持续增收的若干意见》	加快发展农村中等职业教育，2009年起对中等职业学校农村家庭经济困难学生和涉农专业学生实行免费
2010	《中共中央　国务院关于加大统筹城乡发展力度进一步夯实农业农村发展基础的若干意见》	大力发展中等职业教育，继续推进农村中等职业教育免费进程。逐步实施农村新成长劳动力免费劳动预备制培训

续表

年份	政策文件	内容
2012	《中共中央 国务院关于加快推进农业科技创新 持续增强农产品供给保障能力的若干意见》	大力培育新型职业农民，对未升学的农村高初中毕业生免费提供农业技能培训。 加快中等职业教育免费进程，落实职业技能培训补贴政策，鼓励涉农行业兴办职业教育
2013	《中共中央 国务院关于加快发展现代农业 进一步增强农村发展活力的若干意见》	大力培育新型农民和农村实用人才，着力加强农业职业教育和职业培训
2014	《国务院关于加快发展现代职业教育的决定》	积极发展现代农业职业教育，建立公益性农民培养培训制度，大力培养新型职业农民
2014	《中共中央 国务院关于全面深化农村改革 加快推进农业现代化的若干意见》	落实中等职业教育国家助学政策，紧密结合市场需求，加强农村职业教育和技能培训
2015	《中共中央 国务院关于加大改革创新力度 加快农业现代化建设的若干意见》	积极发展农业职业教育，大力培养新型职业农民
2016	《教育部等六部门关于印发〈教育脱贫攻坚"十三五"规划〉的通知》	在人口集中和产业发展需要的贫困地区建好一批中等职业学校，实施中等职业教育协作计划和技能脱贫千校行动
2017	《农业部关于印发〈"十三五"全国新型职业农民培育发展规划〉的通知》	要创新新型职业农民培育机制，并健全完善"一主多元"的培训体系
2018	《中共中央 国务院关于实施乡村振兴战略的意见》	立足于乡村振兴战略，进一步提出要大力培育新型职业农民，实施新型职业农民培育工程。 加强职业教育，逐步分类推进中等职业教育免除学杂费

续表

年份	政策文件	内容
2019	《中共中央　国务院关于坚持农业农村优先发展　做好"三农"工作的若干意见》	加强贫困地区职业教育和技能培训，实施新兴职业农民培育工程。大力发展面向乡村的职业教育
2020	《中共中央　国务院关于抓好"三农"领域重点工作确保如期实现全面小康的意见》	扩大职业教育学校在农村招生规模，提高职业教育质量

资料来源：历年政策文件梳理。

三、我国农村职业教育的痛点

农村职业教育旨在开发农村人力资源，提升农民的综合素质。就目前来看，推进农业供给侧结构性改革的主要目标是提高农民整体素质，培育新型职业农民以及提升农村人力资本。因此，农村职业教育在农业供给侧结构性改革中发挥着重要的作用。自党的十六大以来，有关部门先后出台了多项促进农村职业教育发展的措施，农村职业教育获得了一定程度的发展，但也还存在着诸多制约因素。

（一）教育经费投入不足

教育经费投入很大程度上影响了农村职业教育的规模和质量。进入21世纪后，国家财政对教育的支持力度逐年增强，占 GDP 的比重超过了4％。教育投入不断增加，对促进教育事业的发展起到了重要作用，但地方政府和教育部门并没有认识到发展农村职业教育的重要性和紧迫性。当前，财政拨款的重心始终是普通教育和高等教育，农村职业教育投入总量不足和结构失衡的问题尤为突出。农村职业教育学校经营困难，难以改善实训场地、设备和专业技术人员等办学条件。此外，由于农村职业教育往往属于公益事业，其收益率普遍偏低，社会组织、企业行业对投资农村职业教育的积极性不高。

（二）社会认可度不高

当下的传统观念往往注重文化教育，而轻视职业教育。因此，农村优质生源往往报考普通学校，极少报考农村职业学校。在现实中，农村的适龄劳动力倾向于到城镇就业，而不愿接受农村职业教育。通过一次次升学的筛选，最终就读于农村职业学校的学生往往学习能力较弱。社会认可度不高导致农村职业教育的生源质量偏低。

（三）职业教育质量较低

师资力量匮乏、课程应用性差以及办学理念不当都制约着农村职业教育的发展。首先，农村职业学校缺乏必要的师资力量。一方面体现在师资总量严重不足，处于偏远贫困地区的农村职业学校师资来源受限，师生比逐年降低；另一方面体现在师资质量下降，农村职业学校的教师往往存在年龄结构失衡、专业水平不高、实践技能不强以及学历偏低等问题，降低了农村职业教育的教学质量。其次，农村职业教育所开设的课程应用性较差，与广大农村人口的培育需求脱节。农村职业学校所提供的教育往往不能满足广大农民的职业技能需求，因此难以得到广大农民的认可和支持。最后，部分农村职业学校办学理念不当，盲目迎合市场需求，开设大量新专业，而面向"三农"的特色专业却逐渐萎缩，背离了服务"三农"的宗旨。

（四）监督评价体系不健全

一方面，农村职业教育缺乏制度保障。农村职业院校办学的基本权益需要得到有效保障，具体教学活动流程需要法律依据。因此，完善的法律制度对农村职业教育来说至关重要。另一方面，当前的监管评价体系不完善。现有的监督评价体系缺乏不同主体之间的互评环节，难以提升评价结果的公众认可度；农民的自我监督评价体系不够完善，作为受教育主体、教育教学活动直接参与者的农民，既未能将课程内容、教学方式与自身的学习目标相结合，也未能对课堂教学质量做出积极的反馈，难以促进农村职业教育的发展。

（五）城乡职业教育存在差距

农村职业教育体系相比城镇有较大的差距，主要表现为：一方面，城乡职业教育一体化的体制机制不够完善。农村职业教育相比城镇而言，教学基础设施差，教学资源不够丰富，相关专业教学内容不完善，教学方案计划及课堂授课形式应用性较低，导致农村职业学校的培训效果较差。另一方面，农村职业教育缺乏独立的领导管理小组。参与农民培养工作的部门较多，各部门的管辖范围既存在重复也存在空白，缺乏沟通和调整，各级各部门对农村职业教育的监督管理并未形成协调统一的体系，相关监管工作开展不到位。

（六）农村职业教育体系不完善

农村职业教育学校提供的培训服务较为单一，参与培训的主体范围也较窄，未能适应农业发展的趋势。目前，新型职业农民所从事的农业生产活动涉及诸多方面，但农村职业教育学校在开展教学培训工作时却难以满足多方面的需求。另外，农业职业教育投资收益率较低，社会组织机构参与程度不足，仅仅依靠农村职业学校的力量难以达到培训农民的标准。

四、农村职业教育发展的对策建议

农村职业教育提升了农村居民的职业技能，承担着培育新型职业农民的重要任务，在农业供给侧结构性改革中发挥着重要作用。因此，探究完善农村职业教育体系的途径，对于推进农业供给侧结构性改革具有重要意义。前文提到农村职业教育发展过程中的诸多问题，笔者提出相应的解决对策，以供参考。

（一）建立多元的筹资机制

为促进农村职业教育发展，应建立政府支持、社会参与的多元筹资机制。一方面，应积极出台拓展教育投资渠道的措施，建立财政资金定向拨款机制，发展农村职业教育。中央政府应统筹东西部省份财力差距，制定不同地区中央与地方资金的投入比例，地方政府应逐步加强对农村职业教育的支持力度。同时，应监督财政教育资金的支出情况，确保经费落实到位。另一方面，应制定相关优惠政策，鼓励地方有实力的农业龙头企业与农村职业教育机构开展广泛的合作，吸引其他社会力量加入农村职业教育的行列中来。

（二）提高农村职业教育的地位

各部门应积极引导农民转变对农村职业教育的传统观念，积极参与农村职业教育；地方政府应通过线上线下多种途径宣传农村职业教育的相关政策，并在税收、用地等多方面为农村职业教育提供优惠条件；农村职业教育学校应积极宣传职教课程效果，积极探索满足农户需求的课程，转变农民对农村职业教育的传统观念。

（三）加强师资队伍建设

首先，应提高农村职业学校教师的工资待遇，让农村职教工作变得体面且有吸引力，鼓励优秀教师在农村职业学校任教。其次，开展校企合作，引导农业企业中的技术人才到学校授课，让学生学到最新的专业知识和技能。最后，鼓励优秀的新型经营主体负责人或新型职业农民到农村职业教育学校开展培训活动，提高职教学生的技能。

（四）完善职业教育监督评价体系

一方面，建立农村职业教育制度体系，为农村职业教育发展制定清晰的制度框架，为农村职业教育学校提供办学规范。职业教育制度体系要具备明确的指导意义、较强的针对性和可操作性。同时，建立健全农村职业教育奖惩机制，为农民提供有效的激励政策，鼓励更多的农民接受农村职业教育。另一方面，完善农村职业教育监督评价体系，使其符合农业供给侧结构性改革的要求。增加各部门之间的互评环节，统一农村职业教育的培养标准，推动教育工作者的共同监督，逐步建立农村职业教育的监督评价机制，对农村职教课堂质量做出积极的反馈，以此促进农村职业教育的改革。

（五）构建城乡职教一体化发展体系

一方面，构建城乡职业教育一体化发展体制机制。通过农村职业教育，将农村经济发展与国民经济发展联系起来，让来自城市的优质资源带动农村发展，促进农民增产增收。相关部门应充分发挥主导作用，保障城乡教育一体化发展的政策支持，为农村职业教育指明方向，完善城乡教育资源流动机制，加大对农村职业教育的财政投入，加速城乡职业教育一体化的进程。同时，应细化农村职业教育的监管工作，提高职教学校的教学质量。另一方面，建立农村职业教育学校管理机构。由于农村职业教育工作涉及的领域和部门较多，各部门协作过程中难免会存在职能交叉和空白。因此，需要独立的管理机构来为不同部门划分职能和责任，统筹各个部门的权利，保障农村职业教育参与主体利益。另外，在政策和制度方面为农村职业教育提供适当优惠，保障管理机构的基本地位。

（六）完善农村职业教育体系

完善农村职业教育体系是发展农村教育的重要组成部分。首先，应增加农村职业教育供给，丰富农村职教的类型，为农村居民提供多样化的职业教育。农村职业教育学校应积极与当地龙头企业开展合作，以当地合作社为依托，对农村居民展开多样化的培训，提升农村职业教育的质量。其次，有关部门应出台相关政策来鼓励农村职业学校与社会培训组织开展合作，共同参与农民培训。财政部门还应对参与培训的农民予以奖励，扩大办学规模，提高农民综合素质。

第四节　新型职业农民：广阔天地，大有可为

由于工业化的发展、城镇化步伐的加快、农村地区基础教育以及职业教育薄弱，大量农村劳动力外流，农村空心化的现象日趋明显。统计数据显示，2017 年，我国第一产业就业人数为 20 944 万人，且呈现逐年递减的趋势。[①]未来的中国"谁来种地"已成为当前"三农"工作的重要命题。

---

① 资料来源为《中国统计年鉴（2018）》。

习近平总书记在 2013 年中央农村工作会议上指出，解决好"谁来种地"问题对中国农业农村发展和整个经济社会发展影响深远，要提高农民素质，培养新型农民队伍。因此，培育新型职业农民已经成为当前"三农"工作的重要组成部分。

一、新型职业农民建设的概念界定与意义

新型职业农民指的是以农业为职业、收入主要来自农业生产经营、具有相应的专业技能的农业从业者。新型职业农民属于农业领域中农业职业化水平较高的群体，具有较高的生产能力、经营能力和良好的综合素质。

培育新型职业农民对于推进农业供给侧结构性改革具有重要的作用，其作用主要体现在以下三个方面：一是有利于农业发展。培育新型职业农民，引导农民采用先进的农业技术，促进农业与工业紧密衔接，实现农业现代化，促进农业的发展。二是有利于农村建设。培育新型职业农民，能充分调动农民建设美好家园、创造美好生活的积极性。三是有利于农民增收。培育新型职业农民，可有效提高农业收入。

二、新型职业农民的政策沿革

面对解决"谁来种地"问题、推进农业供给侧结构性改革、发展农业现代化等战略要求，新型职业农民培育工作的重要性逐渐凸显。近年来，党和国家领导人高度重视新型职业农民培育，习近平总书记在调研中多次指出培育新型职业农民的重要性。2013 年底召开的中央农村工作会议上，习近平总书记指出"要提高农民素质，培养造就新型农民队伍，把培养青年农民纳入国家实用人才培养计划，确保农业后继有人"。党和国家领导人的高度重视为新型职业农民培育创造了良好发展机遇。本部分主要从政策角度出发，梳理了与新型职业农民相关的政策文件，如表 4-7 所示。

表 4-7　关于新型职业农民的政策文件

年份	文件名称	主要内容
2007	《中共中央办公厅　国务院办公厅关于加强农村实用人才队伍建设和农村人力资源开发的意见》	要着力建设并稳定一支宏大的适应新农村建设需要的实用人才队伍，并以此推动农村人力资源开发，造就数以亿计的新型农民
2012	《中共中央　国务院关于加快推进农业科技创新持续增强农产品供给保障能力的若干意见》	大力培育新型职业农民，对未升学的农村高初中毕业生免费提供农业技能培训
2014	《国务院关于加快发展现代职业教育的决定》	推进农民继续教育工程，建立公益性农民培养培训制度，大力培养新型职业农民
2014	《中共中央办公厅　国务院办公厅印发〈关于引导农村土地经营权有序流转发展农业适度规模经营的意见〉》	制定专门规划和政策壮大新型职业农民队伍
2014	《中共中央　国务院印发〈关于全面深化农村改革　加快推进农业现代化的若干意见〉》	加大对新型职业农民和新型农业经营主体领办人的教育培训力度
2015	《国务院办公厅关于加快转变农业发展方式的意见》	加快建立教育培训、规范管理和政策扶持"三位一体"的新型职业农民培育体系
2015	《中共中央办公厅　国务院办公厅印发〈深化农村改革综合性实施方案〉》	制定专门规划和切实可行的政策，吸引年轻人务农，培育新型职业农民，造就高素质的新型农业生产经营者队伍
2015	《中共中央　国务院关于加大改革创新力度　加快农业现代化建设的若干意见》	积极发展农业职业教育，大力培养新型职业农民
2016	《国务院关于激发重点群体活力带动城乡居民增收的实施意见》	提出新型职业农民激励计划，提高新型职业农民增收能力、挖掘现代农业增收潜力以及拓宽新型职业农民增收渠道
2016	《国务院关于印发全国农业现代化规划（2016—2020 年）的通知》	加快构建新型职业农民队伍

续表

年份	文件名称	主要内容
2016	《中共中央 国务院关于落实发展新理念加快农业现代化实现全面小康目标的若干意见》	加快培育新型职业农民。将职业农民培育纳入国家教育培训发展规划，基本形成职业农民教育培训体系，把职业农民培养成建设现代农业的主导力量
2016	《中共中央 国务院关于深入推进农业供给侧结构性改革加快培育农业农村发展新动能的若干意见》	重点围绕新型职业农民培育、农民工职业技能提升，整合各渠道培训资金资源，建立政府主导、部门协作、统筹安排、产业带动的培训机制
2018	《国家乡村振兴战略规划（2018—2022年)》	全面建立职业农民制度，培养新一代爱农业、懂技术、善经营的新型职业农民，优化农业从业者结构
2018	《中共中央 国务院关于实施乡村振兴战略的意见》	大力培育新型职业农民。全面建立职业农民制度，完善配套政策体系。实施新型职业农民培育工程
2019	《中共中央 国务院关于坚持农业农村优先发展做好"三农"工作的若干意见》	实施新型职业农民培育工程

来源：根据历年文件整理。

三、新型职业农民培育体系构建

多年来，各级政府大力支持培育新型职业农民，大大提高了新型职业农民的数量和质量，建立了较为完善的新型职业农民培育体系。新型职业农民培育体系主要包括组织体系建设和能力体系建设。

（一）组织体系建设

多年来，我国已经形成了以农业广播电视学校、农民科技教育培训中心等农民教育培训专门机构为主体，多方资源和市场主体共同参与的"一主多元"新型职业农民培育体系。

1. 专门机构

新型职业农民培育组织体系以专门的机构为依托，通过搭建新型职业农民培育平台，开展培育需求调研、培育对象遴选、培育方案编制、管理事务认定、师资库建设、教材开发、绩效评估等基础工作，连接多种资源和市场主体，对接跟踪服务和政策扶持，进而提高培育工作的专业化规范化水平。

2. 多方资源

我国逐渐加强对农民教育培训工作的重视力度，教育培训规模迅速扩大，越来越多的部门参与到农民教育培训工作中，逐步形成了以农业技术推广体系为基础，以涉农大学、科研院所、农业龙头企业和农民合作社为支撑的多层次农民教育培训体系。

3. 市场主体

与农业龙头企业、合作社等广泛开展合作，为新型职业农民提供就近就地学习、教学观摩、实习实践和创业孵化场所，开展更有针对性和更切合农民实际的培训，提高了新型职业农民培育工作的应用性。

（二）能力体系建设

新型职业农民的能力体系建设主要包括建设新型职业农民培育基础数据库、新型职业农民培育师资库以及新型职业农民培育教学资源库三个方面。

1. 建设新型职业农民培育基础数据库

新型职业农民培育基础数据库包括新型职业农民培育对象库、新型职业农民培训库、新型职业农民信息库以及农村实用人才库。通过"四库"建设，将符合条件和标准的农民进行认定并纳入新型职业农民信息库管理，开展跟踪服务，采集并录入各类培育对象信息，推进新型职业农民培育工作精准化管理。

2. 建设新型职业农民培育师资库

建立新型职业农民培育师资库，以提升教育培训质量为目标，整合利用社会各类师资人才力量，加快建立数量充足、结构合理、素质优良的专兼职师资队伍，为大规模培养造就新型职业农民队伍提供支撑。

3. 建设新型职业农民培育教学资源库

建立新型职业农民培育师资库，旨在贯彻落实中央决策部署，以提升教育培训质量为目标，整合利用社会各类师资人才力量，加快建立数量充足、结构合理且素质优良的新型职业农民师资队伍，为培养新型职业农民队伍提供支撑。

参考文献

1. 葛新斌．免费时代农村教育的"人财困局"．华南师范大学学报（社会科学版），2013（1）.

2. 郭智奇．大力发展农民职业教育 培养高素质职业农民．中国农业教育，2011（1）.

3. 孔祥智，毛飞等．中国农村改革之路．北京：中国人民大学出版社，2014.

4. 林毅夫．解决三农问题的关键在于发展农村教育、转移农村人口．职业技术教育，2004（9）.

5. 任燕．当前农村学生营养餐供餐模式研究．武汉：华中师范大学，2014.

6. 唐智彬，刘青．"精准扶贫"与发展定向农村职业教育——基于湖南武陵山片区的思考．教育发展研究，2016（7）.

7. 温家宝．一定要把农村教育办好．人民网，2011－09－09.

8. 袁桂林．农村基础教育发展的需求、推力与阻力．华南师范大学学报（社会科学版），2013（1）.

9. 郑新蓉，杜亮，魏曼华，等．中国特岗教师蓝皮书．北京：中国教育科学出版社，2012.

第五章　健康的农村居民：农村 医疗卫生服务[①]

农村医疗卫生事业关系到亿万农村居民的健康，更与农村社会稳定休戚与共。我国政府十分重视和支持农村医疗卫生事业的发展，并一直将其作为全面建成小康社会的工作重点之一。习近平总书记在十九大报告中指出建立"完善统一的城乡居民基本医疗保险制度和大病保险制度""实施健康中国战略……完善国民健康政策，为人民群众提供全方位全周期健康服务"。近年来，我国农村医疗卫生事业改革不断深化，为农村经济社会发展和健康中国战略的贯彻发挥了重要作用。本章分三节介绍新型农村合作医疗（简称"新农合"）保险进展及成效、农村医疗卫生服务体系建设以及城乡医疗保障体系的整合与发展。

第一节　历史进程中的新农合

在农村地区，疾病是农民面临的重要风险之一[②]，合作医疗制度是在我国集体经济的背景下，农民发扬互助精神所建立的一种集体医疗保障制度，随着农业合作化运动而兴起，在我国农村地区长期作为最主要的医疗保障形式存在。然而，随着以家庭承包经营为基础，统分结合的双层经营体制的逐步建立，我国大部分地区的集体经济逐渐萎缩，失去了经济基础和政治支持的原有农村合作医疗制度也基本瓦解。进入 21 世纪以来，"因

---

① 执笔人：纪元、谢东东。
② 翁凝，孙梦洁. 中国农村基本医疗保障制度变迁. 管理现代化，2020，40（1）：53-55.

病致贫返贫"的问题在广大农村地区极为突出，引起党和国家的高度重视，开始积极探索恢复重建农村地区合作医疗制度。

一、新型农村合作医疗制度的试点建立（2002—2006 年）

2002 年 10 月，《中共中央　国务院关于进一步加强农村卫生工作的决定》首次提出建立以大病统筹为主的"新型农村合作医疗制度"，重点解决农民因患传染病、地方病等大病而出现的因病致贫、返贫问题，并提出到 2010 年新型农村合作医疗制度要基本覆盖农村居民的发展目标。2003 年 1 月，国务院批转卫生部等部门《关于建立新型农村合作医疗制度的意见》，明确了"新型农村合作医疗制度是由政府组织、引导、支持，农民自愿参加，个人、集体和政府多方筹资，以大病统筹为主的农民医疗互助共济制度"。凡户籍为当地农业人口，以户为单位缴纳合作医疗基金均可参合，接受大额医疗费用补助或住院医疗费用补助。农村合作医疗基金由"农民自愿缴纳、集体扶持、政府资助"，该意见中还规定"农民个人每年的缴费标准应不低于 10 元"，且"地方财政每年对参加新农合农民的资助不低于人均 10 元"，"从 2003 年起，中央财政每年通过专项转移支付对中西部地区除市区以外的参加新农合的农民按人均 10 元安排补助资金"，这是在改革开放后首次提出由中央财政对参加合作医疗的群众直接进行补贴。[1] 在此基础上，省级和县级政府自行设计项目的实施细节[2]，由此新农合制度进入了实质性发展的阶段。2003 年底，在全国 30 个省、自治区、直辖市和新疆生产建设兵团确定了 304 个首批新农合试点县（市），共覆盖 9 300 余万农业人口，实际参加新农合的农民达 6 400 余万人；其中，中西部地区确定了 236 个试点，参加新农合的农民达到了4 600 万人。[3]

---

[1] 张永辉. 中国农村合作医疗制度研究. 西北农林科技大学，2009.

[2] 白重恩，李宏彬，吴斌珍. 医疗保险与消费：来自新型农村合作医疗的证据. 经济研究，2012，47（2）：41 - 53.

[3] 资料来源为 2004 年《中国卫生年鉴》。

2006 年 1 月，卫生部等七部委下发了《关于加快推进新型农村合作医疗试点工作的通知》，决定加大对新农合的财政扶持力度，扩大新农合试点。对于中西部地区除市区以外的参加新农合的农民人均补助增加到 40 元，由中央和省级政府平均分担。此外，中央财政补助范围还增加了中西部地区中农业人口占总人口比例高于 70% 的市辖区，并按照中西部地区补助标准的一定比例向辽宁、江苏、浙江、福建、山东和广东六省的试点县（市、区）安排补助资金。截至 2006 年底，全国已有 1 451 个县（市、区）开展了新农合试点，4.1 亿农民参加了新农合，占全国农业人口的 42.2%，参合率达 80.5%。2006 年全国新农合共筹资 213.6 亿元，医疗基金支出 155.8 亿元。全国新农合运行平稳，逐步规范，试点地区的参合农民就诊率和住院率明显升高，农民就医经济负担极大减轻。[①]

二、新农合制度的全面推进（2007—2008 年）

以试点经验为基础，在政府的大力支持下，新农合制度于 2007 年正式由试点阶段转入全面推进阶段[②]，目标是在当年达到"十一五"规划中 80% 的新农合覆盖率，次年基本上实现全覆盖。2008 年 2 月，国务院召开第五次新型农村合作医疗工作会议，提出了五项试点工作[③]，即"以市地为统筹层次的试点、大病统筹与门诊统筹相结合的试点、新农合与城镇居民基本医疗保险相衔接的试点、新农合与医药卫生体制改革相衔接的试点、老少边穷地区巡回医疗和远程医疗试点"，进一步巩固和完善新农合制度。

2008 年 3 月，卫生部、财政部印发了《关于做好 2008 年新型农村合作医疗工作的通知》，决定加大对尚未开展新农合地区的指导和支持力度，

---

① 资料来源为 2006 年《中国卫生年鉴》。
② 高强部长在 2007 年全国新型农村合作医疗工作会议上的总结讲话. 中华人民共和国卫生健康委员会网站，2007 - 02 - 07.
③ 陈竺部长在 2008 年全国新型农村合作医疗工作会议上的总结讲话. 河北省卫生健康委员会网站，2008 - 03 - 06.

为确保新农合制度平稳运行进一步提高了筹资标准并完善了财政补助政策。通知要求"农民个人缴费由每人每年 10 元增加到 20 元"，相应地，参保农民的补助标准提高到每人每年 80 元，在中西部地区由中央和地方平均分摊，东部省份由中央按照一定比例给予补助，且"计划单列市和农业人口低于 50% 的市辖区也全部纳入中央财政补助范围"。如表 5-1 所示，到 2017 年，人均政府资助额增加至 450 元，参保居民缴费额也逐年增长至 180 元，筹资标准的上调意味着新农合普及率和保障能力的提高，也为实现城乡统一的医疗保险服务奠定基础。

2008 年 12 月 22 日，第十一届全国人大常委会第六次会议决定将新农合首次纳入《中华人民共和国社会保险法》（草案），2010 年正式审议通过，意味着新农合的社会保障属性有了国家法律层面的支持，为广大农民平等地享受医疗资源与服务提供了法律保障，推动了城乡统一，极大地促进了社会稳定。

表 5-1　2003—2017 年新农合筹资水平（国家标准）一览表

年份	新农合筹资水平（元）	参保居民缴费额（元）	政府资助（元）	参考文件
2003	30	10	20	《关于建立新型农村合作医疗制度的意见》（国办发〔2003〕3 号）
2006	50	10	40	《关于加快推进新型农村合作医疗试点工作的通知》（卫农卫发〔2006〕13 号）
2008	100	20	80	《关于做好 2008 年新型农村合作医疗工作的通知》（卫农卫发〔2008〕17 号）
2010	150	30	120	《关于巩固和发展新型农村合作医疗制度的意见》（卫农卫发〔2009〕68 号）
2011	250	50	200	《关于做好 2011 年新型农村合作医疗有关工作的通知》（卫农卫发〔2011〕27 号）
2012	300	60	240	《关于做好 2012 年新型农村合作医疗工作的通知》（卫农卫发〔2012〕36 号）

续表

年份	新农合筹资水平（元）	参保居民缴费额（元）	政府资助（元）	参考文件
2013	350	70	280	《关于做好 2013 年新型农村合作医疗工作的通知》（国卫基层发〔2013〕17 号）
2014	410	90	320	《关于做好新型农村合作医疗几项重点工作的通知》（国卫办基层发〔2014〕39 号）
2015	500	120	380	《关于做好 2015 年新型农村合作医疗工作的通知》（国卫基层发〔2015〕4 号）
2016	570	150	420	《关于做好 2016 年新型农村合作医疗工作的通知》（国卫基层发〔2016〕16 号）
2017	630	180	450	《关于做好 2017 年新型农村合作医疗工作的通知》（国卫基层发〔2017〕20 号）

三、新型农村合作医疗制度的巩固完善（2009—2015 年）

在政府的有效领导和各部门的共同努力下，截至 2008 年底，我国广大农村地区基本建立了新农合制度，确立了基础制度框架和运行机制，减轻了农民医疗负担，提高了卫生服务利用率，缓解了农民"因病致贫返贫"的状况。2009 年卫生部等五部门联合出台了《关于巩固和发展新型农村合作医疗制度的意见》，指出要"巩固和发展与农村经济社会发展水平和农民基本医疗需求相适应的、具有基本医疗保障性质的新农合制度，逐步缩小城乡居民之间的基本医疗保障差距"，探索新农合与流动人口就医制度、农村医疗救助制度、城镇居民基本医疗保险和城镇职工基本医疗保险制度等方面衔接工作。《2009 年农村卫生工作要点》提出建立长效工作机制、推动新农合立法工作，2009 年 7 月 31 日，湖北省第十一届人大常委会第十一次会议审议通过了全国第一部新农合地方法规，即《长阳土家族自治县新型农村合作医疗条例》。

为进一步提高农村居民医疗保障水平，探索减轻农民重大疾病负担的有效途径，自 2010 年起国家逐步开展了农村儿童重大疾病医疗保障试点工作，优先选择了急性白血病和先天性心脏病两类危及儿童生命健康、医疗费用高、经积极治疗预后较好的重大疾病开展试点，将提高新农合补偿水平与提高医疗救助水平紧密结合。截至 2011 年底，提高儿童先心病、急性白血病医疗保障水平工作已在全国全面推开。据统计，2011 年全国共救治白血病患儿 7 200 余名，医疗总费用为 1.45 亿元，实际补偿比为65%；共救治先心病患儿 22 600 余名，医疗总费用为 5.78 亿元，累计补偿 4.5 亿元。2011 年 1 月 1 日，以治疗性康复为目的的运动疗法等 9 项医疗康复项目正式纳入新农合支付范围，2016 年扩大到 20 项，对于保障残疾人权益、推进残疾人小康进程具有重要意义。同时逐步扩大重大疾病救治试点的病种范围（如妇女宫颈癌、乳腺癌、重性精神疾病），不断调整补偿方案和支付制度，缓解农村居民重大疾病费用负担。2011 年 8—12月，在新增试点病种中，全国共有 73 000 多名终末期肾病患者、约 49 000名重性精神疾病患者、约 3 万名乳腺癌患者、8 300 余名宫颈癌患者、2万余名耐药肺结核患者被纳入新农合重大疾病补偿范围，医疗费用实际补偿比均接近 65%。

2012 年 5 月，卫生部等三部门发布《关于做好 2012 年新型农村合作医疗工作的通知》，进一步推进大病保障试点工作（试点病种达到 20 个），要求"充分发挥新农合、医疗救助、商业健康保险和社会慈善等多种补充保障模式的协同互补作用"。卫生部等四部门联合出台了《关于商业保险机构参与新型农村合作医疗经办服务的指导意见》，推动商业保险机构参与新农合经办服务试点工作，利用新农合基金购买商业大病保险形成多重补充医疗保险机制，改革政府公共服务提供方式，有效提高了农民重特大疾病的保障水平。2015 年，国务院办公厅出台了《国务院办公厅关于全面实施城乡居民大病保险的意见》，强调"强化社会互助共济，形成政府、个人和保险机构共同分担大病风险的机制"。到 2015 年底，各地基本全面推开了大病保险制度。

在全面推进新农合信息化建设的背景下，2013 年，国家卫生计生委、

财政部联合出台的《关于做好 2013 年新型农村合作医疗工作的通知》和
2014 年国家卫生计生委办公厅出台的《关于做好新型农村合作医疗几项
重点工作的通知》指出，要进一步探索参合农民跨省异地就医和报销机
制，开展异地就医结报试点工作。到 2013 年底，实现参合农民省内异地
就医即时结报的地区达到 88%，国家新农合信息平台与 9 个省级平台、
部分大型医疗机构互联互通，为解决流动人口看病难、报销难的问题奠定
基础。[①] 2015 年，国家卫生计生委、财政部进一步出台《关于做好新型农
村合作医疗跨省就医费用核查和结报工作的指导意见》，指出"要建立健
全各级新农合经办机构与定点医疗机构之间、不同地区不同级别新农合信
息平台之间的协同机制和信息交换机制"，逐步统一省外就医补偿政策，
实现新农合跨省就医费用直接核查和结报。

　　自 2011 年起，国家不断推进新农合支付方式改革，构建按人头付费、
按病种付费和总额预付等多种付费方式相结合的复合支付体系，充分发挥
支付方式改革对医疗服务供需双方的引导作用和对医疗费用的控制作用。
此外，2014 年新农合就医定点范围进一步扩大，符合条件的村卫生室、
非公立医疗机构、养老机构内设医疗机构均被纳入新农合定点范围，满足
参合群众多样化的就医需求。《关于做好新型农村合作医疗几项重点工作
的通知》指出，要"发挥新农合的杠杆和利益导向作用"，逐步探索形成
以各级医疗机构诊疗能力为基础，"基层首诊、双向转诊、急慢分治、上
下联动"的分级诊疗格局。

　　在一系列改革的推动下，新农合筹资和保障水平不断提高，农民受益
范围持续扩大，制度建设日趋完善。到 2015 年底，参合人数为 6.70 亿
人，参合率达到 98.8%（见表 5-2）。[②] 新农合政策范围内的住院费用报
销比例从 2011 年的 60% 提高到 75%，门诊费用报销比例稳定在 50% 左
右，重大疾病保障试点扩大到 22 个病种，当年全国累计受益 16.53 亿人

---

① 2013 年新农合进展情况及 2014 年工作重点. 中国政府网，2014-05-04.
② 资料来源为 2016 年《中国卫生健康统计年鉴》。

次，大幅减轻了农民看病的经济负担。

表 5 - 2　新型农村合作医疗情况

年份	参合人数 （亿人）	参合率 （％）	人均筹资 （元）	当年基金支出 （亿元）	补偿受益人 次（亿人次）
2010	8.36	96.00	156.57	1 187.84	10.87
2011	8.32	97.48	246.21	1 710.19	13.15
2012	8.05	98.26	308.50	2 408.00	17.45
2013	8.02	98.70	370.59	2 909.20	19.42
2014	7.36	98.90	410.89	2 890.40	16.52
2015	6.70	98.80	490.30	2 933.41	16.53

注：参合人数自 2012 年开始有所下降是因为部分省份开始实行城乡统筹的居民基本医疗保险制度试点工作。

四、城乡居民基本医疗保险制度的并轨整合（2016 年至今）

随着全面建设小康社会目标的快速推进，我国城镇化、工业化伴随着大量的农村劳动力转移，按户籍分割设置的新农合制度和城镇居民基本医保制度的弊端日益凸显，差异化的缴费标准和保障待遇也加剧了城乡发展间的不均衡。在消弭城乡二元结构、推动城乡一体化建设的背景下，2016 年中央一号文件指出要"整合城乡居民基本医疗保险制度"，促进社会公平正义。同年 1 月，国务院发布了《国务院关于整合城乡居民基本医疗保险制度的意见》，对整合城镇居民基本医疗保险和新型农村合作医疗保险、建立统一的城乡居民基本医疗保险制度做出了具体说明，提出"六统一"的要求，即统一覆盖范围、统一筹资政策、统一保障待遇、统一医保目录、统一定点管理、统一基金管理。对于已经开展城乡居民医保制度整合的地区，工作重点则是合理确定城乡统一的筹资标准，逐步建立与经济社会发展水平、各方承受能力相适应的稳定可持续筹资机制，做好贫困人口参合工作。2020 年是全面建成小康社会目标实现之年，是全面打赢脱贫攻坚战收官之年，中央一号文件再次提出要"适当提高城乡居民基本医疗保险财政补助和个人缴费标准"，不断提高城乡居民基本医保的服务水平。

新型农村合作医疗制度自建立起快速覆盖了广大农民群体，筹资水平连年提升，保障能力不断增强，保障范围逐渐扩大，农民群众持续受益，这是符合中国国情的农村基本医疗保障制度。它切实从农民利益出发，在很大程度上解决了我国农村地区长久存在的"看病难、看病贵"问题，实现了农民从"有病不敢医"到"有病放心医"的就医观念的转变，极大地提高了农村地区的预期寿命和健康水平。此外，新农合制度的不断调整和完善，有效地带动和促进了农村卫生服务体系的建设和农村医疗卫生服务水平的提升，推进了国家医疗卫生体制的改革，城乡居民基本医疗保险制度的并轨更是对于维护社会公平正义、增进人民福祉、实现城乡居民平等的基本医疗保险权益具有重要意义，是全面建成小康社会、"人人享有基本生活保障"至关重要的一步。

第二节　全面发展的农村医疗卫生服务体系建设

我国的农村医疗卫生服务体系是一个由县到区、乡再到行政村、自然村的自上而下的三级医疗卫生组织[①]，以县级医院为龙头、乡镇卫生院为中心、村卫生室为基础承担着为农民直接提供医疗服务的功能，是基层医疗卫生服务的主要供给方。农村三级医疗卫生机构的设置贯彻"划区、分级、分工负责"的原则，基本满足了农村居民医疗卫生的需求。

一、农村医疗卫生服务体系的历史沿革

原有的县、乡、村三级医疗预防保健服务网络始建于人民公社形成初期，到 20 世纪 70 年代已经基本覆盖整个农村地区，形成了县级有县医院、防疫站和妇幼保健院，乡级有卫生院以及村级有卫生室的医疗服务网

[①]　鲁轶 . 改革开放以来中国农村基层医疗卫生工作的历史考察 . 武汉大学，2012.

点。改革开放以后，这一体系未能针对经济体制改革相应地做出调整，有关部门以放权让利为主导思想，盲目地将农村基层医疗卫生推向了市场，导致原有的三级卫生保健网络濒临瓦解，很多村级卫生室被撤销、合并甚至被私人承包。① 进入 20 世纪 90 年代，中央逐渐意识到不能完全将农村基层医疗卫生工作推向市场，由此开始调整工作重点，实施了农村卫生"三项建设"（即建设乡镇卫生院、县防疫站、县妇幼保健站）工程，部分地区农村基层医疗卫生机构的基础设施条件和服务能力得到改善。然而，由于政策缺乏延续性、地方政府缺乏主动性，一段时间以后政策推进基本处于停滞状态，未能达到理想效果。到 20 世纪 90 年代末及 21 世纪初，我国乡镇卫生院普遍运转困难，村级医疗卫生组织更是管理松散。医疗卫生服务网点设置不规范、医疗设备和诊疗规程达不到国家标准、医疗水平差、医药费用偏高等问题在农村普遍存在。《中共中央　国务院关于进一步加强农村卫生工作的决定》（以下简称《决定》）对当时农村卫生的形势做出了较为客观的评价："从总体上看，农村卫生工作仍比较薄弱，体制改革滞后，资金投入不足，卫生人才匮乏，基础设施落后，农村合作医疗面临很多困难"。

在全面建设小康社会的新的历史阶段，党和国家高度重视"三农"问题，农村基层医疗卫生工作不断被提上日程。与之前颁布的阶段性政策相比，国家更加注重政策的延续性与统一性，从投资金、建体制等多方面保证工作的顺利开展。《决定》要求加大农村卫生投入力度，优化卫生资源配置，建设社会化农村卫生服务网络，到 2010 年在全国农村基本建立起适应社会主义市场经济体制要求和农村经济社会发展水平的农村卫生服务体系，且基本完成县级医院、预防保健机构和乡（镇）卫生院房屋设备的改造和建设任务。《决定》还明确了县级卫生机构、乡（镇）卫生院和村级卫生室分别承担的职责及应当提供的医疗服务类型，鼓励县、乡、村卫

---

① 鲁轶. 改革开放以来中国农村基层医疗卫生工作的历史考察. 武汉大学，2012.

生机构开展纵向业务合作，推进乡村卫生服务管理一体化，充分发挥农村卫生服务网络的整体功能。2006年，按照《决定》和建设社会主义新农村的要求，原卫生部等部委更为具体地制定了《农村卫生服务体系建设与发展规划》并组织各地实施。该规划中，国家预计投入农村卫生建设资金216.84亿元，以完善农村卫生机构功能和提高服务能力为核心，以乡（镇）卫生院建设为重点，健全县、乡、村三级卫生服务网络，到2010年建立基本设施比较齐全的农村卫生服务网络，满足农民群众的初级卫生保健服务需求，从整体上为提高农民的健康水平提供保障条件。

二、新医改十年农村医疗卫生服务体系建设

2009年3月，《中共中央 国务院关于深化医药卫生体制改革的意见》的发布标志着中国开启了新一轮医药卫生体制改革的进程。新一轮医改方案对农村医疗卫生服务体系建设做出了重点部署，要求进一步健全以县级医院为龙头、乡镇卫生院和村卫生室为基础的农村三级医疗卫生服务网络。方案指出政府应重点办好县级医院，并在每个乡镇办好一所卫生院，采取多种形式支持村卫生室建设，使每个行政村都有一所村卫生室，大力改善农村医疗卫生条件，提高基层医疗卫生服务的可获得性、覆盖范围及就诊质量。

自新医改以来，国家陆续出台了《医药卫生体制改革近期重点实施方案（2009—2011年)》《"十二五"期间深化医药卫生体制改革规划暨实施方案》《"十三五"深化医药卫生体制改革规划》等重要文件，在坚持"保基本、强基层、建机制"基本原则的基础上，不断健全农村基层医疗卫生服务体系，加强农村医疗卫生服务网点建设。实施的措施主要包括：基层医疗卫生机构标准化建设、全科医生制度建设、县级公立医院综合改革、

分级诊疗体系建设、医疗联合体建设等。①

（1）基层医疗卫生机构标准化建设。

农村地区的医疗设施普遍较为落后，医疗资源在城乡之间的配置也存在较大差距，制约着基层医疗卫生事业的长远发展和农民医疗服务需求的满足，因此需要尽快完成农村三级医疗服务机构的标准化建设。政府设立了一定的标准，加大对农村基层医疗卫生机构房屋和设备等基础设施的投资力度，改善基础医疗网点的服务能力。② 根据《45个县农村医疗卫生服务体系建设专项审计调查结果》③，2009年至2011年6月，中央和地方各级财政在45个县共安排农村医疗卫生服务体系建设项目4 843个，包括71个县级医院、427个乡镇卫生院、4 412个村的卫生室，总投资达到75.42亿元。截至2011年6月底，45个县医疗卫生机构总数较2008年比增加410个，其中村卫生室增加291个，进一步强化了以县级医院为龙头、乡镇卫生院和村卫生室为基础的农村卫生服务网络建设。2011—2015年，国家进一步投入420亿元，重点支持建设1 500多个县级医院、1.8万个乡镇卫生院、10余万个村卫生室和社区卫生服务中心④，帮助农村基层医疗卫生事业"补短板"，基本实现了每个乡镇1所卫生院，平均每个行政村设有1个村卫生室，每千名农村居民配有1名乡村医生。2020年中央一号文件指出，要"办好县级医院，推进标准化乡镇卫生院建设"，着力改造提升村卫生室，消除医疗服务空白点。

（2）全科医生制度建设。

长期以来，我国医疗卫生人才数量不足、素质不高、队伍不稳定等问题较为突出，尤其是农村地区，已经成为制约基层医疗卫生机构服务水平提高的"瓶颈"。2009年，卫生部等六部门联合印发的《关于加强卫生人

---

①② 程梓瑶. 完善我国农村三级医疗卫生服务体系研究. 安徽财经大学，2017.

③ 2012年第6号公告：45个县农村医疗卫生服务体系建设专项审计调查结果. 中华人民共和国审计署网站，2012－04－06.

④ 《中国健康事业的发展与人权进步》白皮书. 国务院新闻办公室网站，2017－09－29.

才队伍建设的意见》提出，要加强农村卫生人才队伍建设，三年内"实现每个乡镇卫生院至少有 1 名执业医师的目标"。2010 年，国家发展改革委等六部委联合印发了《以全科医生为重点的基层医疗卫生队伍建设规划》（以下简称《规划》），确立了未来三年内培养 6 万名全科医生，且农村每个乡镇卫生院有 1 名全科医生，到 2020 年全科医生培养数量达到 30 万的目标。《规划》中要求"以培养全科医生为重点目标，以加强农村基层医疗卫生队伍建设为重点内容"，探索并逐步建立为农村卫生机构吸引、稳定人才的长效机制，推动农村医疗卫生队伍建设，提高基层医疗卫生人员的专业素质和技术水平。2011 年，国务院出台了《国务院关于建立全科医生制度的指导意见》，对推进全科医生制度建设做出了具体安排。到 2018 年底，全国共培养了 30.9 万全科医生，壮大了基层医师队伍。据统计，基层医疗卫生机构共有医务人员 397.8 万人，其中乡镇卫生院为 139.1 万人，村卫生室从业人员达到 144.1 万人（含卫生院在村卫生室工作人员）。[①] 2020 年中央一号文件再次强调"加强乡村医生队伍建设，适当简化本科及以上学历医学毕业生或经住院医师规范化培训合格的全科医生招聘程序"，旨在不断完善全科医生制度，提高农村医疗卫生服务水平。

（3）县级公立医院综合改革。

县级公立医院是农村三级医疗卫生服务网络的龙头和城乡医疗卫生服务体系的纽带[②]，与农村基层医疗卫生机构在业务管理、技术指导、人员培训、双向转诊等方面存在着密切的关系，推进县级公立医院综合改革有利于巩固扩大基层医改成效，是解决群众"看病难、看病贵"问题的关键环节。2012 年，全国 311 个试点县（市）启动了第一批县级公立医综合改革试点；2014 年 3 月，经国务院批准，国家卫生计生委等五部委联合印发了《关于推进县级公立医院综合改革的意见》，在总结各地试点经验的基础上进一步完善顶层设计，巩固扩大改革成效；2015 年，国务院办

---

① 基层医疗卫生体系发展基本情况. 国家卫生健康委员会网站，2020 - 02 - 10.
② 程梓瑶. 完善我国农村三级医疗卫生服务体系研究. 安徽财经大学，2017.

公厅正式发布了《国务院办公厅关于全面推开县级公立医院综合改革的实施意见》，在全国范围拉开县级公立医院综合改革的大幕。本项改革坚持公立医院公益性的基本定位，以管理体制、运行机制、服务价格调整、人事薪酬、医保支付等为改革重点，全面破除以药补医的利益藩篱，建立现代医院管理制度，实现县域医疗卫生服务体系的进一步完善。

（4）分级诊疗体系建设。

分级诊疗体系是指按照病患的疾病轻、重、缓、急及诊疗的难易程度进行分级选择医疗机构救治。[①] 构建基层首诊、双向转诊、急慢分治、上下联动的分级诊疗体系的重点和关键在于提升基层医疗卫生服务能力，既是我国医改的重要内容，也是促进基本医疗卫生服务均等化、推进优质医疗卫生资源向基层下沉的重要举措，对于促进医药卫生事业长远健康发展、提高人民健康水平、保障和改善民生具有重要意义。2015 年，国务院办公厅发布了《国务院办公厅关于推进分级诊疗制度建设的指导意见》，目标是到 2017 年，分级诊疗政策体系逐步完善，医疗卫生机构分工协作机制基本形成，基层医疗卫生机构诊疗量占总诊疗量比例明显提升；到 2020 年，基本建立起符合我国国情的分级诊疗制度。2018 年，为进一步加快分级诊疗体系建设，国家卫生健康委联合国家中医药管理局发布了《关于进一步做好分级诊疗制度建设有关重点工作的通知》，提出通过区域医疗中心建设推进分级诊疗区域分开，通过县医院能力建设推进分级诊疗城乡分开，通过重大疾病单病种管理推进分级诊疗上下分开，通过三级医院日间服务推进分级诊疗急慢分开，充分利用远程医疗、远程教学等信息化手段加速优质医疗资源下沉，提升基层医疗服务能力，提高优质医疗资源的可及性。2019 年召开的全国基层卫生健康工作会议上再次强调实施分级诊疗将有力推动农村体制机制改革，提高基层医疗服务水平，同时发展"互联网＋医疗健康"作为补充，为农村居民带来更多的实惠。

---

① 程梓瑶. 完善我国农村三级医疗卫生服务体系研究. 安徽财经大学，2017.

（5）医疗联合体建设。

医疗联合体主要是指将相对统一管理体制下不同级别、不同性质或者不同管理体制、不同隶属关系下的大中型医疗机构和基层医疗卫生机构进行优化整合，形成统一规范管理的服务模式，实现预防保健、卫生服务、医疗救治全程服务一体化。医疗联合体建设主要包括四种类型：城市三级医院牵头组建的医疗集团（即通常意义上的"医联体"）、县域内组建的医疗共同体（即"县域医共体"）、跨区域组建的专科联盟以及在医疗资源不足的边远贫困地区发展的远程医疗协作网。开展医疗联合体建设，是深化医改的重要步骤和制度创新，是实现分级诊疗、双向转诊的根本保障，有利于优化医疗资源结构布局和提升基层医疗服务能力。

2015年，安徽省率先发布了《关于开展县域医疗服务共同体试点工作的指导意见》，标志着县域医共体试点的正式开展。2017年，国务院出台《国务院关于推进医疗联合体建设和发展的指导意见》，全面启动多种形式的医联体建设试点，探索并完善医联体组织管理模式、运行机制和激励机制，逐步建立目标明确、权责清晰、公平有效的分工协作机制。2019年，国家进一步加强紧密型县域医共体建设，目标是到2020年底，在500个县（含县级市、市辖区，下同）初步建成完善的新型县域医疗卫生服务体系，提高县域医疗卫生资源配置和使用效率。截至2019年5月，全国已组建3 000余个县域医疗共同体，其中，山西、浙江、安徽等省份高位推动，已经取得了显著成效。[①] 实践表明，高质量的县域医共体建设有助于实现自上而下的资源协调整合，解决县域医疗卫生服务碎片化问题，全面提升基层医疗卫生机构的服务水平和服务质量。

新医改明确提出基本医疗卫生服务面向全民提供的理念，积极推进建立以公益性为旨归的农村基层医疗卫生新机制。自新医改实施以来，我国对于农村三级医疗卫生体系的改革始终围绕"保基本、强基层、建机制"

---

① 《关于推进紧密型县域医疗卫生共同体建设的通知》解读. 国家卫生健康委员会网站，2019 - 05 - 28.

这一基本原则，不断完善农村基层医疗卫生机构基础设施，加强农村卫生人才培养和队伍建设，引导医疗资源合理配置和有效流动，提升农村医疗卫生网点的服务能力。经过多年的探索与实践，新医改取得了重大进展，人民健康水平和医疗卫生服务能力显著提高。到 2018 年底，全国 1 827个县（县级市）共设有县级医院 15 474 所、县级妇幼保健机构 1 907 所、县级疾病预防控制中心 2 090 所、县级卫生监督所 1 822 所，四类县级卫生机构共有卫生人员 303.9 万人。全国 3.16 万个乡镇共设 3.6 万个乡镇卫生院，54.2 万个行政村共设 62.2 万个村卫生室，每千农村人口乡镇卫生院床位达 1.43 张，每千农村人口乡镇卫生院人员达 1.45 人。① 自党的十八大以来，以习近平同志为核心的党中央不断完善顶层设计，加大政府投入，把建设健康中国上升为国家战略。未来我国将继续通过强化财政和政策的支持，提高镇村两级卫生机构的硬件和软设施建设水平。努力办好县级医院，推进标准化乡镇卫生院建设，消除医疗服务空白点。在完善农村医疗卫生服务体系的道路上不断探索，积极推进健康乡村建设，实现全民健康水平的提高。

第三节　城乡统筹视角下的城乡医疗保障体系发展

我国于 2012 年左右已经建立覆盖全民的基本医疗保障制度，初步形成了由城镇职工基本医疗保险、城镇居民基本医疗保险、新型农村合作医疗制度构成的中国城乡居民基本医疗保障体系框架。但是在框架内又因制度设计不同导致缴费标准、补偿水平以及基金管理等方面都存在明显差别，不同的参保群体获得不同的医疗保障待遇，对社会公平有着较为不利的影响。2009 年，《中共中央　国务院关于深化医药卫生体制改革的意见》就明确提出"建立城乡一体化的基本医疗保障管理制度"，2012 年党

---

① 资料来源为国家统计局 2019 年《中国统计年鉴》。

的十八大明确提出"整合城乡居民基本养老保险和基本医疗保险制度"，2016 年，《国务院关于整合城乡居民基本医疗保险制度的意见》对整合城镇居民基本医疗保险和新型农村合作医疗保险、建立统一的城乡居民基本医疗保险制度做出了具体部署；到 2019 年，全国范围内统一的城乡居民医保制度全面启动实施。推动城乡医疗保障制度的整合与发展，是让全民健康托起全面小康的关键举措，对于农村社会实现全面小康也具有重要的现实意义。

一、整合城乡基本医疗保障体系的必要性

由于长期城乡二元结构体制以及制度的历史性问题，医疗保障制度在城乡之间形成了较大的差异和不平等性，这对于工业化和城镇化已经深入推进的我国当下经济社会发展产生了较为不利的影响，也反映出制度本身缺乏可持续性，因此建立统一的城乡基本医疗保障制度迫在眉睫。

第一是打破城乡二元结构体制，促进经济社会发展。新中国成立后，践行集中资源推进工业化建设的发展思路，试图在较短时期内建成现代化的工业体系，为服从和服务这一发展规划，我国逐步建立由统购统销制度、人民公社制度、户籍制度"三大支柱"构成的传统体制下城乡分割的二元体制。农民通过农业税、工农产品价格"剪刀差"为国家工业化积累资金，造成了城乡关系的严重偏斜和农业农村自我发展能力的丧失。[①] 改革开放以来，城乡二元结构明显、城乡发展一体化程度低的局面，更是一直作为我国面临的主要结构性问题之一，破除城乡二元体制以释放改革红利，提高城乡发展一体化程度以释放经济增长潜力，是全面深化改革的重要任务。[②] 党的十六届三中全会通过的《中共中央关于完善社会主义市场经济体制若干问题的决定》，明确要求"建立有利于逐步改变城乡二元经

---

① 孔祥智. 新中国成立 70 年来城乡关系演变. 教学与研究，2019（8）：5-14.
② 国务院发展研究中心农村部课题组. 从城乡二元到城乡一体——我国城乡二元体制的突出矛盾与未来走向. 管理世界，2014（9）：1-12.

济结构的体制""国家新增教育、卫生、文化等公共事业支出主要用于农村"。而新农合与城镇居民医疗保险这两项于21世纪初诞生的社会医疗保险制度却固化和延续了城乡差距。放眼国际，不论是发达国家还是发展中国家，虽然医疗保障制度有建立时间早晚之分、不同制度待遇水平之间有高低之别，但却鲜有按城乡身份分别设立医保制度的先例，因为这样的制度会固化城乡分割分治的传统，也维持甚至一定程度上扩大了城乡差距，更不符合城乡统筹发展的时代潮流。① 基于此，建立覆盖城乡的基本医疗保险制度并促其一体化发展是我国打破城乡二元结构体制桎梏，促进城乡一体化发展的关键举措。

第二是维护医保制度公平，贯彻以人民为中心的发展思想。长期以来，城镇居民基本医疗保险和农村地区的新型农村合作医疗保险以及城镇职工医疗保险呈现出城乡制度分设化、制度管理分割化及各项资源分散化的格局和"碎片化"现象。② 其一，城乡之间的医疗卫生资源的不均衡分布损害了健康服务提供的公平性；其二，三种不同医疗保险制度设计层面之间的差异直接带来了制度层面的公平缺失，导致不同制度所覆盖的不同群体的受益性面临不公平的严峻问题。因此，统筹城乡基本医疗保障体系是构建制度公平、维护城乡居民平等权益的基础保障。

第三是纠正医疗保险体系内部要素的配置失衡，充分发挥该项制度体系的潜在效益。在城乡居民医疗保险制度分割管理的格局之下，在医疗保险整合之前，我国新型农村合作医疗通常由各级卫生部门管理，而城镇居民和职工的医保管理则是一般由各级人力资源和社会保障部门负责，这种不同部门分散管理的格局会导致管理成本增加、制度政策复杂化以及重复参保、重复统计、重复补贴和资源浪费等问题，有时还会造成部门利益的争议，严重降低了管理效率。整合医疗保险体系对于纠正之前由于城乡分

---

① 郑功成. 从整合城乡制度入手建设公平普惠的全民医保. 中国医疗保险，2013（2）：8-10.
② 唐昌敏，等. 城乡居民医疗保险制度整合的必要性和可行路径分析走向. 中国卫生经济，2016（5）：38-40.

割经办致使重复参保等现象较为普遍存在等问题具有显著的效果，2017年新农合的参保人数是 1.331 0 亿人，城镇居民和职工参保人数是 11.768 1 亿人，城乡统计参加基本医疗保险人数为 13.099 1 亿人，较 2015 年底的 13.35 亿人减少约 2 500 万人。[①] 因此，统一城乡居民医疗保险制度是合理配置医疗保险资源、充分发挥制度作用的重要手段。

二、整合城乡医疗保障制度，加强城乡医疗保障体系建设的生动实践

按照职业人群和城乡户籍划分设置医疗保险的做法在制度推行之初有其存在的必然性和合理性，在适应了当时经济发展水平和不同人群缴费能力与医疗需求的同时，便于覆盖全体公民的医疗基本保障迅速推开，打开我国医疗卫生事业新局面，尤其是促进农村地区的医疗水平发展。但是正如前文所述，多项制度之间各自分别运作、条块分割、政策不衔接、经办不统一，既增加了管理难度，更不利于医疗保障制度自身的发展，统筹城乡居民基本医疗保险制度并推进管理一体化势在必行。各地在探索一体化发展的实践过程中不断创新，为国家层面的政策制定提供了有益的借鉴。

（1）江苏昆山模式。

江苏省昆山市位于我国苏南地区，县域经济发达，多年来长期在全国百强县名单中排名第一。基于良好的经济社会发展基础，昆山的基本医疗制度整合走在了全国的前列。昆山市于 2004 年在新农合的基础上率先建立和实施了农村居民基本医疗保险制度，随后在 2007 年开始实施城乡居民基本医疗保险制度，为无职业身份的城镇居民和农村居民统一提供基本医疗保障。与此同时，昆山还率先将个体户、自由职业者等灵活就业人员纳入城镇职工基本医疗保险，将城乡居民和在校学生等非就业人员纳入城乡居民基本医疗保险，从而在制度设计上将基本医疗保障覆盖全体昆山城乡居民。

---

① 资料来源为 2018 年《中国卫生健康统计年鉴》。

　　昆山模式具有以下两个主要特点：一是城乡居民无身份差别参加统一的居民医疗保险，整合新型农村合作医疗和城镇居民基本医疗保险。居民基本医疗保险筹资由市、镇两级财政、村集体经济组织和参保居民共同负担。[①] 二是对职工医疗保险和城乡居民医疗保险进行一体化管理。由市社保基金中心对基金运行进行管理，通过信息管理网络实行统一的职工医疗保险与城乡居民医疗保险及时报销。

　　（2）四川成都模式。

　　成都市于2006年在我国的中西部地区率先推行城乡基本医保管理体制整合，并在一体化的信息系统基础上建成城乡一体化管理服务体系。在制度整合开始阶段，成都市将卫生部门中管理新型农村合作医疗保险的机构整体并入劳动社会保障部门，之后又陆续在此基础上成立了市、县两级医保局，实施城乡居民医保一体化管理以控制包括重复参保、重复补贴、部门之间争议等由经办不统一造成的问题，从而优化经办管理资源。成都在统筹新型农村合作医疗和城镇居民医疗保险的同时，将农民工综合社会保险和被征地农民的医疗保险与城镇职工基本医保接轨，从而进一步整合为城镇职工基本医保、城乡居民基本医保两大基本医疗保险制度，分别覆盖城镇从业人员和城乡非从业居民。相较于昆山模式，成都模式在整合城乡医疗保障制度之初，就率先进行机构改革，并且使农民工和被征地农民的医疗保障待遇水平同城镇职工一致，充分体现以人民为中心的发展思想。

三、整合城乡医疗保障制度，加强城乡医疗保障体系建设的实践效果

　　自2016年国务院就整合城镇居民基本医疗保险和新型农村合作医疗两项制度，建立统一的城乡居民基本医疗保险制度提出明确要求以来，各地陆续对城乡医保制度整合做出规划和部署，出台具体实施方案。当前绝

---

① 王俊华. 城乡基本医疗保险制度衔接模式比较研究. 苏州大学学报（哲学社会科学版），2009（6）：21－24.

大部分省市已经实施了统一的城乡居民基本医疗保险制度，且取得了良好的实践效果，从制度上为实现全民健康和全面小康奠定了基础。

一是实现了城乡居民全覆盖，保障了人人享有公平医疗保险的权利。整合城乡居民基本医保制度缩小了城乡基本医疗保障水平的差异，有力地贯彻发展成果惠及全体人民的思想。医保管理的统筹也扩宽了农民选择就医的范围，城乡居民医疗保险制度原则上实行地级市一级统筹，在此基础上鼓励实行省级统筹。① 随着统筹层次的提高，参保居民就医范围也相应扩大，在一定程度上又有力地促进了不同地区之间的保障待遇差距缩小，从而提高城乡居民医疗保障待遇的公平性。此外还极大地提高了居民参保的积极性，自整合政策实施以来参保人数持续增加，2017 年参加城乡居民基本医疗保险人数为 87 359 万人，比上年末增加 42 499 万人。②

二是提高农村居民医疗保障水平，逐步建立与经济社会发展水平、民众和财政承受能力相适应的稳定可持续筹资机制。在制度改革整合的过程中，本着"目录就宽、待遇就高"的原则，城乡居民医疗保险目录统一向城镇居民医疗保险目录看齐，实现了医疗保险用药增多、报销范围扩大的良好效果，从而提高了农村居民的医疗保障水平。到 2019 年城乡居民医保人均财政补助标准最低达到了 520 元，个人缴费同步增加到了每人每年 250 元。③ 2020 年是全面建成小康社会目标实现之年，是全面打赢脱贫攻坚战收官之年，中央一号文件再次提出要"适当提高城乡居民基本医疗保险财政补助和个人缴费标准"，不断提高城乡居民基本医保的服务水平。

三是充分发挥城乡居民基本医疗保险在扶贫中的作用，增强了医疗保障的托底功能。2017 年国家卫计委、财政部联合颁布的《关于做好 2017 年新型农村合作医疗工作的通知》指出，要"进一步调整完善大病保险统筹补偿方案，将贫困人口大病保险起付线降低 50%，促进更多贫困人口

① 郑先平，巩奕彤，刘雅，吴海波．新时期城乡居民医保整合发展思考．中国卫生经济，2019，(2)：27—29.

② 资料来源为《2017 年度人力资源和社会保障事业发展统计公报》。

③ 资料来源为《关于做好 2019 年城乡居民基本医疗保障工作的通知》。

从大病保险中受益"。2018年，国家对全面落实资助困难人员参保政策做出要求，明确将特困人员、低保对象、重度残疾人、建档立卡贫困人口等困难人员纳入城乡居民医保和城乡居民大病保险，重点聚焦深度贫困地区和因病因残致贫返贫等特殊贫困人口，完善大病保险对贫困人口的倾斜支付政策，优化贫困人口就医结算服务，不断提高贫困人口受益水平。2019年，国家医疗保障局和财政部颁布的《关于做好2019年城乡居民基本医疗保障工作的通知》中，再次强调"落实医疗保障精准扶贫硬任务""着眼促进乡村振兴战略实施，建立防范和化解因病致贫、因病返贫的长效机制"。

未来我国将不断优化城乡居民基本医疗保险整合的制度环境，推进基本医保的法制化和规范化发展；以国家医疗保障局的成立为契机，建立统一的医保管理体制，明确各行为主体责任，构建相互协作、互动良好的社会保险管理关系；推进整合型基本医保制度的成熟和定型，确保基本医保的普惠性和公平性；同时不断完善医保给付机制，实现城乡居民的支付水平和医保待遇与经济社会发展水平相适应。

参考文献

1. 白重恩，李宏彬，吴斌珍. 医疗保险与消费：来自新型农村合作医疗的证据. 经济研究，2012，47（2）：41-53.

2. 程梓瑶. 完善我国农村三级医疗卫生服务体系研究. 安徽财经大学，2017.

3. 国务院发展研究中心农村部课题组. 从城乡二元到城乡一体——我国城乡二元体制的突出矛盾与未来走向. 管理世界，2014（9）：1-12.

4. 孔祥智. 新中国成立70年来城乡关系演变. 教学与研究，2019（8）：5-14.

5. 鲁轶. 改革开放以来中国农村基层医疗卫生工作的历史考察. 武汉大学，2012.

6. 唐昌敏，等. 城乡居民医疗保险制度整合的必要性和可行路径分析走向. 中国卫生经济，2016（5）：38－40.

7. 王俊华. 城乡基本医疗保险制度衔接模式比较研究. 苏州大学学报（哲学社会科学版），2009（6）：21－24.

8. 翁凝，孙梦洁. 中国农村基本医疗保障制度变迁. 管理现代化，2020，40（1）：53－55.

9. 张永辉. 中国农村合作医疗制度研究. 西北农林科技大学，2009.

10. 郑功成. 从整合城乡制度入手建设公平普惠的全民医保. 中国医疗保险，2013（2）：8－10.

11. 郑先平，巩奕彤，刘雅，吴海波. 新时期城乡居民医保整合发展思考. 中国卫生经济，2019（2）：27－29.

第六章　农村社会保障体系建设：全面小康的公平先锋[①]

近年来，我国农村社会保障体系逐步建立并不断完善，该体系包括农村养老保障制度、农村居民最低生活保障制度、农村残疾人生活保障制度、农村五保供养制度和社会救助体系以及其他各项社会保障制度。随着农村社会各项保障水平不断提高、保障支付能力不断增强，农村社会保障体系在提高农村居民生活水平、促进城乡一体化、维护社会稳定等方面发挥着至关重要的作用。在我国独特的现实背景下，农村社会保障体系对农村居民生活质量提升、农村地区社会风貌改善以及国家整体社会保障工作都起到了不可或缺的积极作用。

第一节　老有所养：由家庭为主到社会共担

一、农村养老保障概念界定

一直以来，国家社会保障工作都着力为人民群众谋福利，改善人民生活水平。在中国，不可忽视的是农村地区的社会保障工作，其中养老问题是我国农村社会保障工作中的重点内容，亦是难点突破口。每个人都会经历生老病死，当人迈入老年而不能自给时，就对养老产生了需求。养老是社会保障中的关键环节之一，对改善民生、提升人民幸福感有积极的作用。而养老方式根据参照标准不同，其分类也呈现差异化。通常而言，养

---

① 执笔人：李琦、李思雯。

老方式的分类标准有养老的地点、养老的经济供给、养老的居住模式等，涵盖了包括家庭、社区和市场化机构等多方主体。其中，家庭养老、社区养老、社会养老是我国农村现阶段主要的养老模式类型。家庭养老是指以家庭子女为供应主体，从经济、物质和精神层面负担供养父母或家中长辈的老年生活的养老方式。社区养老是以社区组织为主体，服务于老年人日常生活与精神宽慰的养老方式。社会养老是指以国家政府、社会各界为供给主体，向老年人提供经济上的支持与生活上的照料服务的养老方式。

二、社会背景与现实背景

（一）社会背景

当前，中国农村养老主要面临人口老龄化加速、城镇化发展与传统孝文化等多重社会背景。其一，当前我国人口老龄化形势严峻，带来了社会经济发展的诸多问题。从横向地区角度看，老龄化是全球性的难题。在老龄化程度和老年人口数量等方面，在全球范围内，我国都排名靠前。从纵向时间角度看，早在 20 世纪末，中国就已经进入老龄化社会。随后，中国的老年人数量规模持续扩大，老年人口占总人口的比重也不断提升。20 世纪初至 2018 年，我国的老年人口（60 岁及以上）数量从 1.26 亿一路增长到 2.49 亿，老年人口占总人口的比重也从 10.2% 提升到 17.9%。① 而从城乡角度看，相较于城市，农村的人口老龄化问题更为严重。其二，中国城镇化发展迅速，城镇化进程虽然有利于打破城乡二元结构，推进城乡统筹发展，但也导致了农村年轻劳动力的流失，一方面提升了农村的老龄化程度，另一方面，失地农民的现象随之出现，同时，农民手里土地的养老保障作用不断弱化，由土地所带来的收入越来越无法支撑农村居民养老的基本开支。其三，中国农村地区养老文化深厚，"百善孝为先"的文化传统仍然深刻影响着农村地区，"养儿防老"的思想观念仍广泛流行于农

---

① 中共中央　国务院印发《国家积极应对人口老龄化中长期规划》. 中国政府网，2019 - 11 - 21.

村地区，这一方面为应对人口老龄化、提倡更科学合理的家庭养老模式提供了思想观念上的铺垫，另一方面，也使得农村地区家庭养老的传统思想深入人心，难以更好、更快地接受社区养老和机构养老，不利于新型养老模式的发展与推广。

（二）现实背景

中国农村养老还面临农村地区特有的现实背景。具体而言，现阶段我国农村老年人口在生活照看、精神慰藉和资金来源等方面的状况都具备不同于城镇的特殊性。

1. 对生活照看的需求更强烈

2014 年中国老年社会追踪调查（China Longitudinal Aging Social Survey，CLASS）的统计结果显示，农村老年人日常生活需要照看和帮扶的比重分别是 54.6% 与 28.7%，均高于城市。一方面，在农村，由于农业生产劳动对身体劳损影响较大，农村居民迈入老年阶段，身体健康状况不如从前，许多由于生产劳动带来的疾病在老年阶段显现。从总体上看，农村老年人身体健康情况不及城市老年人。另一方面，相较于城市普及完善的基础设施，农村地区的社区基础设施建设较差，使得农村老年人的生活不如在城市方便利民。因此，与城市老年人相比，农村老年人更加需要良好的生活照看。

2. 对经济扶持的需求更强烈

受到劳动力收入、社会保障政策多方面因素的影响，农村老年人的平均收入储蓄水平明显低于城市老年人，同时农村老年人的经济来源多依靠子女和自身劳动，依靠社会养老金的比例低，经济来源更为缺乏，因而，农村老年人对多途径、多渠道的经济支持有更为强烈的需求。

3. 对精神慰藉的需求更强烈

越来越多的农村老年人成为村里的"留守老人"或是"独居老人"，这些老年人缺乏对话交流的窗口，找不到抒发情感、表达自我的途径，农村老年人相对于城市老年人有更多的抑郁情绪和孤独感，因此，农村老年人更加渴求获得精神层面的抚慰和充实。

三、政策概况与发展现状

（一）政策概况

农村养老保障政策概览见表 6-1。

表 6-1　农村养老保障政策概览

年份	文件名	政策内容
2008	《中共中央关于推进农村改革发展若干重大问题的决定》	贯彻广覆盖、保基本、多层次、可持续原则，加快健全农村社会保障体系。按照个人缴费、集体补助、政府补贴相结合的要求，建立新型农村社会养老保险制度
2009	《国务院关于开展新型农村社会养老保险试点的指导意见》	探索建立个人缴费、集体补助、政府补贴相结合的新农保制度，将政府财贴纳入保障资金来源
2011	《国务院关于印发中国老龄事业发展"十二五"规划的通知》	社会养老服务体系建设规划（2011—2015年）提出构建"以居家为基础、社区为依托、机构为支撑"的养老服务体系，首个建设社会养老保障体系的专项规划得以制定
2012	《中华人民共和国老年人权益保障法》（2012 年修正）	"养老服务"第一次被写入老年人权益保障法。农村养老服务从五保供养中分离出来，成为一个独立的领域
2017	《国务院关于印发"十三五"国家老龄事业发展和养老体系建设规划的通知》	部署安排了"十三五"期间全面应对人口老龄化的重点工作，指出要加大建设农村养老服务体系的力度
2018	《乡村振兴战略规划（2018—2022 年)》	部署安排了"加快建立以居家为基础、社区为依托、机构为补充的多层次农村养老服务体系"的工作任务
2019	《国务院办公厅关于推进养老服务发展的意见》	提出为经济困难失能老人、计划生育特殊家庭老年人提供无偿或低收费托养服务的工作重点，各地农村敬老院逐步改善设施条件，进一步向有需要的老人开放

资料来源：根据有关政策文件和法律整理。

2009 年国务院发布的《国务院关于开展新型农村社会养老保险试点的指导意见》，是我国农村养老保障制度开始建立的标志。新型农村社会养老保险（简称"新农保"）制度的不断发展，农村养老保障制度体系的不断完善，使得我国农村养老事业实现了质的飞跃。事实上，我国农村养老保障工作不仅仅指养老保险工作，还囊括了农村养老供给主体、服务对象、养老方式等多维度、多主体的农村养老服务体系建设。

《乡村振兴战略规划（2018—2022年）》中指出要"加快建立以居家为基础、社区为依托、机构为补充的多层次农村养老服务体系"；2019年中央一号文件《中共中央　国务院关于坚持农业农村优先发展做好"三农"工作的若干意见》也明确要"支持多层次农村养老事业发展"；2020年中央一号文件重点关注农业社会保障工作，提出要"完善农村留守儿童和妇女、老年人关爱服务体系，支持多层次农村养老事业发展，加强和改善农村残疾人服务"。在诸多国家政策文件的支持与指导下，我国农村养老服务体系在服务对象、服务类型、服务供给主体、服务内容等方面不断发展演变，表现为服务供给主体从单一主体转变为多元主体；服务对象从鳏寡老人扩展至更大规模的老年弱势群体；服务类型从家庭照料为主转向居家、社区、机构等多种类型服务共同发展；服务内容从维持老年人基本生存升级到满足老人多层次多样化需要。① 目前我国农村养老服务并未建立完善的体系网络，反而存在碎片化特点，养老模式以家庭养老、社区养老及社会养老为主，共同构成我国农村养老服务体系的核心内容。而这三种养老模式在当前我国农业社会养老中有着各自独特的定位与功能，同时均面临诸多发展挑战：其一，家庭养老模式是我国最基本也是最普遍存在的养老模式。然而我国农村在社会和经济方面发展变化迅速，农村家庭养老模式开始呈现出农村老人被动自我养老和商业化养老方式兴起的特点；其二，农业社区养老模式也逐渐兴起，这类模式由村委会或社区居民委员会组织，服务于村落或农村社区，但目前其起步和推广发展较为艰难；其三，社会养老模式的特点在于，其载体以市场化的养老院、敬老院、老年

---

① 黄俊辉. 农村养老服务供给变迁：70年回顾与展望. 中国农业大学学报（社会科学版），2019，36（5）：100-110.

公寓等养老机构为主，但其运行效率也较低，尚未形成可持续的发展路径。

（二）农村养老保险制度

农村养老保险制度是为了保障农村老年人基本生活，国家、社会和农村居民通过一定方式筹集保险基金，使农村居民获得养老金的规范体系。

我国农村养老保险制度先后经历了三个发展阶段：1992—2009 年的"老农保"、2009—2014 年的"新农保"和 2014 年以来的"城乡居民基本养老保险"。2014 年 2 月，国务院发布《国务院关于建立统一的城乡居民基本养老保险制度的意见》，做出合并新农保和城居保的决定，提出建立统一的城乡居民基本养老保险制度，由此开创了统筹城乡社会保障制度的新阶段。并提出"2020 年前，全面建成公平、统一、规范的城乡居民养老保险制度，与社会救助、社会福利等其他社会保障政策相配套，充分发挥家庭养老等传统保障方式的积极作用，更好保障城乡居民的老年基本生活"的农村养老发展目标。

实行城乡居民基本养老保险制度以来，我国城乡社会养老保障体系一体化进程加速推进，为统筹城乡发展、城镇化高质量发展搭建了制度的"砖瓦"。该制度的实行使得我国养老保障水平有了显著提升，城乡居民基础养老金最低标准从 2009 年的 55 元/月分两次提高到 2018 年的 88 元/月，为农村居民的养老生活提供了基础经济来源的保障。同时，城乡居民基本养老保险制度进一步缩小了城乡在社会福利领域的差距，也有利于城乡社会的和谐统一。

四、农村养老保障工作成效

（一）社会养老城乡一体化，加速城镇化进程

当前我国农村养老工作处于社会养老发展的进程中，体现在：其一，多元主体共同承担农村社会养老保险的资金投入，2011 年 7 月 1 日实施的《中华人民共和国社会保险法》第二十条明确了"新农保"实行个人缴

费、集体补助和政府补贴相结合的筹资模式，在法律层面上为资金筹集提供了保障。其二，城乡居民基本养老保险制度的建立，淡化了城乡二元概念，使得农村养老保险有机融入我国整体社会养老保险制度体系中，为城乡一体化发展装上了加速器。其三，诸多政策的发布、实施与推进，带动了我国社会养老保障事业向更高质、更完善、更综合的方向前进，体现在两大体系的逐步建立：一是多支柱、全覆盖、更公平、可持续的社会保障体系得以建立，二是以居家为基础、社区为依托、机构为补充、医养相结合的养老服务体系也逐渐完善。

（二）经济供养多主体承担，保障水平不断提高

在经济供养上，农村养老不再仅仅由个人或家庭负担，负担主体从一方变为多方，包括个人、集体与政府，其中政府补贴部分逐年增加，持续提升农民的养老金水平，给农民养老带来更多实惠，一方面增强了农民参保的动力，另一方面提升了农村居民的养老生活水平。截至 2018 年底，城乡居民基本养老保险覆盖了全国 2 195 万 60 岁以上的贫困老人，有 2 741 万贫困人口接受了代缴保费，4 936 万贫困人口从城乡居民基本养老保险使中享受到真实益处。截至 2019 年底，全国有 53 266 万人参加了新农保，全年新农保基金收入 4 020 亿元，支出 3 114 亿元（见表 6-2）。

表 6-2　2008—2019 年新农保推进情况

年份	参保人数（万人）	领取待遇人数（万人）	基金收入（亿元）	其中：个人账户（亿元）	基金支出（亿元）	基金结余（亿元）
2008	5 595	512	—	—	56.8	499
2009	8 691	1 556	—	—	76	681
2010	10 277	2 863	453	225	200	423
2011	32 643	8 525	1 070	415	588	1 199
2012	48 370	13 075	1 829	594	1 150	2 302
2013	49 750	13 768	2 052	636	1 348	3 006
2014	50 107	14 313	2 310	666	1 571	3 845
2015	50 472	14 800	2 855	700	2 117	4 592
2016	50 847	15 270	2 933	732	2 150	5 385

续表

年份	参保人数（万人）	领取待遇人数（万人）	基金收入（亿元）	其中：个人账户（亿元）	基金支出（亿元）	基金结余（亿元）
2017	51 255	15 598	3 304	810	2 372	6 318
2018	52 392	15 898	3 838	—	2 906	7 250
2019	53 266	—	4 020	—	3 114	

资料来源：人力资源与社会保障部 2008—2018 年历年《人力资源和社会保障事业发展统计公报》。

注：2012 年以后（包括 2012 年）的数据为城乡居民社会养老保险数据。

（三）养老服务模式多元化，减轻家庭养老负担

在养老服务的具体模式上，农村养老不再局限于单一家庭养老而是呈现模式多样化趋势。目前，我国部分发达农村地区形成了形式多样、覆盖广泛的社会养老服务网络，开展社区照料服务活动。例如，建立综合性的养老服务中心，主要功能有上门送餐、家政保洁、康复护理、组织文体娱乐活动等，全面提升老年人的综合身心养老水平。另外，通过深入开展敬老活动，发挥社会各界、政府各级各部门在社会事业上的带头作用，积极为老年人办实事、解难事、做好事，营造敬老爱老的良好氛围。[①] 养老服务模式的多元化，使得养老负担被各主体分摊，子女身上的养老压力得到缓解，也更有利于年轻人专注于自身事业的发展。同时，服务模式不断创新发展，使农村老年人的生活也愈发充实丰富，生活质量明显提升。

五、农村养老保障存在的问题

（一）养老保障水平有待提高，保障质量较低

当前，我国农民的养老保险待遇水平仍较低，无法很好地满足农村老年人的基本生活开支需要。城乡居民的基础养老金在地域上也存在差异性。同时，我国农村老年人的养老需求并不仅仅是单一的经济开支，加速发展的农村经济使得农村老年人渴求在精神领域获得来自子女、社区及社

---

① 舒奋．从家庭养老到社会养老：新中国 70 年农村养老方式变迁．浙江社会科学，2019（6）：83－91＋157－158．

会的照料和关注。因而，仅凭农村养老保险对农村老年人进行经济上的帮扶，难以全面保障农村养老的质量和效果。

（二）家庭养老负担仍然较重，多元化养老模式作用不明显

虽然我国农村养老保障服务体系已呈现出多主体、多元化模式的特点，但家庭养老仍是目前我国农村养老最广泛、最基本的模式，家庭及子女还需要承担大部分的养老经济负担。在农村年轻劳动力迁移、城镇化进程加速的背景下，家庭养老模式逐渐落后，越来越难以适应农村老年人的多样化养老需求发展趋势。然而以社区养老、机构养老为代表的其他多元化的养老方式，尚不能及时填补家庭养老滞后所带来的养老市场缺口，新型养老方式的发展与组织管理模式存在效率较低、持续性较低的问题，对农村老年人的养老服务作用尚未充分发挥。

六、全面小康背景下的农村养老保障体系发展方向

（一）提高农村养老保障水平

根据相关政策文件要求，从地区公平性控制、年龄倾斜以及与其他社保待遇增长的衔接等多方面，综合完善城乡居民基本养老金动态调整机制，不断提升农村居民养老金水平；加强对农村低保工作的规范和监督，确保低保资金发放的精准性，并建立基础养老金正常调整机制；加大推广城乡居民基本养老保险基金委托力度，创新优化养老基金的投资管理模式。

（二）开发可持续家庭养老模式

我国农村家庭养老文化深厚，把握好家庭养老在农村养老保障工作的基础性地位，开发家庭养老的可持续路径，是符合我国农村实际情况的，还具有成本优势。一方面，对农村家庭子女进行养老尽孝的宣传教育，培育良好养老氛围，提升农村老人的幸福感。同时从激励层面，为承担老年人照料工作的家庭成员设置专项补贴制度，或是设立专项尽孝道德榜样名誉称号，调动家庭成员承担养老义务的积极性。另一方面，加强对农村老

人及其家庭成员的养老服务培训，提升子女养老照料及社区服务等方面的知识技能，进一步探索农村家庭与社区合作养老的长效机制。

（三）创新多元化社会养老保障模式

从长远来看，我国农村养老保障工作从宏观上规划布局，发挥多元化养老模式的比较优势，相辅相成，推动多主体、多层次、多阶段的综合养老服务体系的建立完善。尤其应加大对机构养老、社区养老等新兴养老模式的政策支持与资金投入，从质量水平、服务标准、运行机制、监督管理等方面着力，对社会养老服务主体与机构进行引导、规范和激励，调动多元化专业化主体加入农村养老保障事业的积极性。

第二节 贫有所补：最困难群众的兜底保障

一、农村低保概念界定

最低生活保障关系到一个国家的最困难群众的基本生存问题，关系到一个社会的稳定和公平问题，是社会保障体系中最基本的重点任务，也是国家扶贫攻坚工作的重点。我国的最低生活保障制度是国家对家庭人均收入低于当地最低生活保障标准的困难家庭给予现金性生活救助的社会救助制度。《社会救助暂行办法》（2014年）对最低生活保障制度的内涵进行了说明：一是明确该制度为国家性救助制度，二是规定了制度保障单位为家庭，三是规定以家庭人均收入低于当地最低生活保障标准的家庭为低保对象。

而农村低保制度是指各个地方政府的民政部门，参照省级民政部门的农村最低生活保障要求，考量本地农村居民最低生活物质条件的需要，拟定与当地事实情况相符的最低生活保障标准，将家庭年人均纯收入低于该标准的农村家庭成员纳入农村低保的制度保障体系，通过财政转移支付等再分配形式，为维持其全年所必需的基本生活提供物质条件的一项社会救助制度。①

二、政策概况与发展现状

（一）政策概况

近年来，我国在建设农村最低生活保障制度方面的政策频出（见表 6-3），在不同现实背景条件下，对低保工作进行了符合实际情况的部署与指导。其中，最重要的农村低保政策是先后于 2007 年、2012 年、2014 年和 2019 年颁发的《国务院关于在全国建立农村最低生活保障制度的通知》《国务院关于进一步加强和改进最低生活保障工作的意见》《社会救助暂行办法》《关于在脱贫攻坚中切实加强农村最低生活保障家庭经济状况评估认定工作的指导意见》，这四项政策文件分别标志着我国农村低保政策体系的建立、形成、法制化和标准化。

表 6-3 农村低保政策沿革

发布时间	发布单位	文件名
2007 年 7 月 11 日	国务院	《国务院关于在全国建立农村最低生活保障制度的通知》
2008 年 2 月 3 日	民政部、财政部	《民政部 财政部关于进一步提高城乡低保补助水平妥善安排当前困难群众基本生活的通知》
2010 年 11 月 11 日	民政部	《民政部关于进一步规范农村最低生活保障工作的指导意见》
2012 年 9 月 1 日	国务院	《国务部关于进一步加强和改进最低生活保障工作的意见》
2012 年 12 月 12 日	民政部	《最低生活保障审核审批办法（试行）》
2014 年 2 月 21 日	国务院	《社会救助暂行办法》
2015 年 3 月 10 日	民政部、国家统计局	《民政部 国家统计局关于进一步加强农村最低生活保障申请家庭经济状况核查工作的意见》
2016 年 9 月 27 日	国务院办公厅（转发）	《国务院办公厅转发民政部等部门关于做好农村最低生活保障制度与扶贫开发政策有效衔接的指导意见的通知》

---

① 高翔，李静雅，毕艺苇. 精准扶贫理念下农村低保对象的认定研究——以山东省某县为例. 经济问题，2016（5）：73-79.

续表

发布时间	发布单位	文件名
2019 年 12 月 19 日	民政部、国家统计局	《关于在脱贫攻坚中切实加强农村最低生活保障家庭经济状况评估认定工作的指导意见》

资料来源：根据有关政策文件和法律整理。

2007 年《国务院关于在全国建立农村最低生活保障制度的通知》的发布，是我国农村最低生活保障制度建设的起点。该通知指出，要广泛实行农村最低生活保障，并对农村低保制度的目标和总体要求进行了明确，在保障标准、保障对象、资金来源以及管理体制等方面做出了原则性规定。在该政策出台后，最低生活保障体系中有了农村地区的一席之地，城乡一体化在社会保障事业中取得突破性进展，而最低生活保障制度也呈现出保障对象全民化的特点。由此，在全国范围内农村最低生活保障制度不断推广开来，并迅速成为中国农村最重要的民生政策之一，对保障农村贫困人口基本生存权、发展权起到了至关重要的作用。

2012 年《国务院关于进一步加强和改进最低生活保障工作的意见》明确在最低生活保障的申请审核环节中，乡镇人民政府是责任主体，并且将低保审核程序的重心由村级民主评议变更为乡镇审核，使得全国范围内以乡镇为主体单位的农村最低生活保障工作走上正轨。

进一步地，社会救助体系的建设完善离不开法律层面的制度建设与支撑。2008 年 8 月 15 日，国务院公布了《中华人民共和国社会救助法（征求意见稿）》，标志着我国社会救助工作迈入法制化阶段。这一时期的工作重点逐步由建制转向具体执行，开始对制度的细节进行完善。《社会救助暂行办法》自 2014 年 5 月实施以来，对农村低保相关工作内容提出规范化要求，使之趋于法制化和规范化。

在 2015 年《中共中央 国务院关于打赢脱贫攻坚战的决定》中，最低生活保障制度也成为精准脱贫"五个一批"措施的一个兜底性措施，包含医疗保障、教育保障、居民生活最低保障等方面。随着城乡居民最低生活保障政策的相继出台和完善，有效推进了全面建成小康社会的实现步伐。2019年发布的《关于在脱贫攻坚中切实加强农村最低生活保障家庭经济状况评估认定工作的指导意见》，则聚焦农村最低生活保障家庭经济状况评估认定指标体系的建立工作，并对评估认定办法方式和保障对象认定精准度提出了具体的工作要求，有效推进农村最低生活保障工作向规范化、精准化、便利化靠近，最终更好地发挥该项工作在现今关键阶段不可或缺的关键性作用。农村低保政策沿革见表6-3。

（二）发展现状

根据民政部统计数据，截至2018年底，全国有1 007.0万人次的城市低保对象，覆盖了605.1万户家庭。全国城市低保平均保障标准为579.7元/人·月，同比增长7.2%。全年支出城市低保资金575.2亿元。全国有3 519.1万人次的农村低保对象，覆盖了1 901.7万户家庭。全国农村低保平均保障标准为4 833.4元/人·年，比上年增长12.4%。全年支出农村低保资金1 056.9亿元。从2007年开展农村最低生活保障工作以来，我国农村最低生活保障（即"低保"）标准逐年提高（见表6-4）。在2019年12月25日在第十三届全国人民代表大会常务委员会第十五次会议上，《国务院关于加强社会保障体系建设助力打好精准脱贫攻坚战推进社会救助工作情况的报告》中提到，"从2017年底开始，全国所有县（市、区）农村低保标准均已达到或超过国家扶贫标准"。而保障人数呈现由增到减的趋势，这也反映出该项工作从最开始的推广普及到后来的集中缩减，可以从侧面看出脱贫工作的突出成效。

表6-4　2007—2018年我国农村低保运行情况

年份	保障户数（万户）	保障人数（万人）	发放保障资金（亿元）	其中：中央补助（亿元）	低保标准（元/人·月）	人均补助（元/人·月）
2007	1 608.5	3 566.3	109.1	—	70.0	38.8
2008	1 982.2	4 305.5	228.7	—	82.3	50.4
2009	2 291.7	4 760.0	363.0	255.1	100.84	68.0
2010	2 528.7	5 214.0	445.0	269.0	117.0	74.0
2011	2 672.8	5 305.7	667.7	502.6	143.2	106.1
2012	2 814.9	5 344.5	718.0	431.4	172.32	104.0

续表

年份	保障户数 （万户）	保障人数 （万人）	发放保障 资金（亿元）	其中：中央 补助（亿元）	低保标准 （元/人·月）	人均补助 （元/人·月）
2013	2 931.1	5 388.0	866.9	612.3	202.83	116.0
2014	2 943.6	5 207.2	870.3	582.6	231.42	129.0
2015	2 846.2	4 903.6	931.5	—	264.8	147.2
2016	2 635.3	4 586.5	1 014.5	—	312.00	—
2017	2 249.3	4 045.2	1 051.8	—	358.39	—
2018	1 901.7	3 519.1	1 056.9	—	402.78	—

资料来源：民政部 2007—2018 年《民政事业统计公报》。

三、农村低保工作成效

（一）制度体系逐渐成熟，工作标准逐渐完善

目前，我国农村最低生活保障制度趋于完善和稳定，制度框架内的工作思路更加清晰，工作要求更加细致，制度作用效果更加凸显。例如，2019 年发布的《关于在脱贫攻坚中切实加强农村最低生活保障家庭经济状况评估认定工作的指导意见》针对农村低保工作中家庭经济状况的评估认定工作提出了翔实全面的要求和规定，尤其是突出强调各主体的责任所在和工作重点，在辅助指标的认定方式、程序和标准等方面做到责任制。随着评估认定指标体系的建立完善和动态管理，农村最低生活保障工作越做越完善、越做越细致，制度体系建设也趋于成熟。

（二）缓解农村贫困，促进社会和谐

近年来，从总体来看，在农村社会救助体系中占据核心内容的最低生活保障制度，在解决农村困难居民温饱问题、缓解农村贫困状况等方面发挥了关键作用。由于该制度采用直接现金转移支付的方式，这类方式往往兼具直接性、显著性和实施成本低等特点，可以直接作用于支付对象家庭的收入增长与支出控制，进而缓解支出型贫困和收入型贫困。[①] 同时，随着低保政策的落地和救助金的发放，农村低保在一定程度上改善了受助者

---

① 左停. 创新农村发展型社会救助政策——农村低保政策与其他社会救助政策发展能力视角的比较. 苏州大学学报（哲学社会科学版），2016，37（5）：1-8.

的社会福利，提升了农村贫困群众对政府和社会的信任程度，增强了他们对未来生活的信心，减少了人民群众的担忧顾虑，有助于社会的和谐与稳定。

（三）农村低保制度与扶贫机制联动

自我国农村最低生活保障制度建立以来，农村贫困人口确实在不断减少，同时农村低保标准则不断提高，推动我国扶贫开发工作迈入开发与救助两轮共同驱动的新阶段。2016 年国务院办公厅转发民政部等 6 部委发布的《关于做好农村最低生活保障制度与扶贫开发政策有效衔接的指导意见》，第一次以正式文件的形式提出要将扶贫开发和农村低保衔接，要求在解决贫困人口温饱的基础上促进收入增长。增强扶贫政策和低保制度的有机衔接，是面对目前我国农村发展现实情况的必要路径，是创新制度融合和提升政策效率的积极尝试，也是推动 2020 年消除农村贫困人口、实现全面脱贫目标的关键环节。具体来看，一方面，我国将自身缺乏发展能力的农村贫困人口纳入低保制度体系中，通过直接"输血"的兜底性方式救助这部分人，维持其最基本的生活水平；另一方面，对自身具备发展能力的农村贫困人口给予多元化帮助扶持，通过"造血"的方式提高其自我发展能力，帮助其脱贫后找到可持续发展的致富之路，从而形成了低保制度维持困难群众基本生存、扶贫工作促进帮扶对象持续发展的脱贫攻坚新型格局。

四、农村低保工作存在的问题

在建立和发展社会救助制度的过程中，农村居民最低生活保障的重要性不言而喻，关系到我国城乡发展的基础水平提升。然而现行制度在标准落实、动态管理等制度建设方面仍有不足，同时直接"输血"式的救助模式也给救助供应主体带来了过重的负担，使得这项制度承载了过多的救助责任，也对救助对象产生了一系列的"副作用"。

（一）低保识别评定难度大，动态管理水平不足

对于农村居民收入的识别工作一直都是低保工作中的关键环节与难点

问题，如何精准识别农村家庭的收入情况，是国家及地方各级政府要重点关注与投入心思的突破口。尽管农村最低生活保障家庭收入识别认定指标在国家层面上得到了规定，但并不阻碍各地各级政府实事求是，发挥工作创造力，在国家标准的框架下因地制宜地制定科学的评估认定方法。再者，农村低保工作是一项长期性的社会救助工作，如何在农村经济社会情况日益变化的背景下实现长期可持续的有效动态管理，也是诸多困难中较突出和棘手的问题。

（二）"输血"式救助，受助者发展能力不足

相较于就业或创业激励，农村低保的"输血"式救助，传递的是"现钱"，给我国的社会救助工作带来了诸多问题，对救助对象带来了"副作用"。例如，根据每人每年纯收入为 2 300 元（以 2010 年为不变价格）的农村贫困标准，2018 年底我国农村贫困人口就有 1 660 万人[①]，其中完全丧失劳动能力的人数仅占少部分，绝大部分是具备了一定劳动能力的人。然而，2018 年我国农村低保人数高达 3 519 万，可见在农村低保救助对象这一群体中，具有劳动能力的人也占有相当比例。因此遗憾的是，最低生活保障制度对低保户再就业的激励程度较低，对保障对象的就业支持政策力度不足，容易造成救助对象就业意愿降低，出现"救助依赖"现象，因此对救助对象的发展影响不大，长远来看，较难改变救助对象的贫困状况。

五、农村低保工作改进方向

当前，我国脱贫攻坚工作已到了全面收官、决战决胜的重要关头，为进一步保障农村低保制度的持续完善与健康运行，增强我国的社会救助保障能力，可重点从以下四个方面进行改进：

（一）明确农村低保目标定位

农村低保制度的目标定位是该制度运行过程中首先需要考虑与明确的

---

① 国家统计局 . 2018 年国民经济和社会发展统计公报 . 国家统计局网站，2019 – 02 – 28.

问题。在低保工作过程中，应该尽量避免实际对象目标与政策定位目标出现偏差甚至完全不一致的现象。应当进一步明确和规范农村低保制度的目标群体，推进农村最低生活保障对象的识别和认定工作逐步精准化，使农村低保制度能真正有效地为农村困难群众谋福祉、解难题。

（二）创新农村低保救助方式

目前现金救助的方式过于单一，缺乏灵活性，可尝试购买第三方专业社会救助服务，逐步探索从单一的现金救助向多元化的救助方式的可能路径。另要兼顾现金生活救助和就业救助，对制度规定受助对象要救助到位，对不合规受助对象要善于转变救助方式，提高制度弹性。

（三）加大农村低保财政投入

增强农村地区最低生活保障资金投入力度。从地区层面看，尤其针对保障规模较大、保障资金缺口较大的地区，要适时加大资金补给；从中央与基层经费比例层面看，要重点关注基层低保工作的经费投入情况，优化中央财政投入下沉机制，设立基层低保专项经费管理制度，保障基层低保工作经费的充足性；从经费投入落实效果层面看，应当设定相应的资金花费监督制度，从而保证专项财政投入真正花到了该用的地方，产生了实际作用效果。同时，还可加强相关的宣传教育，引导带动社会各界和个人主动开展系列扶贫活动，有效促进社会救助工作与社会慈善事业的融合与衔接。

（四）培养农村低保工作人员

农村低保的基层工作人员是低保制度执行过程中的主力军，会对2020年全面小康社会目标的实现进程产生直接的影响。因此，在执行各项农村低保政策时，要重点培训基层工作队伍的工作技能与素质水平，设置专员监督基层低保工作的执行过程与作用效果。同时，可以建立基层干部责任制度，对低保工作中认真负责、工作业绩突出的基层干部实行荣誉授予等表彰奖励，鼓励基层干部下沉到农村，时刻关注低保工作最新进展与落实效果。强化低保政策运行监督机制，乡镇政府工作人员应定期深入基层了解政策执行情况，确保政策积极有效地实施。

第三节　残有所助：多项保障的有机结合

《第二次全国残疾人抽样调查主要数据公报》显示，我国残疾人口绝大部分为农村残疾人，所占比例高达 75.04%。然而，仅有 5.12% 的农村残疾人被纳入当地居民最低生活保障体系，11.68% 接受过各种社会救济。由此可见，我国农村残疾人的生活保障体系仍需进一步完善，了解其发展现状、认清需要改进的问题至关重要。本节将对农村残疾人就业、脱贫、家庭无障碍改造以及社会保障等方面的基本情况进行介绍，指出农村残疾人生活保障体系目前存在的主要问题，并且给出对应的政策建议。

一、基本情况

近年来，我国的农村残疾人事业发展较为迅速，农村残疾人生活条件有较大改善，生活保障体系建设的完善程度逐步提高。下面将从农村残疾人就业、脱贫、家庭无障碍建设、社会保障等方面说明自 2002 年党的十六大以来农村残疾人生活保障体系建设的基本情况。

（一）就业

自 2002 年以来，农村残疾人就业人数呈现出不断波动的趋势。2005 年农村残疾人就业人数达到了最高水平，为 1 803.4 万；而 2006 年农村残疾人就业人数直线下降为最低水平，为 1 672 万。2006—2009 年，农村残疾人就业人数不断攀升，之后的年份又出现了平缓的波动趋势。自 2012 年达到峰值 1 770.3 万后，农村残疾人就业人数呈现出急剧下降的现象。2015 年，农村残疾人就业人数为 1 678 万（见图 6-1）。

自 2016 年起，残疾人就业人数的统计指标发生了改变。《中国残疾人事业发展统计公报》开始统一公布残疾人就业人数指标，包括集中就业、公益性就业、个体就业以及从事农业种养加（即种植业、养殖业、农产品

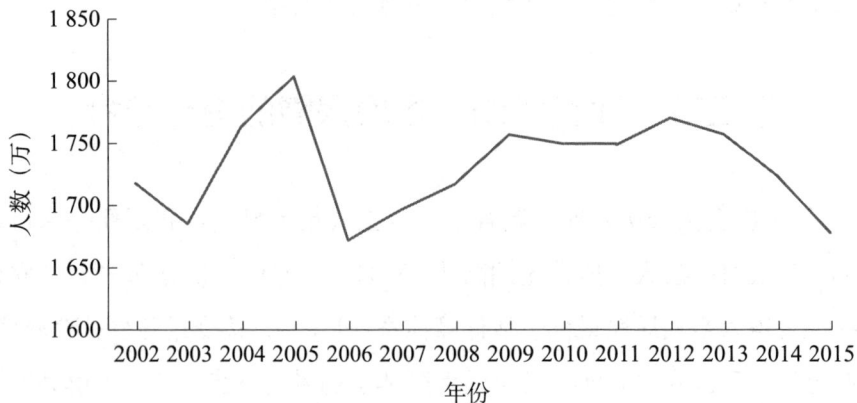

图 6 - 1　2002—2015 年农村残疾人就业人数的变化

资料来源：历年《中国残疾人事业发展统计公报》。

加工业）等就业形式的残疾人人数。如表 6 - 5 所示，2016—2018 年残疾人就业人数和从事农业种养加的人数呈现出逐年增长的趋势。2018 年残疾人就业人数为 948.4 万，从事农业种养加的人数为 480.1 万。通过 2016—2018 年的数据可知，目前我国农村残疾人就业人数逐步上升，就业形势稳中向好。

表 6 - 5　2016—2018 年残疾人就业人数

	2016 年	2017 年	2018 年
残疾人就业人数（万）	896.1	942.1	948.4
从事农业种养加的人数（万）	451.2	472.5	480.1

资料来源：历年《中国残疾人事业发展统计公报》。

（二）扶贫

为解决农村贫困残疾人的温饱问题，政府设立了康复扶贫贷款以提供专项信贷扶持资金。2015—2018 年的康复扶贫贴息贷款发放情况如表 6-6 所示。2015 年获得康复扶贫贴息贷款扶持的农村残疾人达到了 54.9 万人。自 2016 年起，该项贷款扶持人数仅在 2 万人左右，并且扶持人数逐年下降。2018 年有 1.3 万农村残疾人获得了康复扶贫贴息贷款扶持。

表 6 - 6　2015—2018 年康复扶贫贴息贷款扶持农村残疾人人数

	2015 年	2016 年	2017 年	2018 年
康复扶贫贴息贷款扶持农村残疾人（万人）	54.9	2.2	2.1	1.3

资料来源：历年《中国残疾人事业发展统计公报》。

　　针对部分农村贫困残疾人居住环境较为恶劣的现状，国家出台了危房改造的政策文件。相关规定指出，在进行农村残疾人危房改造工作时应优先安排经济困难的家庭，倾斜照顾无法自筹资金的家庭。[①] 2006—2018 年贫困残疾人危房改造的户数以及受益人数如图 6 - 2 所示，其呈现出了波动的趋势。2018 年有 11.3 万户农村贫困残疾人家庭完成了危房改造，受益人数达到了 13 万人。

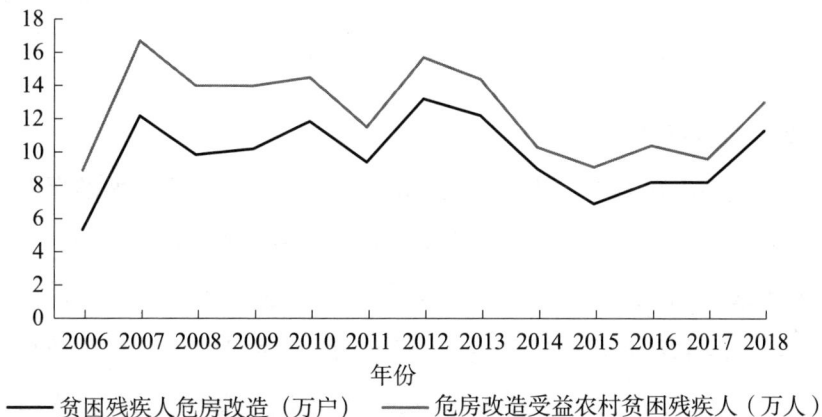

图 6 - 2　2006—2018 年贫困残疾人危房改造情况的变化

资料来源：历年《中国统计年鉴》。

（三）家庭无障碍建设

　　目前，农村残疾人的家庭无障碍建设面临的现实问题较为严峻。农村院内大多没有硬化道路，雨雪天路面较为泥泞；经过长时间的侵蚀，也会造成院内道路崎岖不平，不便残疾人通行。同时，农村的门口设置多包括门槛和台阶，在院落大门或堂屋入口处存在较高的门槛或台阶，也影响着行动不便残疾人的出行。在室内环境方面，农村房间空间较小，各个房间

---

① 资料来源为《中国社会政策进步指数报告（2018）》。

没有合理布局，影响轮椅的使用。部分农村残疾人家庭的厕所使用的是传统的旱厕，不方便残疾人使用。[①]

如表 6-7 所示，相对于城市残疾人，农村残疾人对家庭无障碍改造的需求明显偏高，且其需求所占比例逐年上升。但是残疾人家庭设施得到实际改造的比例小于其需求比。2018 年农村残疾人家庭无障碍改造需求占比达到了 86.07%，但已改造的占比仅为 82.89%。

表 6-7　2016—2018 年城乡残疾人家庭无障碍改造情况

年份	无障碍改造城乡需求占比（%）		无障碍改造城乡占比（%）	
	农业户口需求	非农业户口需求	农业户口改造	非农业户口改造
2016	84.52	15.48	74.25	25.75
2017	85.43	14.57	76.52	23.48
2018	86.07	13.93	82.89	17.11

资料来源：《中国残疾人家庭无障碍发展报告（2018）》。

（四）社会保障

农村残疾人在养老、低保、五保供养以及社会救助等方面的保障逐年改善，农村残疾人被纳入社会保障体系的人数在不断上升。如图 6-3 所示，新型农村社会养老保险的参保人数增长速率较快，从 2009 年的 158.9 万人迅速增长至 2012 年的 1 333.8 万人。由于统计口径的改变，本章以残疾居民参加城乡社会养老保险的人数来代替说明农村残疾人参加养老保险的情况。如图 6-3 所示，在 2013 年后参加城乡社会养老保险的人数上升有所趋缓。2017 年参加城乡社会养老保险的残疾居民增长至 2 614.7 万人。

如图 6-4 所示，农村残疾人纳入最低生活保障的人数逐年上涨，且变化趋势平稳。2015 年出现了小幅度的下降，纳入最低生活保障的人数为 826.3 万人次。农村残疾人接受五保供养以及相关社会救助的人数也呈现出较为平稳的上升趋势。2011 年的统计口径改成"五保供养及其他救助救济"，接受相关救助的人次达到了 261.2 万。

---

① 资料来源为《中国残疾人家庭无障碍发展报告（2019）》。

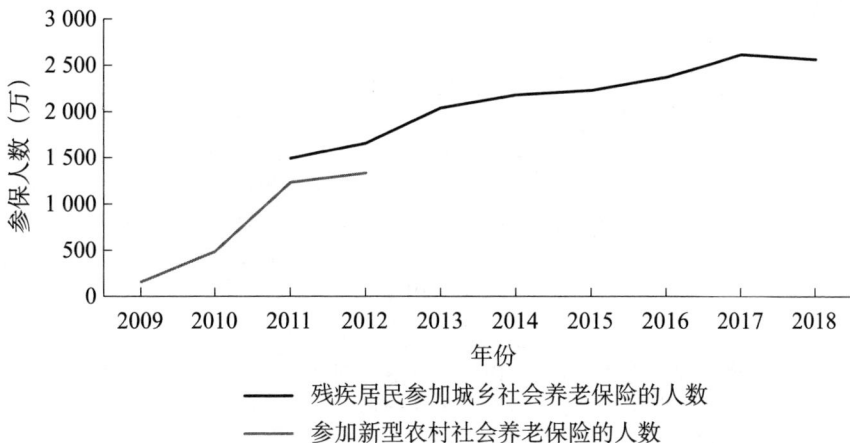

图 6-3 2009—2018 年残疾居民城乡养老保险参保情况变化

资料来源：历年《中国统计年鉴》。

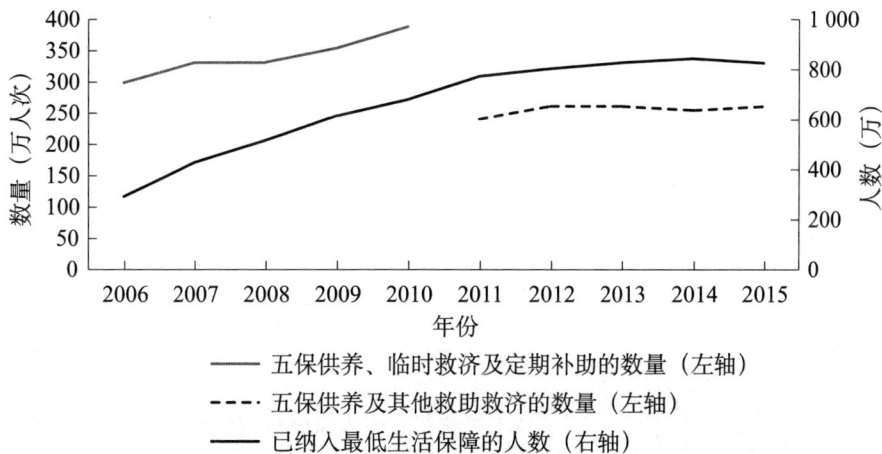

图 6-4 2006—2015 年残疾人社会救助变化情况

资料来源：历年《中国统计年鉴》。

二、政策梳理

近年来，在党的十六大"发展残疾人事业"和"全面建设小康社会"的政策理念指导下，党和政府有计划、有步骤地制定了农村残疾人在就业、脱贫、家庭无障碍改造以及社会保障等方面的发展战略，以此推进农村残疾人事业继续健康快速地发展（见表 6-8）。

表 6-8　党的十六大以来农村残疾人的政策沿革脉络

时间	文件名称	相关内容
1990 年通过，2018 年最新修订	《中华人民共和国残疾人保障法》	提出了残疾人保障体系建设的法律要求，明确了各部门及相关人员应承担的法律责任，为残疾人的生活保障问题提供了法律依据。其中，就农村残疾人的就业保障问题作出明确规定，地方各级政府和农村基层组织应当组织和扶持农村残疾人从事种植业、养殖业、手工业和其他形式的生产劳动
2001 年	《农村残疾人扶贫开发计划（2001—2010 年）》（已失效）	制定了"十五"期间农村残疾人扶贫目标以及基本方针，对工作形式、资金统筹以及责任部门进行了安排
2007 年	《残疾人就业条例》	关于农村残疾人就业的规定与《中华人民共和国残疾人保障法》一致
2008 年	《中共中央　国务院关于促进残疾人事业发展的意见》	对农村残疾人五保供养、养老保险、医疗救助以及无障碍设施等方面的建设作出了具体的工作指导
2012 年	《农村残疾人扶贫开发纲要（2011—2020 年）》	以五年为一个阶段制定了农村残疾人扶贫目标和在家庭收入、医疗救助、接受教育以及技术培训等方面需完成的任务
2013 年	《关于加强农业行业助残扶贫工作促进农村残疾人增收的通知》	从农村产业发展出发，重点对农村残疾人的生产组织以及经营管理方面提出了工作要求
2013 年	《住房城乡建设部　中国残联关于优先支持农村贫困残疾人家庭危房改造的通知》	就农村贫困残疾人家庭危房改造工作给出了方案，致力于改善农村贫困残疾人住房条件
2015 年	《国务院关于加快推进残疾人小康进程的意见》	对农村残疾人医疗保险、农村住房、扶贫、无障碍建设等方面给出了意见指导，提出了残疾人权益保障制度的发展目标
2016 年	《"十三五"加快残疾人小康进程规划纲要》	针对我国农村依然存在相当数量贫困残疾人的情况，对"十三五"规划期间农村残疾人脱贫的相关工作提出了要求，涵盖了农村贫困残疾人危房改造、扶贫工程项目实施等主要方面

续表

时间	文件名称	相关内容
2016 年	《贫困残疾人脱贫攻坚行动计划（2016—2020 年)》	结合残疾人及其家庭所面临的吃、穿、教育、医疗、康复和住房等方面的困难，制定了一系列的行动方案以及政策措施
2016 年	《无障碍环境建设"十三五"实施方案》	方案中针对农村无障碍建设较为落后的现实情况，鼓励采用政府购买服务和社会支持的方式开展农村残疾人家庭无障碍改造工作
2019 年	《关于全面建立困难残疾人生活补贴和重度残疾人护理补贴制度的意见》	针对城乡残疾人基本生活方面的困难，对生活补贴和护理补贴两项补贴制定了标准，并且指出各地应动态调整补贴以适应现实情况

资料来源：根据有关政策文件和法律整理。

三、总结

（一）取得的成效

党的十六大以来，农村残疾人生活保障的各项政策顺利实施，主要取得了以下几项成效：

一是就业形势较为乐观。近几年的残疾人就业人数以及从事农业种养加的人数显示，农村残疾人的就业人数出现了明显的回升趋势。而且《中国残疾人就业发展报告（2018)》显示，残疾人就业行业较为多元化，可选择包括农业种养加在内的多种就业方式。

二是扶贫力度不断增强。截至 2016 年底，农村有 588 万贫困残疾人顺利脱贫。[①] 农村贫困残疾人的补贴制度日趋完善，同时危房改造工程也顺利开展，危房改造户数以及受益人数一直处于稳定的水平。农村贫困残疾人的精准识别机制更加完善，为如期实现农村残疾人脱贫目标奠定了基础。

三是社会保障建设全面。农村残疾人社会保障体系在保障基本生活方面发挥着重要作用，农村残疾人养老保险、五保供养救助、生活补贴和照

---

① 资料来源为《贫困残疾人脱贫攻坚行动计划（2016—2020 年)》。

料补贴制度等政策推进效果较为显著，各项政策的参与人数也在逐年上升。

（二）主要问题

农村残疾人生活保障体系建设仍然存在较多亟须改善的问题，可概括为以下几个方面：

一是精准脱贫工作任重道远。农村贫困残疾人基数大，并且由于受教育程度低、行动不便等客观因素，农村贫困残疾人的脱贫难度较大。2015年，我国的农村残疾人中仍有近千万的贫困人口，占农村残疾人总数的20%。① 因此，农村残疾人精准扶贫工作仍然有艰巨的任务需要完成。

二是家庭无障碍改造程度低。农村残疾人家庭无障碍改造的难度大、需求多，改造任务较重。通过对比城乡农村残疾人家庭无障碍改造需求及完成情况可知，农村残疾人家庭无障碍改造需求及已改造完成的数量均高于城市残疾人，但其需求完成的比例低于城市残疾人。

三是配套机制有待完善。我国出台了残疾人康复扶贫贷款支持政策，但仍有部分残疾人因缺少有效的抵押物或找不到担保人而得不到国家的贷款扶持。部分地区将贫困残疾人视为"病人"或"无劳动能力的人"，这在很大程度上阻碍了残疾人就业政策的推进。

四、政策建议

针对农村残疾人生活保障体系建设存在的主要问题，结合2020年农村残疾人脱贫和实现全面小康的目标，本节提出以下几点政策建议。

第一，完善精准扶贫识别机制。找准人是实现精准扶贫目标的重要前提，应通过精准识别进行精准帮扶，从而实现精准脱贫。政府部门应关注农村贫困残疾人的脱贫、返贫等现状，实现动态管理和有效对接，确保不

---

① 周洪双.农村残疾人扶贫关键要"精准".光明日报，2015-10-28.

出现多报和遗漏的现象。

第二，增强家庭无障碍改造力度。为提高农村残疾人家庭无障碍改造比例，提高需求满意度，具体可采取以下措施：整合政府和社会资源，增加家庭无障碍建设的资金投入；加强相关政策的宣传，普及家庭生活设施改造的重要性和必要性的认识；加强相关技术指导和培训，在农村残疾人家庭推广无障碍设施。

第三，强化相关政策匹配机制。如对农村残疾人实行贷款免抵押物等政策，推进康复扶贫贷款政策落实；向农村残疾人提供平等就业机会以及符合相关条件的就业岗位，帮助农村残疾人形成自力更生的生活方式，加快脱贫解困的步伐。

第四节　弱有所依：对"鳏寡孤独"的社会救济

农村贫困人口面临生活水平低、收入得不到保障等问题，而农村五保供养制度和农村社会救助体系的建立形成了对农村弱势群体的有效保护机制，是对农村困难群体提供基本生活保障的重要途径。本节就农村五保供养制度和社会救助体系的基本现状、相关政策、目前取得的成效和主要问题展开介绍，并给出相应的政策建议。

一、基本情况

（一）五保供养

2006 年国务院颁布了《农村五保供养工作条例》（以下简称《条例》）。依据《条例》规定，农村五保供养为农村内无劳动能力、生活来源，并且没有法定赡养、抚养、扶养义务人，或者其法定赡养、抚养、扶养义务人没有相应能力的老年、残疾或未成年人，提供吃、穿、住、医、葬五个方面的生活照顾以及物质帮助。[①]

---

① 享受该项救助的人群被称为"五保户"。

农村五保供养主要可分为两种方式：集中供养和分散供养。① 集中供养指由专门的服务机构，如养老院、敬老院等机构为五保户提供统一服务；分散供养指五保户留在自愿选择的场所中，由村委会或村委会委托的村民进行照料，或由五保供养服务机构提供服务。

如图 6-5 所示，2002—2005 年农村五保供养户数呈现出迅速上升的趋势，并且增长速率不断增加。而自 2006 年《条例》实行以来，我国的五保供养总人数呈现出先上升后下降的趋势。总体来看，相比于选择集中供养的人数，农村五保供养选择分散供养方式的人数一直处于较高水平。选择分散供养方式的人数在《条例》开始实行时呈现出下降趋势，但近几年呈现出缓慢上升的趋势；而农村集中供养的五保人数呈现出先上升后下降的趋势，2015 年后下降趋势更加明显。2018 年，我国农村享受五保供养的人数为 455 万，其中 368.8 万选择了分散供养的方式，占总供养人数的 81.1%，选择集中供养的人数为 86.2 万，占比为 18.9%。

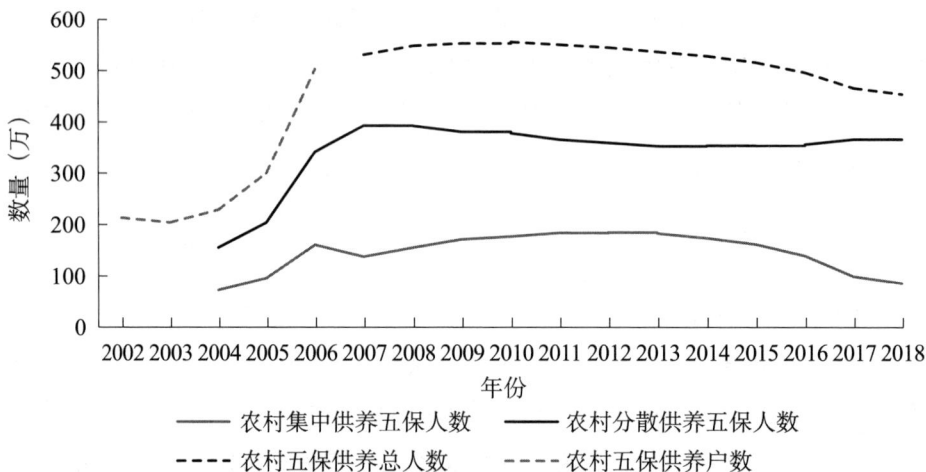

图 6-5　2002—2018 年农村五保供养人数的变化

资料来源：历年《中国民政统计年鉴》。

————————

① 在农村五保供养的实践过程中还出现了五保村的形式，因为此种形式未出现在《农村五保供养工作条例》中，本节不再详述。

　　我国五保供养的年平均标准如表 6-9 所示。历年集中供养的年平均标准高于分散供养的年平均标准，两种供养方式的标准也在逐年上升。2015 年集中供养年平均标准为 6 025.7 元/人，而分散供养年平均标准为 4 490.1 元/人。农村五保供养投入资金也呈现出平稳上升的趋势，2018 年投入资金 306.9 亿元，相较 2017 年增加了 13.9%（见图 6-6）。

表 6-9　2013—2015 年农村五保集中供养和分散供养标准

年份	集中供养年平均标准（元/人）	分散供养年平均标准（元/人）
2013	4 685.0	3 499.0
2014	5 371.0	4 006.0
2015	6 025.7	4 490.1

资料来源：历年《中国民政统计年鉴》。

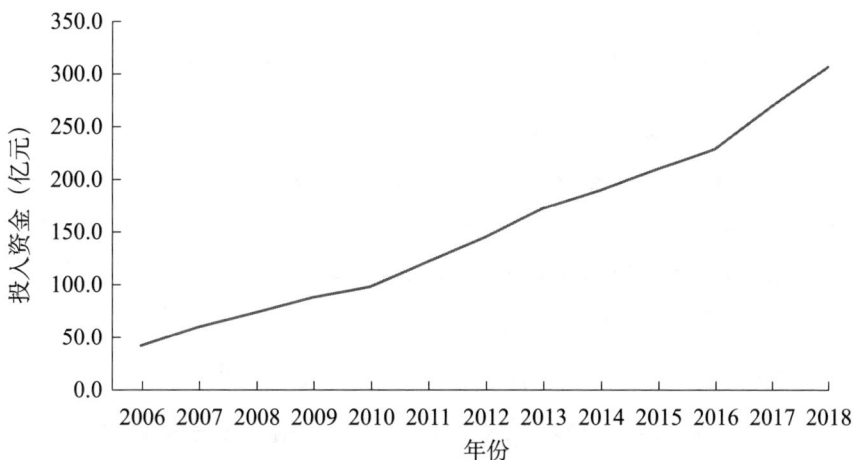

图 6-6　2006—2018 年农村五保供养投入资金的变化

资料来源：历年《中国民政统计年鉴》。

（二）社会救助

　　农村社会救助指政府为农村中因个人条件、自然灾害等因素而处于生活困境的成员提供资金等方面的帮助，以保障其基本生活的政策。农村社会救助是农村社会保障体系中的政策性举措，也是促进社会公平、维护社会稳定的基础性安排。党的十六大以来，党和政府对保障和改善民生给予高度重视，农村社会救助体系日趋完善。

如图 6-7 所示，2002 年以来，我国农村社会救助总人数呈现出先上升后下降的趋势。2002—2013 年农村社会救助总人数总体为 S 形的上升趋势，其增长率先上升后下降。而自 2013 年起，农村社会救助总人数开始出现下降趋势。2016 年农村社会救助总人数为 5 143.6 万。

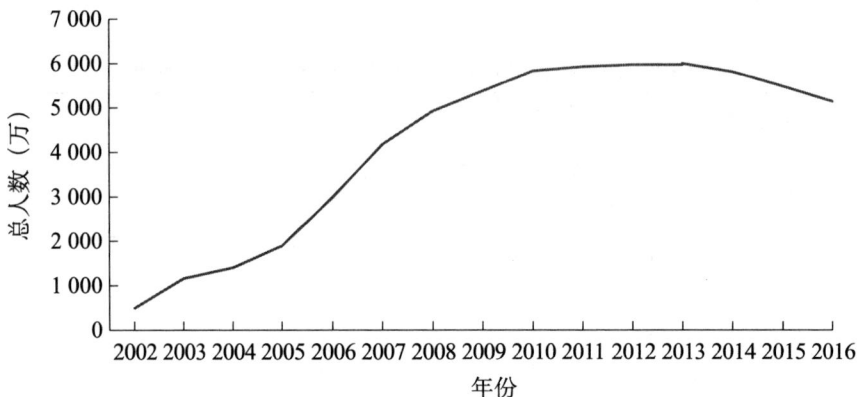

图 6-7　2002—2016 年农村救助总人数的变化

注：由于统计口径的改变，2002—2006 年农村社会救助总人数为农村最低生活保障人数与农村特困户救助人数之和；2007—2016 年农村社会救助总人数为农村最低生活保障人数、农村特困人员集中供养人数、农村特困人员分散供养人数以及传统救济人数之和。

资料来源：历年《中国民政统计年鉴》。

如图 6-8 所示，2002 年以来农村社会救济费用逐年上升。2007—2011 年的农村社会救济费增长率较高，近几年增长率趋缓。2018 年农村社会救济费为 1 363.8 亿元，相比 2017 年增长了 3.2%。农村社会救济费占民政事业费支出总额的比重处于不断波动的状态，但总体为上升的趋势，2015 年农村社会救济费占民政事业费支出的比重为 24.8%。

二、政策梳理

自党的十六大以来，中央陆续出台多项政策，对农村五保供养和社会救助的保障范围、资格认定、救助内容、组织管理以及政策保障等方面进行了明确规定，以下就历年相关政策文件进行详细分析。

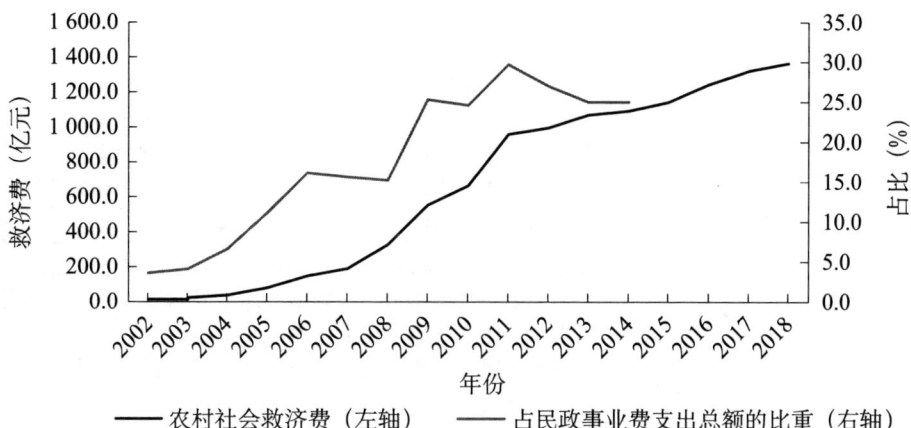

图6-8 2002—2018年农村社会救济费的变化

资料来源：历年《中国民政统计年鉴》。

（一）五保供养

五保政策最早于1956年提出，经过了较长的时间沉淀，逐步发展完善。本节对党的十六大后，即2002年后的五保供养政策进行详细介绍（见表6-10）。

表6-10 十六大以来农村五保供养制度的政策沿革脉络

年份	文件名称	相关内容
2004	《关于进一步做好农村五保供养工作的通知》	2004年，我国实行农业税费改革，五保供养政策失去了一部分资金来源渠道，这对工作的后续开展产生了较大的挑战。因此该通知就五保供养的资金筹集以及用途等问题作出了要求，为加强资金管理和落实资金使用提供了政策依据。同时，对五保供养的集中服务机构——敬老院的建设提出了工作要求，支持五保户选择集中供养的方式
2006	《农村五保供养工作条例》	定义了"农村五保供养"的内涵，明确了五保供养的对象范围、应提供的服务内容以及服务形式，对监督管理的方法、违反相关规定的后果以及相关的责任部门做出规定
2006	《民政部关于农村五保供养服务机构建设的指导意见》	制定了农村五保供养服务机构的建筑规划标准，在建筑面积、床位数量、便利设施设备以及建筑质量管理等方面给出了详细指标并提出了指导意见

续表

年份	文件名称	相关内容
2010	《农村五保供养服务机构管理办法》	对农村五保供养服务机构的建设给出了更详细的指导，针对其组织机构、工作人员、经费使用等方面作出规定。相较于《农村五保供养工作条例》，该管理办法的条例更加具体，更有利于规范农村五保供养服务机构和相关人员的行为
2014	《社会救助暂行办法》	首次提出"特困人员供养制度"的概念，结合了城乡相关供养保障政策。实际上，对于农村五保供养制度来说，供养对象、服务内容及形式未发生改动。但为统筹规划城乡特困人员供养工作，促进社会公平具有重要意义
2016	《国务院关于进一步健全特困人员救助供养制度的意见》	对特困人员的申请工作进行了具体的指导，提出了组织制度、资金保障、社会宣传等一系列保障措施
2016	《民政部关于印发〈特困人员认定办法〉的通知》	就供养对象定义中的各项认定标准都作了详细规定，使该制度具备更高的可操作性

资料来源：根据有关政策文件和法律整理。

（二）社会救助

党的十六大以来的农村社会救助相关政策如表6-11所示，在相关政策的指导下，我国农村社会救助体系的建设不断完善。

表6-11　十六大以来农村社会救助制度的政策沿革脉络

年份	文件名称	相关内容
2001	《国务院关于印发中国农村扶贫开发纲要（2001—2010年）的通知》（已失效）	为巩固温饱成果，提高农村贫困人口的生活水平，该文件从产业发展、科技水平、易地搬迁、主体带动等多方面指出扶贫开发路径
2003	《民政部办公厅关于进一步做好农村特困户救济工作的通知》	针对没有劳动能力、鳏寡孤独或因灾害等原因长期生活困难的农户，为保障其基本生活，在花名册制作以及经费落实等方面进行了工作指导，并且提出向农村特困户发放救助证，进一步提高了管理的规范性
2013	《中共中央办公厅　国务院办公厅印发〈关于创新机制扎实推进农村扶贫开发工作的意见〉的通知》	要求扶贫开发和农村最低生活保障制度共同发挥作用，完善了精准扶贫工作机制，确保达到脱贫目标

续表

年份	文件名称	相关内容
2014	《社会救助暂行办法》	作出了城乡统一的最低生活保障、特困人员供养等救助内容相关规定
2016	《国务院办公厅转发民政部等部门关于做好农村最低生活保障制度与扶贫开发政策有效衔接的指导意见的通知》	为确保2020年农村贫困人口脱贫目标的实现，对农村低保制度与扶贫政策在具体实施、对象选择、标准制定以及实际管理等方面进行了统筹安排，从而形成政策合力
2019	《国务院扶贫开发领导小组印发〈关于解决"两不愁三保障"突出问题的指导意见〉》	针对部分地区贫困人口饮水安全、教育、医疗、住房等保障机制发展不健全的现状，为实现到2020年农村贫困人口不愁吃、不愁穿、义务教育、基本医疗、住房安全都能得到保障，该意见完善了各部门分工，提出了保障标准

资料来源：根据有关政策文件和法律整理。

三、总结

自党的十六大以来，农村五保供养制度和社会救助体系建设成效显著。但同时也应看到，在相关政策的实施中还存在诸多问题，需要进一步深化改革和不断完善。

（一）取得的成效

我国五保供养制度和社会救助体系建设目前取得的成效主要体现在救助规模和供养水平两个方面。一是社会救助规模基本稳定。自政策发布以来，我国农村五保供养和社会救助总人数处于不断上升的状态，虽然近几年有回落的趋势，但五保供养人数依然在450万以上，农村社会救助的总人数也在5 000万以上，依然处于较高水平。二是五保供养水平不断提高。相较于2007年的供养标准①，2015年集中供养标准提高了4 072.7元/人，年平均增长率为26.07%；分散供养标准提高了3 058.1元/人，年平均增长率为26.69%。

---

① 据民政部数据，2007年我国五保集中供养的平均标准为1 953.0元/人，分散供养的平均标准为1 432.0元/人。

（二）主要问题

一是集中供养水平偏低。历年来，农村五保供养中选择集中供养的人数一直低于分散供养，2018年选择集中供养的人数仅为总人数的18.9%。据相关文献研究，主要原因是集中供养服务组织，如敬老院等机构的建设不达标，照料护理服务不足，严重阻碍了农村五保集中供养的发展。[①]

二是供养标准设置笼统。2006年《条例》规定指出，"农村五保供养标准不得低于当地村民的平均生活水平，并根据当地村民平均生活水平的提高适时调整"，但是在各地政府的具体操作中，问题也逐渐浮现。具体体现在两个方面：一是各地五保供养标准设置差别较大。以集中供养为例，2016年北京市的集中供养平均标准为14 473元/人，而最低的贵州省为4 398元/人，仅为北京市标准的30.4%。二是供养水平不达标。文献研究发现，部分地区农村五保供养对象的生活水平与当地居民的平均水平仍有很大差距，与政策规定不一致。[②]

三是资金投入总体不足。目前五保供养资金保障机制仍然需要健全，《条例》规定由地方财政负担全部五保供养所需资金，中央财政给予适当补助。在实际实施过程中，各级地方政府往往面临资金来源不畅、资金筹集能力有限的问题。

四、政策建议

针对农村五保供养制度和社会救助体系建设存在的主要问题，结合2020年全面实现小康社会的目标，本节提出以下几点建议。

第一，规范集中供养管理。通过规范农村五保集中供养服务机构的管理机制和组织结构，创新服务管理模式，加强对机构和内部工作人员的监督力度，满足其服务保障需求，努力提高集中供养服务机构的服务水平，解决集中供养比例较低的问题。

---

① 赖志杰.农村五保集中供养的现状及其政策思考.中州学刊，2019（11）：73-77.
② 苏瑞."五保"供养制度调查研究.沈阳师范大学，2014.

第二，细化五保供养标准。供养标准的制定为各地政府五保供养政策实施提供了参考和指导。为实现精准扶贫的目标，应针对不同情况的五保供养对象分类制定供养标准，让各级地方政府制定具体标准时有据可循，为保障供养对象的合法权益提供政策依据。

第三，增加财政资金投入。财政资金投入水平的高低对社会救助质量起着决定性作用。为提高农村社会救助的覆盖面，各级政府应增加相关工作的财政资金投入，鼓励社会力量参与支持，保证农村社会救助政策有效实施。

参考文献

1. 高翔，李静雅，毕艺苇. 精准扶贫理念下农村低保对象的认定研究——以山东省某县为例. 经济问题，2016（5）：73-79.

2. 黄俊辉. 农村养老服务供给变迁：70年回顾与展望. 中国农业大学学报（社会科学版），2019，36（5）：100-110.

3. 赖志杰. 农村五保集中供养的现状及其政策思考. 中州学刊，2019（11）：73-77.

4. 李迎生，李金珠. 走向一体化的反贫困政策框架——扶贫开发与农村低保衔接的路径与趋势研究. 江苏行政学院学报，2019（4）：64-73.

5. 舒奋. 从家庭养老到社会养老：新中国70年农村养老方式变迁. 浙江社会科学，2019（6）：83-91+157-158.

6. 苏瑞. "五保"供养制度调查研究. 沈阳师范大学，2014.

7. 王维，刘燕丽. 农村养老服务体系的整合与多元建构. 华南农业大学学报（社会科学版），2020，19（1）：103-116.

8. 周洪双. 农村残疾人扶贫关键要"精准". 光明日报，2015-10-28.

9. 左停. 创新农村发展型社会救助政策——农村低保政策与其他社会救助政策发展能力视角的比较. 苏州大学学报（哲学社会科学版），2016，37（5）：1-8.

第七章　农村生态环境：全面小康的家园建设[①]

2012 年 11 月，党的十八大报告首次把生态文明建设与经济建设、政治建设、文化建设、社会建设一同纳入中国特色社会主义事业总体布局，体现出了生态建设在我国长期发展中极为重要的现实意义和历史意义。

习近平总书记提出，良好生态环境是最公平的公共产品，是最普惠的民生福祉。由于农村生产发展对于环境的依赖程度相对较高，生态环境保护对于农村经济发展有着长远的意义。

第一节　鸟瞰农村生态环境

长期以来，党和政府十分重视生态建设与环境保护，将其作为一项基本国策，近年来也加大了农村生态环境治理的力度，取得了较为显著的成效，但农业农村生态环境保护形势依然严峻。由于许多农村地区，尤其是工业化、城镇化程度较高的农村，仍然采取粗放的农业生产方式，再加上农业基础设施薄弱，这些地区的生态环境形势依然不容乐观，对农民的生活改善和农村的整体发展造成了极大的阻碍，环境污染依然严重的现状不可忽视。

由于我国农村地区产业生产普遍规模都比较小，生产经营方式较为粗放，容易导致不科学的农种方式，进而使得化肥、农药等化学物质被过度使用。这些化学物质在降水和径流冲刷下，通过农田地表径流、壤中流、

---

① 执笔人：文鑫、薛仁杰。

农田排水和地下渗漏进入水体，形成农业大面积污染，呈现以面源污染为主要特征的污染形式。我国农村地区目前生态环境的现状描述主要包括：

一、土壤环境现状

2005 年 4 月—2013 年 12 月，我国开展了首次全国土壤污染状况调查，实际调查面积约为 630 万平方千米，调查采用统一的方法和标准，对全国土壤环境质量进行了评价，从结果来看，全国土壤环境状况总体不容乐观，部分地区土壤污染较重，耕地土壤质量堪忧，工矿业废弃地土壤环境问题突出。[①] 目前，全国至少有 1 300 万~1 600 万公顷的耕地受到了农药污染，同时在污水灌溉下污染的耕地面积约为 330 万公顷，约占总灌溉面积的 7.3%，固体废弃物存占地和毁田面积达 200 万亩，造成的经济损失超过 200 亿元人民币。重金属污染表现得尤为明显，有害元素含量超标严重，受镉、砷、铬、铅等重金属污染的耕地面积近 2 000 万公顷，受污染面积几乎达到了总耕地面积的 1/5。[②]

我国的土壤污染是在经济社会发展过程中长期累计形成的，土壤污染的主要类型包括有机污染、无机污染、放射性元素污染、生物污染四类，据生态环境部解读分析，造成我国土壤污染的主要原因包括：（1）工矿企业生产经营活动中排放的废气、废水、废渣等是造成其周边土壤污染的主要原因。尾矿渣、危险废物等各类固体废物排放等，导致其周边土壤污染。汽车尾气排放导致交通干线两侧土壤铅、锌等重金属和多环芳烃污染。（2）农业生产活动是造成耕地土壤污染的重要原因。污水灌溉，化肥、农药、农膜等农业投入品的不合理使用和畜禽养殖等，导致耕地土壤污染。（3）生活垃圾、废旧电池、废旧灯管等的随意丢弃，以及日常生活污水的排放，造成土壤污染。（4）环境背景值高是一些区域和流域土壤重

[①]　资料来源为中华人民共和国生态环境部网站。

[②]　金鑫. 我国农村生态环境现状及保护对策研究探讨. 资源节约与环保，2018（1）：24 - 25.

金属超标的原因。①

从相关土地详查的结果中可以看出我国农用地土壤总体状况：我国农用地土壤环境状况总体稳定，部分区域土壤污染风险突出，超筛选值农用地安全利用和严格管控的任务依然较重。②

二、水环境现状

相比于城市地区，我国农村地区的水环境现状形势并不是特别乐观。北方很多农村地区仍然存在着缺水较为严重的情况。南方农村地区由于季节气候等因素，相对北方农村地区来说，水资源总量较为充足，但有些农村地区却出现了与水质有关的饮用水安全问题，在标准上达不到正常的饮用水标准。由污水、生活垃圾等所造成的水环境问题，严重制约了我国农村地区的良性发展。我国当前水污染的主要成因有以下几方面。

（一）农村生活污水

相比之下，城市的居民生活污水排放大多都得到了有效的统一收集和处理，而我国农村地区的水污染呈现出源头多、处理率低、增长快，以及面广、分散的特点。随着农村城镇化程度的加深，农村居住方式逐渐变得集中，农村水环境污染带来的影响也逐渐增大。据 2016 年的一项统计，2016 年我国农村生活污水排放量达到了 202 亿吨，同比增长了 9.8%，但同期，在我国农村中对农村生活污水进行了处理的行政村占比仅有20%。③ 许多生活污水未经处理就被直接排放，例如在 2018 年，福州市住建委组织针对福清市农村生活污水治理工作开展了专项督查，发现福清市江阴镇生活污水并未进行处理，且在 2019 年督察工作开展时，水污染状况极为严重，江阴镇安置区河道氨氮浓度高达每升 22.5 毫克，属于重度黑臭。④ 高排放、低处理，是我国目前水环境污染的现状体现。

---

① 资料来源为中华人民共和国生态环境部网站。
② 生态环境部：全国农用地土壤环境状况总体稳定. 中国新闻网，2019－11－29.
③ 于法稳，于婷. 农村生活污水治理模式及对策研究. 重庆社会科学，2019（3）：6－17＋2.
④ 资料来源为中华人民共和国生态环境部网站。

（二）种植业污水

目前我国的农业生产对于化肥、农药依然有着较强的依赖性，农药和化肥的使用量对于农作物的最终产量依然起着极大的影响。但土壤自身的不完全吸收，导致农药成分和化肥成分流失极为严重，造成了极为严重的水污染现象。据统计，我国单位耕地面积的化肥投入量为世界平均用量的2.8倍，但农药和化肥利用率并不高，我国化肥利用率仅有30％～40％，农药利用率仅有10％～20％。[①] 截至目前，大多数化肥、农药被土壤最终吸收的利用率仅有25％～35％，而大部分未被土壤吸收利用的氮、磷等养分通过下渗、地表径流等进入水环境，使水体中氮、磷含量上升，形成水体的富营养化，最后导致水体质量迅速下降，造成水污染现象加剧。

（三）养殖业污水

养殖业是造成我国农村水污染的重要因素之一，据统计，全国每年禽畜养殖粪污总量接近40亿吨。[②] 由于当前生活水平的提高，居民对畜禽消费量呈现出大幅增长的趋势，农村地区畜禽养殖呈现出集约化和规模化的发展趋势。禽畜粪便中还有大量的氨氮等化学物质，而在高经济效益的诱导下以及受养殖户自身经济、技术等因素的影响，农村地区禽畜废水的处理率并不高，废水往往都是被直接排放到周边场所，使得农村的水环境污染变得更加严重。

（四）工业污水

在造成农村水污染的因素中，工业废水是最主要的污染源。随着农村城镇化进程的加快，许多资源密集型产业向乡镇转移，而这些产业大都属于高耗能、重污染产业。而在农村设立的工业产业，往往管理模式较为随意，且农村管理标准的门槛较低，对于工业废水的处理并不完善，导致许多工业产业不经过处理直接就将废水排入水体，严重污染了农村的水环

---

① 陈姝含，王娜，陈健．对于农村生态水环境治理的思考与对策分析．中国林业经济，2019（5）：10－12.

② 刘敬武．新时期农村水环境污染现状及对策研究．资源节约与环保，2019（4）：93.

境，并且对农村居民饮用水的安全也造成了威胁（见专栏 7-1）。

▶ **专栏 7-1　浙江台州市农村水污染实例**

　　台州市位于浙江省东南部，河流众多，但基本都以短小的河流为主，部分河流为断头河，河体自身的净化能力极弱。在台州市的农村地区，很多农村居民的排污管道并未接入污水处理管网，而是直接与河流湖泊相通，许多生活污水并没有经过处理就被直接排入地表的水体中，造成水体富营养化。

　　台州市目前正处于农业转型阶段，由传统农业向现代农业过渡。而当地农民为了提高农业生产效率，大量使用化肥，且台州市所处气候区降水较为丰富，农田基本以水田为主，化肥中的氮、磷元素随着雨水发生下渗或迁移，最终汇入地表水体中，造成藻类大量繁殖，形成"绿色浮渣"。其水体透明度降低，影响了其他水生物的光合作用，水体变黑，出现臭味。

　　同时，随着台州市农村经济的不断发展，工业水平逐渐提升，农村企业也逐渐建立，一部分企业没有经过严格处理，就把产生的大量废水直接排入当地的地表水体中，而当地农田的灌溉用水大多都来自周边地区的河流与湖泊，地表水体的污染对农作物的质量安全造成了极大的影响。

　　台州市的生活污水排放问题也同样严重。由于台州农村地区的房屋主要都是沿河分布，一部分居民直接在河里倾倒垃圾，造成水体污染，对于居民的日常生活也造成了影响。

　　资料来源：李宇吉，齐畅，陈朱颖. 浅谈农村水资源污染及其防治. 中国资源综合利用，2019，37（7）：142-144.

三、大气环境现状

　　近些年，中央加强了对农村大气污染的治理，随着治理行动的开展，农村的大气环境得到了较好的改善，农村露天焚烧秸秆行为减少，同时也相应有效控制了散煤污染。虽然我国对农村大气污染的治理的成效较为明显，但是当前大气污染治理仍然处于攻坚阶段，大气污染现状依然较为严峻，其污染主要成因有以下几个方面。

（一）交通运输污染

农村地区的机动车保有量虽然不如城市地区，但是农村地区的机动车存在几个对大气环境构成威胁的特点：一是农村地区的机动车许多都是低速柴油农用车，其尾气排放属于高排放型；二是油品质量较低，农村地区地理位置往往较为偏远，在相关管理标准不够严格的情形下，油品质量极容易出现问题；三是农村地区黄标车较多，在城市中出行受限的黄标车，许多流入了农村市场，而黄标车本身具有的特点对于大气环境有着极大的威胁，例如尾气排放量大、浓度高、排放稳定性差等。随着农村地区生活水平的不断提高，汽车保有量也逐渐上升，汽车尾气对于大气环境的污染不容轻视。

（二）生产污染

虽然政府部门等极为重视对违法企业的治理，但违法企业在农村地区仍然大量存在，这些违法企业在生产时对污染进行处理的设施极少，污染物几乎是以直排的方式进行排放，对农村大气环境造成了极大的破坏。此外，这类企业的运营模式门槛极低，抗治理和打击能力极强，相关部门进行治理的难度较大。

（三）生活污染

生活污染主要在我国北方农村地区出现较多，由于我国北方冬季气候较为寒冷，而很多地方采暖仍是以煤炭作为主要燃料，这些煤炭往往含硫量较高，在燃烧时产生的二氧化硫等有毒有害气体，在对大气造成污染的同时，也威胁着人们的身体健康。

同时，秸秆的大量焚烧对于大气环境的影响也很大，即使相关部门进行了大量工作，但是秸秆焚烧的现象依然屡禁不止。2015 年 10 月，京津冀地区及东北地区等发生大面积的灰霾污染，据中国环境监测总站监测显示，秸秆焚烧是此轮空气污染的重要原因，而从 1999 开始禁止焚烧秸秆到 2015 年已有 16 年，秸秆焚烧不仅没有得到遏制，反而愈演愈烈。2015年 10 月 1—6 日，中华人民共和国环境保护部卫星遥感巡查检测数据统计显示，在全国范围内检测到的疑似秸秆焚烧火点有 376 个，比 2014 年同期增加 53 个，增幅为 16.41%，秸秆焚烧的现状依然需要予以重视。[①]

第二节　昨与今

一、农村生态环境政策

在我国社会经济发展过程中，党和国家高度重视生态环境问题，以改革开放为指导，根据我国经济发展阶段、生态环境现实情况，制定了一系列方针政策，不断推进生态环境保护工作，大致经历了以下五个阶段[②]：（1）1973—1983 年，我国环境保护工作处于启蒙阶段。其标志性事件是1973 年召开第一次全国环保会议，次年成立环保机构，1979 年发布《中华人民共和国环境保护法》。（2）1984 年—20 世纪 90 年代初，该阶段属于环保工作的开拓阶段，其标志性事件是：1984 年《中华人民共和国大气污染防治法》、1984 年《中华人民共和国水污染防治法》、1989 年《中华人民共和国环境保护法》的发布以及相关机构和制度开始陆续建立。（3）1992—2005 年，该阶段是环保工作和制度建设的发展阶段。环境污染治理工作全面开展，可持续发展被提出，保护环境就是保护生产力，加强"三河""三湖""两区"保护，修正《中华人民共和国大气污染防治法》《中华人民共和国水污染防治法》《中华人民共和国环境影响评价法》

---

① 资料来源为中华人民共和国生态环境部网站。

② 王玉庆．中国环境保护政策的历史变迁——4 月 27 日在生态环境部环境与经济政策研究中心第五期"中国环境战略与政策大讲堂"上的演讲．环境与可持续发展，2018，43（4）：5-9.

等，完成基本环保法律的出台工作。（4）2006—2011 年，该阶段属于机构不断完善、制度体系成型的阶段。其标志性事件是 2008 年中华人民共和国环境保护部成立，全国开展了大规模的城市环境基础设施建设，重点开展城市污染治理工作。（5）2012 年党的十八大召开至今，提出加强生态文明建设，对环保体制机制进行大刀阔斧的改革，成立中央巡视组和环保督查组，环保力度空前，效果明显。

农村生态环境保护作为我国环保事业重要的一部分，既是主阵地，又是重灾区。改革开放以来，农村经济社会取得了很大的成就，但粗放的发展模式也造成了资源浪费和环境破坏。针对农村生态环境工作，党和国家做出了一系列重大决策部署，集中体现在 1982—2020 年出台的 22 个中央一号文件上。根据重点的不同，大致又可分为三个阶段[①]：（1）1982—1986 年，重点是"保护农村自然资源"；（2）2004—2012 年，重点是"加强农村生态建设"；（3）2013 年至今，重点是"推进农村生态文明建设，农业可持续发展"。本章将主要梳理总结在党的十六大以后我国农村生态环境政策的发展变化。

党的十七大首次提出"生态文明"，把"建设生态文明"作为实现全面建设小康社会奋斗目标的新要求之一，开启了农村生态环境事业的新阶段。2004—2012 年发布的九个中央一号文件，重点强调了加强农村生态建设，主要体现在以下两个方面。

首先是加强农村生态工程建设。2004 年中央一号文件强调继续搞好生态建设，对天然林保护、退耕还林还草和湿地保护等生态工程，要统筹安排，因地制宜，巩固成果，注重实效。2005 年中央一号文件提出要切实搞好京津风沙源治理等防沙治沙工程。继续推进山区综合开发。继续搞好长江、黄河等重点流域的水土保持工作，采取淤地坝等多种措施推进小流域综合治理，加强南方丘陵红土区、东北黑土漫岗区和西南石漠化区的

---

① 陈向科，邝小军，曾文. 改革开放 40 年我国农村生态环境相关政策演进述评——基于 19 个中央一号文件的文本解读. 长沙大学学报，2017，31（6）：60 - 63＋68.

水土流失综合治理。切实防治耕地和水污染。2006年中央一号文件提出按照建设环境友好型社会的要求，继续推进生态建设，切实搞好退耕还林、天然林保护等重点生态工程。做好重大病虫害防治工作，采取有效措施防止外来有害生物入侵。加强荒漠化治理，积极实施石漠化地区和东北黑土区等水土流失综合防治工程。建立和完善水电、采矿等企业的环境恢复治理责任机制，从水电、矿产等资源的开发收益中，安排一定的资金用于企业所在地环境的恢复治理，防止水土流失。2007年中央一号文件提出提高农业可持续发展能力。鼓励发展循环农业、生态农业，有条件的地方可加快发展有机农业。继续推进天然林保护、退耕还林等重大生态工程建设，进一步完善政策、巩固成果。加强农村环境保护，减少农业面源污染，搞好江河湖海的水污染治理。2008年中央一号文件提出深入实施天然林保护、退耕还林等重点生态工程。建立健全森林、草原和水土保持生态效益补偿制度，多渠道筹集补偿资金，增强生态功能。加强森林草原火灾监测预警体系和防火基础设施建设。加强农村节能减排工作，鼓励发展循环农业，推进以非粮油作物为主要原料的生物质能源研究和开发。加大农业面源污染防治力度，抓紧制定规划，切实增加投入，落实治理责任，加快重点区域治理步伐。2009年中央一号文件提出增加天然林保护投资，抓紧研究延长天然林保护工程实施期限有关政策，完善三北防护林工程投入和建设机制。建设现代林业，发展山区林特产品、生态旅游业和碳汇林业。提高中央财政森林生态效益补偿标准，启动草原、湿地、水土保持等生态效益补偿试点。安排专门资金，实行以奖促治，支持农业农村污染治理。2011年中央一号文件提出搞好水土保持和水生态保护。实施国家水土保持重点工程，采取小流域综合治理、淤地坝建设、坡耕地整治、造林绿化、生态修复等措施，有效防治水土流失。建立健全水土保持、建设项目占用水利设施和水域等补偿制度。2012年中央一号文件提出巩固退耕还林成果，在江河源头、湖库周围等国家重点生态功能区适当扩大退耕还林规模。构建青藏高原生态安全屏障，启动区域性重点生态工程。加大国家水土保持重点建设工程实施力度，加快坡耕地整治步伐，推进清洁小流域建设，强化水土流失监测预报和生产建设项目水土保持监督管理。把农村环境整治作为环保工作的重点，完善以奖促治政策，逐步推行城乡同治。详见表7-1。

表7-1　2004—2012年一号文件生态工程建设有关内容

年份	文件主要内容
2004	统筹安排天然林保护，退耕还林还草和湿地保护等生态工程
2005	切实搞好京津风沙源治理、重点流域水土保持工作，继续推进山区综合开发
2006	做好重大病虫害防治工作，加强荒漠化治理，防止水土流失
2007	鼓励发展循环农业、生态农业，有条件的地方可加快发展有机农业
2008	深入实施生态工程，加强农村节能减排工作，加大农村面源污染防治力度
2009	增加天然林保护投资，建设现代林业，安排专门资金支持农村污染治理
2011	搞好水土保持和水生态保护，建立健全水土保持、建设项目占用水利设施和水域等补偿制度
2012	巩固退耕还林成果，构建青藏高原生态安全屏障，推进清洁小流域建设，把农村环境作为环保工作的重点，逐步推行城乡同治

资料来源：中华人民共和国农业农村部网站。

其次是完善农业农村基础设施。2004年中央一号文件提出要进一步加强农业和农村基础设施建设。开展节水灌溉、人畜饮水、乡村道路、农村沼气、农村水电、草场围栏等"六小工程"。各地要从实际出发，因地制宜地开展雨水集蓄、河渠整治、牧区水利、小流域治理、改水改厕和秸秆气化等各种小型设施建设。2006年中央一号文件提出统筹城乡经济社会发展，扎实推进社会主义新农村建设。加快发展节水灌溉，大力推广节水技术。要加快农村能源建设步伐，在适宜地区积极推广沼气、秸秆气化、小水电、太阳能、风力发电等清洁能源技术。2007年中央一号文件继续提出要加快发展农村清洁能源。继续增加农村沼气建设投入，在适宜地区积极发展秸秆气化和太阳能、风能等清洁能源。加快实施乡村清洁工程，推进人畜粪便、农作物秸秆、生活垃圾和污水的综合治理和转化利用。2008年中央一号文件提出要狠抓小型农田水利建设，大力发展节水灌溉，加强耕地保护和土壤改良。2010年中央一号文件提出要实行以奖促治政策，稳步推进农村环境综合整治，开展农村排水、河道疏浚等试点，搞好垃圾、污水处理，改善农村人居环境。采取有效措施防止城市、工业污染向农村扩散。2012 年中央一号文件提出要推进农业清洁生产，引导农民合理使用化肥农药，加强农村沼气工程和小水电代燃料生态保护工程建设，加快农业面源污染治理和农村污水、垃圾处理，改善农村人居环境。详见表 7-2。

表 7-2 　2004—2012 年一号文件完善农业农村基础建设有关内容

年份	文件主要内容
2004	开展"六小工程"，各地要因地制宜地开展各种小型设施建设
2006	加快发展节水灌溉，要加快农村新能源建设步伐
2007	加快发展农村清洁能源，继续增加农村沼气建设投入，加快实施乡村清洁工程建设
2008	狠抓小型农田水利建设，大力发展节水灌溉
2010	稳步推进农村环境综合整治，改善农村人居环境，采取有效措施防止城市、工业污染向农村扩散
2012	推进农业清洁生产，加快农业面源污染治理和农村污水、垃圾处理，改善农村人居环境

资料来源：中华人民共和国农业农村部网站。

党的十八大将推进生态文明建设作为重要主题写入报告，强调建设生态文明是关系人民福祉、关乎民族未来的长远大计。面对资源约束趋紧、环境污染严重、生态系统退化的严峻形势，必须树立尊重自然、顺应自然、保护自然的生态文明理念，把生态文明建设放在突出地位，融入经济建设、政治建设、文化建设、社会建设各方面和全过程，努力建设美丽中国，实现中华民族永续发展。2013—2020 年中央一号文件沿着推进生态文明建设的主线，一手抓农村突出环境问题治理、生态工程推进；一手抓农业绿色生产，增强可持续发展能力，齐头并进，建设清洁美丽的乡村。

在农村环境治理和生态工程方面，2013 年中央一号文件提出加强农村生态建设、环境保护和综合整治，努力建设美丽乡村。搞好农村垃圾、污水处理和土壤环境治理，实施乡村清洁工程，加快农村河道、水环境综合整治。发展乡村旅游和休闲农业。创建生态文明示范县和示范村镇。开展宜居村镇建设综合技术集成示范。2014 年中央一号文件提出开展农业资源休养生息试点。通过财政奖补、结构调整等综合措施，保证修复区农民总体收入水平不降低。加大海洋生态保护力度，加强海岛基础设施建设。严格控制渔业捕捞强度，继续实施增殖放流和水产养殖生态环境修复补助政策。2015 年中央一号文件提出要加强农业生态治理，实施农业环境突出问题治理总体规划和农业可持续发展规划。建立健全农业生态环境保护责任制，加强问责监管，依法依规严肃查处各种破坏生态环境的行为。2016 年中央一号文件强调加快农业环境突出问题治理。基本形成改善农业环境的政策法规制度和技术路径，确保农业生态环境恶化趋势总体得到遏制，治理明显见到成效。实施并完善农业环境突出问题治理总体规划。加强农业生态保护和修复。2017 年中央一号文件强调集中治理农业环境突出问题。加强重大生态工程建设，全面推进大规模国土绿化行动。启动长江经济带重大生态修复工程，把共抓大保护、不搞大开发的要求落到实处。2018 年中央一号文件强调统筹山水林田湖草系统治理。把山水林田湖草作为一个生命共同体，进行统一保护、统一修复。建立市场化多元化生态补偿机制。加强农村突出环境问题综合治理。严禁工业和城镇污染向农业农村转移。加强农村环境监管能力建设，落实县乡两级农村环境保护主体责任。2019 年中央一号文件强调落实河长制、湖长制，推进农村水环境治理，严格乡村河湖水域岸线等水生态空间管理。2020 年中央一号文件继续强调治理农村生态环境突出问题。详见表 7 - 3。

表 7 - 3　20130—2020 年一号文件农村环境治理和生态工程建设有关内容

年份	文件主要内容
2013	努力建设美丽乡村，实施乡村清洁工程，发展乡村旅游和休闲农业，创建生态文明示范县和示范村镇
2014	开展农业资源休养生息试点，加大海洋生态保护力度，继续实施增殖放流和水产养殖生态环境修复补助政策
2015	加强农业生态治理，建立健全农业生态环境保护责任制
2016	实施并完善农业环境突出问题治理总体规划，加强农业生态保护和修复
2017	全面推进大规模国土绿化行动，启动长江经济带重大生态修复工程

续表

年份	文件主要内容
2018	统筹山水林田湖草系统治理，建立市场化多元化生态补偿机制，加强农村环境监管能力建设，落实县乡两级责任主体
2019	落实河长制、湖长制，推进农村水环境治理
2020	治理农村生态环境突出问题

资料来源：中华人民共和国农业农村部网站。

在绿色生产、增强可持续发展能力方面[①]，2014年中央一号文件强调建立农业可持续发展长效机制。促进生态友好型农业发展。落实最严格的耕地保护制度、节约集约用地制度、水资源管理制度、环境保护制度，强化监督考核和激励约束。2016年中央一号文件强调推动农业可持续发展，必须确立发展绿色农业就是保护生态的观念，加快形成资源利用高效、生态系统稳定、产地环境良好、产品质量安全的农业发展新格局。加强农业资源保护和高效利用。基本建立农业资源有效保护、高效利用的政策和技术支撑体系，从根本上改变开发强度过大、利用方式粗放的状况。2017年中央一号文件强调推行绿色生产方式，增强农业可持续发展能力。推进农业清洁生产。深入推进化肥农药零增长行动，开展有机肥替代化肥试点，促进农业节本增效。建立健全化肥农药行业生产监管及产品追溯系统，严格行业准入管理。大力推行高效生态循环的种养模式，加快畜禽粪便集中处理，推动规模化大型沼气健康发展。以县为单位推进农业废弃物资源化利用试点，探索建立可持续运营管理机制；鼓励各地加大农作物秸秆综合利用支持力度，健全秸秆多元化利用补贴机制。继续开展地膜清洁生产试点示范。推进国家农业可持续发展试验示范区创建。2018年中央一号文件强调坚持人与自然和谐共生。推进乡村绿色发展，打造人与自然和谐共生发展新格局。增加农业生态产品和服务供给。正确处理开发与保护的关系，运用现代科技和管理手段，将乡村生态优势转化为发展生态经济的优势，提供更多更好的绿色生态产品和服务，促进生态和经济良性循

---

① 李雪娟. 刍议改革开放以来我国农村环境政策的变迁及问题. 法制与社会，2018（33）：172-173.

环。创建一批特色生态旅游示范村镇和精品线路，打造绿色生态环保的乡村生态旅游产业链。详见表7-4。

表 7-4　2014—2018 年一号文件增强可持续发展能力有关内容

年份	文件主要内容
2014	建立农业可持续发展长效机制，促进生态友好型农业发展，强化监督考核和激励约束
2016	确立发展绿色农业就是保护生态的观念，加强农业资源保护和高效利用，基本建立农业资源有效保护、高效利用的政策和技术支撑体系
2017	推行农业清洁生产，促进农业节本增效，严格行业准入管理，推进国家农业可持续发展试验示范区创建
2018	推进乡村绿色发展，增加农业生态产品和服务供给，创建一批特色生态旅游示范村镇和精品路线，打造绿色生态环保的乡村生态旅游产业链

资料来源：中华人民共和国农业农村部网站。

二、农村生态环境事业取得的成效

（一）农村生态环境政策体系不断完善

进入 21 世纪以来，我国对农村生态环境问题的重视不断加强，政策体系初步建立。这些政策主要包含三大类，其一是党的十六大报告、十七大报告、十八大报告、十九大报告、中央一号文件以及"十一五"规划、"十二五"规划和"十三五"规划等指导规划；其二是配套的法律法规、标准规范和地方政策；其三是国务院出台的针对农村生态环境保护的工作安排。就具体内容来看，各项政策主要针对几大方面的问题，首先是重点生态修复工程，包含退耕还林还草、生态保护、天然林保护、防沙治沙、水土保持等生态领域；其次是治理突出的环境问题，针对农村的垃圾、污水、土壤、大气等环境问题进行综合整治；第三是加强农村基础设施建设，推进节水灌溉、清洁能源、厕所革命，改善农村人居环境；第四是推进农村绿色发展，利用科学技术，提供绿色生态产品和服务，打造绿色产业，增强可持续发展能力，实现人与自然和谐共生。随着经济发展阶段的变化和人们认识水平的提高，我国农村生态环境政策体系不断完善深化，正朝着从利用自然资源到尊重自然再到与自然和谐共生、建设生态文明的方向不断发展和进步。

（二）建立人与自然和谐共生的新发展模式

随着人们认识水平的不断提高和政策体系的不断完善，农村地区逐渐开始利用自身优势资源，通过特色产业、休闲农业、旅游业等方式发展经济，建立起一系列人与自然和谐发展的新模式，既保护了生态环境，又实现了经济发展。

（1）特色产业型发展模式。一些村庄结合自身特有的资源禀赋，围绕特色产品或者产业链，进行专业化生产和经营活动，通过产业的方式来带动村庄的经济发展。一般来说特色产业发展型村庄需要具备三个基本条件：首先需要有生产某种特色产品的历史传统和自然资源；其次要有能人带动，政府提供套的条件和政策支持，形成集聚效应；最后需要有相应的市场需求和交通运输条件。广西壮族自治区融安县就是依托特色产业实现人与自然和谐发展的典型。2018 年融安县开始在全县实施"百村万亩金橘园"的集体经济项目，通过本村种植、异地种植、联村种植的方式，在每个村发展 10 亩以上的集体经济金橘园，到 2020 年达到万亩规模，厚植绿水青山，赢得了"金山银山"（见专栏 7 - 2）。

▶ **专栏 7 - 2　百村万亩金橘园，融安特色小康路**

> 融安是"中国金橘之乡"，金橘在融安已有近 300 年的栽培历史。融安金橘是国家地理标志产品，2015 年入围中国果品公用品牌 50 强，2016 年跻身"十大水果新秀"前三甲。2018 年，融安县借助金橘农业特色品牌效应，充分利用金橘产业市场前景好、收购价格高、种植风险低、收益回报高等优势，将金橘作为壮大村级集体经济的富民强村主导产业，提出实施"百村万亩金橘园"集体经济项目，通过"本村种植、异地种植、联村种植"等模式，在县域内有条件的村庄发展 10 亩以上的集体经济金橘园，使每村到 2020 年实现金橘单项集体经

济收入至少 5 万元以上，并在今后 15 年带来持续的收益，促进村集体经济长远稳定、发展。

融安县在发展壮大金橘园产业时，主要采取三种模式。一是"联村新种"模式。各村党组织、村民合作社发挥组织优势，流转闲置土地，把土地"变零为整"，联村新种滑皮金橘和脆蜜金柑，共享产业红利。二是"入股成熟果园"模式。入股承包三年以上成熟金橘园，采取"自行管护、入股搭车、比例分红"的办法，当年村集体即可获得收益。三是"共建苗圃"模式。整合村集体发展资金，与能人合作，共建脆蜜金柑苗圃基地。乡镇党委、村民合作社牵头提前与需求商签订销售协议，以订单形式生产苗木，保障苗木销售市场，达到互促共赢。在三大发展模式之下，通过"党建＋能人＋联营"的方式，加快土地流转，实现规模经营；提高组织化程度，降低生产成本；引入电商平台，扩大销售渠道。截至 2018 年底，全县实施该项目 24 个，涉及 12 个乡镇、110 个村，覆盖率达 74.8%，整合发展资金 1 699 万元，新种或流转土地 2 068 亩发展金橘园，实现村级增收 2 万～10 万元，并在今后 15 年内持续创收。

（2）休闲农业发展模式。休闲农业是指利用田园景观、自然生态及环境资源，融农业生产、生活与生态功能于一体，并以农村特有的生产生活方式、自然环境和乡土文化为内容，通过观赏、娱乐、体验和知识教育等方式吸引游客的一种发展模式。这种模式包括建立农业生态园、养殖场、采摘园、农产品物流配送中心、学农教育基地、农艺园、民俗村等方式，把乡村的发展与休闲产业的发展融为一体。在一些综合性的休闲农业区，游客不仅可以观光、采摘、了解农村生活、欣赏田园风光、享受乡土乐趣，而且能够进行住宿、团建和亲子活动。

（3）乡村旅游发展模式。乡村旅游是指以农村地区为特色，以农民为经营主体，以旅游资源为依托，以旅游活动为内容，通过农村旅游促进新农村建设的一种模式。发展旅游业首先需要有可以挖掘的包括自然资源和人文资源的旅游资源，其次是要有便利的交通条件，最后也要有与旅游相配套的娱乐、住宿、餐饮等基础设施。

农村经济发展和生态环境保护并非矛盾对立的关系。通过树立人与自然和谐共生的生态文明理念，探索统筹兼顾经济发展与生态环境保护的新型模式，立足自身资源禀赋和传统特色，两者便可以转化为相辅相成的关系，从而找到适合本地区经济发展与生态环境保护的可持续发展道路。

（三）建设生态文明的农业科技体系

建设生态文明离不开有效的农业科学技术的支撑，随着国家政策的不断完善、科学技术的不断进步，我国与农村生态环境保护有关的农业科技体系不断完善，形成了资源节约型农业技术、农业废弃物利用技术、农业产业链延伸技术和生物质能技术等主要的技术方向。[①] 在促进我国农业和农村节能减排、污染治理、可持续发展、绿色发展等方面发挥着日益重要的作用。

资源节约型农业技术是指将传统技术和现代科技结合，从而达到节时、节地、节水、节能、节肥目的的农业技术，主要包括测土配方施肥、有机肥、新型肥料、节水灌溉、综合养殖、立体农业等应用种类。农业废弃物利用技术是指针对在农业生产过程中被丢弃的有机类物质，主要是农作物秸秆和畜禽粪便，采用能量获取、制作堆肥、生产饲料、生产工业及医药原料等方式进行资源化利用的技术，如秸秆利用技术、禽畜粪便利用技术和废旧农膜能源化技术等。农业产业链延伸技术是指通过研发萃取、深加工等方式，充分发掘农产品价值功用，实现综合开发利用，形成产业链条的技术。例如，农产品深加工技术、农产品价值研究等。生物质能技术是指利用农林废弃物、生活垃圾及禽畜粪便等进行加工转换而生产出电

---

① 杨传喜，张俊飚. 生态文明视域下的农业科技路径选择. 生态经济，2010（11）：129-132.

力、气体或液体燃料等二次能源的技术。生物质能主要包括燃料乙醇、生物柴油、生物燃气等，其中燃料乙醇是应用最广泛的、比较理想的汽油替代性生物燃料；随着生物燃料研究力度的不断增强，未来可能成为可持续能源系统的主要能源，对传统能源起到重要的补充作用（见专栏7-3）。

　　生态文明建设不断推进，与之相适应的农业科技体系也将随之不断完善，越来越多的先进技术将被运用到农业农村的生产生活之中，用以解决发展过程中产生的生态环境问题，并探索形成农业农村绿色清洁高效的发展模式，实现人与自然的和谐、协调和可持续发展。

▶ **专栏7-3　我国生物质能发展现状**

　　生物质能是一种重要的可再生能源，直接或间接来自植物的光合作用，一般取材于农林废弃物、生活垃圾及畜禽粪便等，可通过物理转换（固体成型燃料）、化学转换（直接燃烧、气化、液化）、生物转换（如发酵转换成甲烷）等形式转化为固态、液态和气态燃料。由于生物质能具有环境友好、成本低廉和碳中性等特点，再加上迫于能源短缺与环境恶化的双重压力，各国政府高度重视生物质资源的开发和利用。

　　我国生物质资源丰富，能源化利用潜力大。全国可作为能源利用的农作物秸秆及农产品加工剩余物、林业剩余物和能源作物、生活垃圾与有机废弃物等生物质资源总量每年约4.6亿吨标准煤。目前我国生物质能技术主要包括生物质发电、生物液体燃料、生物燃气、固体成型燃料等方面。其中生物质发电以直燃发电为主，技术起步较晚但发展非常迅速。截至2017年底，我国生物质发电并网装机总容量为1 476.2万千瓦，其中农林生物质发电累计并网装机700.9万千瓦，生活垃圾焚烧发电累计并网装机725.3万千瓦，沼气发电累计并网装机50.0万千瓦；我国生物质发电装机总容量仅次于美国，居世界第二位。生物燃料乙醇产量约为 260 万吨/年，仅占全球总产量的 3%，仍然有较大的发展空间；在生物燃气方面，全国农村沼气池年生产量可达 123.8 亿立方米，规模化沼气工程为 26 万余处。生物质固体成型燃料技术亦取得明显进展，生产和应用已初步形成了一定的成果，全国年利用规模由 2010 年的 300 万吨增长到 2014 年的 850 万吨，但由于生物质直燃发电的环境效益问题备受争议，2015 年后开始回落。

　　未来我国要继续大力推动生物天然气规模化发展，积极发展生物质成型燃料供热，稳步发展生物质发电，加快生物液体燃料示范和推广，逐步实现生物质能的商业化和规模化应用。

资料来源：陈益华，李志红，沈彤. 我国生物质能利用的现状及发展对策. 中国新能源网，2016-09-22.

第三节　烦恼和方向

一、农村生态环境治理存在的问题

　　从总体上看，我国生态环境治理进程仍然落后于经济发展进程，而在生态环境治理进程中，农村环境保护又相对处于滞后状态。对于整个政策体系而言，在政策标准、职责分工、监管机制、治理模式等关键环节上仍需进一步加强。

（一）政策标准体系仍需完善

　　我国农村生态环境监管在法律法规、政策等方面不断有新制度出台，但仍不能很好地满足管理需要，依然需要不断完善相应政策。

　　在环境标准上，依然有着较大的完善空间。一是农村环境标准较少，造成农村环保政策在操作层面上仍然存在指导不足的矛盾。截至 2017 年底，国家现行环保标准共有 1 833 项，而涉及农村生态环境保护的标准仅有 20 余项，占比不足现行标准的 1.6%。二是标准的内容仍然不够翔实，存在着较大的空白区，例如，在土壤污染监管方面，缺乏对农药化肥污染控制的标准；在水污染监管方面，缺乏对农村生活污水设立的相应标准；在大气污染监管方面，缺乏关于沼气设施气体排放控制等标准。三是部分标准设立的年限过长，对于当前农业生产需要和环境管理要求的适应能力较弱，如仍在使用的《中华人民共和国渔业水质标准》（GB11607—89）已实施多年，其使用范畴已经不适合现代发展需要。四是部分地区脱离因地制宜的原则，对标准适用范围的推行较不合理。①

（二）农村地区污染责任落实不充分，政府环保工作尚需加强

我国整个农村环保的治理模式属于政府主导型，在进行农村环保工作时，基层政府是主要执行者，但各级政府在各部门职责和人员之间的责任落实并不充分。

第一，基层政府的农村环保意识仍然需要进一步提升。部分农村地区过于注重经济发展、轻视环境保护的发展观念仍然未得到扭转，而涉及农村环境保护的投入较为匮乏，环境基础设施等不够完善，关于污染治理的基本事项较多都难以得到保证，在环保工作的进一步开展中仍然存在着"不作为、乱作为"现象。例如，生态环境部发布的《黑龙江省农村环境连片整治示范项目管理混乱问题突出》指出：绥化等市政府重视不够，工作不力，农村环境连片整治示范项目问题突出，整改不到位；绥化市青冈县政府乱作为，挪用专项资金、组织虚假验收；望奎县政府不作为，区域畜禽粪污处理中心建成后长期闲置，附近村庄畜禽粪污无法及时处理，严重污染周边环境。② 部分农村未将环保工作纳入重点工作范围，对农村生态环境治理工作的进一步开展造成了严重阻碍。

第二，基层环保力量较为薄弱。根据现行法规规定，县级以上的环境保护行政主管部门才有环境保护监督管理的权力，乡镇一级的环境保护监

---

① 贾小梅，王亚男，陈颖，于奇，董旭辉. 乡村振兴战略下的农村生态环境管理对策研究. 环境与可持续发展，2018，43（6）：108 - 112.

② 黑龙江省农村环境连片整治示范项目管理混乱问题突出. 生态环境部网站，2018 - 10 - 23.

督相应处于空白状态，并且乡镇一级的环保部门在能力和设施上，也缺乏检测和监察执法的手段。当出现有关环境问题时，往往会出现环保部门被严格问责而责任部门却安然无事的情况。这种情况的出现，极大地伤害了环保人员的积极性。

第三，与环保工作相关的各部门之间的协同工作机制尚需完善。农业农村环境治理的政策及工作往往涉及多个部门，各个部门之间都有一定的职责。但在职责划分中，由于缺乏实践的指导，部门间职责的划分边界较为模糊，很多相关的环境执法存在交叉乃至冲突的内容，这也导致各部门间的合作效率较低。各个部门在具体权限和责任的划分中往往存在问题，各机构难以在农村生态环境治理的相关问题上形成合力，各部门的分工仍需进一步逐级推进，在协同工作的机制形成上仍需提升，切实明晰各机构的职责划分，才能有效提高保护农村生态环境的效率。

第四，农村土地资源产权关系不明晰，是我国部分农村地区生态环境受到破坏的内在原因之一，从英国学者哈丁的"公地悲剧"来看：当草地或其他资源是公有属性而产品归个人所得时，人们在草场上必然会最大限度地放牧，以获取最多的产品产出。而我国的农村地区，无论是农业生产经营人员还是承包人员，并不拥有土地产权本身，在这种情况下，污染责任也无法具体落实，这就使得农业的相关经营者对于生态环境的保护积极性降低。[1]

（三）与农村生态环境相适应的环境监管机制亟待发展

我国现行环境监管体系的建立，主要是应对城市中的工业及生活污染，而在面对与城市自然社会环境相差颇大的农村地区时，监管体系在对其环保工作进行监督和指导的时候，往往就存在着一些不适应，这会影响农村环境保护长效机制的发展。

一是不同农村地区的污染源受自然因素影响较大，且不同农村地区的

[1] 张誉戈. 我国农村生态环境保护的法律问题研究. 农业经济，2019（5）：11-13.

自然地域因素相差较大，其污染源的特征之间存在着较大的差别，因此针对城市工业源等以点源污染为主的标准化治理模式和监管要求，对于农村污染源的治理来说并不适宜。例如，农村地区不同畜禽粪便中的污染物种类以及废水中的有机物浓度等各不相同，受到地表径流以及降雨量的影响，不同农村地区的废水排放特征也各不相同。面对不同地区的污染特征，很难提出较为标准且统一的措施，同时监管的难度也进一步加大，以点源污染为对象的监管体系，并不适合以面源污染为主的农村地区。

二是现行监管体系以台账式管理为主要治理模式，而城市工业源等分布较为集中，农村污染源分布较为分散，台账式管理模式难以针对分散的农村污染源。针对城市工业源的监管都有着较为完整的流程，以污染清单作为其管理基础，管理的精确度较高，但是耗用人力物力资源较多，台账建立过程较为复杂。而农村污染源量大且极为分散，如果以台账式管理模式进行治理，将耗费巨大的人力和资金投入，与对农村污染源的管理需求不相符。

三是我国农村地区的居住特性增加了农村污染监管的难度。与城市地区的集中居住不同，农村居民居住极其分散，很容易存在环境监管体系顾及不到的"死角"，在投入极高成本的同时，带来的环境效益并不高。现行的监管体系在应对农村居民的这些居住特征时，难以实现对监管对象的精准把控，也增加了有效治理的难度。

(四) 农村地区尚未形成高效的环境治理模式

在监管体系建立的同时，应对污染源的治理模式也是整个生态环境中不可缺少的部分，要形成高效的农村地区环境治理模式，不仅需要有因地制宜的治理思路、治理技术，也需要有可操作的方法，指导整个生态环境治理工作的开展。在现行农村污染的治理中，由于农村环保基础薄弱、资金和技术人员较为短缺，不能简单地照搬城市污染治理模式，而需要因地制宜地探寻更有效的治理模式。目前在针对我国农村生态环境的工作中，对于环境治理模式尚处于初步探索及完善的阶段，治理模式仍存在着许多不足。

一是部分农村在开展污染防治工作时，采取超越实际的"一刀切"的做法，出重拳硬堵，而并没有考虑到农村地区的相关实际情况。例如，禁烧秸秆的口号与政策已推行了许多年，但农村地区的秸秆焚烧现象依然屡禁不止，究其原因在于农民将秸秆进行回收利用的渠道与办法并不多。虽然秸秆编织公司、牲畜养殖所、肥料加工厂、生物质发电公司等场所可以从再造资源的角度利用部分秸秆，但从经济角度看，农民靠卖秸秆并不能获得较高收益，将秸秆进行收集、处理、加工、运输的环节成本太高，难以从中得到满意的效益。因此，即使有着对秸秆焚烧的明令禁止，依然有农民进行秸秆焚烧。从治理方的角度看，政府只是颁布相关禁令阻止农民焚烧秸秆，而并未设身处地从疏导思维的角度为农民解决秸秆出路的问题。

二是针对目前的农村生活垃圾处理，建立了相应的"村收集、镇转运、县处理"的收运体系。然而，相应的体系运行也存在诸多问题，首先，运行成本较高，大量农村垃圾通过运输渠道进入县一级的城市，对于经济欠发达、运营管理较为落后的地区来说是一项不小的负担，并且很多基层政府投入农村环境治理的资金本就不多，相对来说清运效果并不好；其次，有许多垃圾处理厂在建成后，由于资金短缺处于闲置状态，也造成了环境治理的低效率。此外，一些地区的农村生活垃圾采取的是混合收运的方式，厨余、作物废弃物等有机垃圾与生活垃圾中的无机部分混于一处，增加了垃圾处理的难度，且目前我国的农村垃圾以卫生填埋为主[①]，多数垃圾填埋场并没有标准的技术规模，也没有采取膜防渗措施，并不能达到合理处置农村垃圾的效果。

三是农村生活垃圾"进城"给城市生活垃圾的处理设施供需造成了矛盾，同时提高了社会风险产生的概率。按照当前的转运体系，农村的生活

---

① 李佳，胡子君. 美国分散式农村垃圾治理的对策. 世界农业，2017（3）：33-37.

垃圾被集中起来运输到城市进行无害化处理，但与此同时，城市相关设施的供需压力就会加大。为满足垃圾处理需要，就不得不新建大量的垃圾焚烧等处理设施。例如，河北迁安市自 2009 年以来已建成了 9 个垃圾填埋场，在建成后的 8 年内已经有 4 个填满闭场。新建的垃圾填埋场经常容易引发垃圾与耕地"争地盘"的矛盾，同时建设垃圾焚烧电厂也经常会遭遇"邻避效应"问题。建设垃圾填埋焚烧设施工作已成为社会风险的高发领域，对社会稳定造成了不小的威胁。[①]

（五）农民的生态环境保护意识尚需加强

在对农村生态环境进行治理的过程中，农民作为相应的污染和受益主体，应有参与生态环境治理，减少治理成本的义务。虽然目前农村生态环境治理仍由政府主导，但从长远来看，培养农民参与环保的意识和能力才是未来进一步深化生态环境治理工作的良策。各个地区已经逐渐重视对农民环保的宣传教育，但在农民环保意识的宣传教育上普遍仍然存在着一些问题，影响农村全民参与农村环保的态势建立。

一是农民有关环保的意识和义务观念较为淡薄，参与环保的积极性在仅有宣传教育的情况下，短时间内难以提高。由于传统的小农家庭结构及思想的影响，在没有与己相关的利益的驱使下，农民履行自身环保义务的积极性并不高，在发生相关的农村环境污染行为时，农民更容易当一个旁观者，对表达相关环保诉求并行使监督举报的权利认知程度依然不足。同时，我国部分农村地区的农业生产方式环保程度较低，生活方式对环境的危害也没有引起农民的重视，在农业生产过程中，他们更看重农业生产的产量和效益，而对于农药、化肥的过度使用等问题并不是特别重视，对环境污染的相关问题反应较为迟钝。

此外，农村地区的多数居民仍然缺乏相关的环保知识，并且在推行环保工作时往往处于信息不对称的一方。因此面对政府等采取的环保项目如

---

① 贾小梅，陈颖，赵源坤，董旭辉. 我国农村生活垃圾治理的困境与机制模式创新——基于河北、浙江、广西等地农村生活垃圾治理的调研. 环境与可持续发展，2018，43（3）：66-68.

建造垃圾焚烧厂等可能威胁到自己利益的工程等，他们更可能激烈地反对这些项目，以维护自己的利益。例如，2014 年的杭州中泰的垃圾焚烧发电厂项目，居民都对垃圾焚烧项目的建设持肯定意见，但是出于对自身身体健康等利益考虑，极易产生"邻避效应"，导致居民采取高度情绪化的集体反对甚至抗争行为，拒绝垃圾厂设立在离自己住处较近的地区。即使专家反复论证建立垃圾焚烧厂是解决垃圾问题的最佳途径，该项目在群众中依然存在较大的争议。在南峰村中，村民对垃圾厂的建立极为排斥，特别是"二噁英污染"这些相关名词的传播，对于没有相关专业知识的村民来说，更加深了其恐慌心理，再加上所谓的村书记为拿好处引进垃圾焚烧厂项目的谣言四起，村民们与村书记产生了激烈的冲突，并对其住处进行破坏。① 在农民缺乏相关环保知识以及知情权时，相关政策的开展往往很难获得他们的支持。

二是生态环境保护宣传教育在农村的拓展程度较低，许多教育方式处于空白状态，生态道德教育方式较为单一。宣传方式"照本宣科"的程度较为严重，对农民有关生态环境的教育以拉横幅、发宣传单的方式为主，这些方式收效甚微，很难让农民意识到问题的严重性。并且，目前的教育方式大部分都停留在理论层面，在实行中并未与农村的实际生活紧密结合。

三是针对农民开展生态环境治理方面的技术帮扶存在较大缺口，目前开展的农村生态环境保护方面的宣传教育仍以理念方面的教育为主，缺少操作层面的相关技术帮助和指导。例如焚烧秸秆，许多基层政府只是发布禁令，宣传禁烧秸秆的口号，并未从如何利用等方面对农民进行具体指导。

四是有关整个农村的环保宣传教育体系仍然不健全，农村环保教育基本由基层政府开展相关工作，并未设置相关的机构进行专门管理。同时，

---

① 杭州已化解 2014 年"中泰群体性事件"在原址建垃圾焚烧发电厂. 观察者网，2017 - 03 - 24.

关于宣传生态环境保护的人才培训和监督考核方面等组织形式的建设，仍然存在着较大的空白。

二、农村生态环境治理的未来展望

进入 21 世纪以来，我国农村生态环境事业不断发展，在政策体系、生态工程建设、污染治理、农业技术等方面取得了长足的进步。然而，目前农村生态环境保护工作仍然存在很多不足，农村环境污染、生态破坏仍旧是制约农村全面进步、影响社会安定团结、危及可持续发展的不稳定因素。因此，在全面建设小康社会的大背景下，要采取更加全面、有力的对策，推动生态文明建设，实现人与自然和谐共处。

（一）不断完善政策体系

我国农村生态环境政策体系虽取得了一定的成果，但面对生态文明建设的新要求，仍需不断完善。首先，要增强农村发展政策和生态环境保护的协调性，充分考虑政策实施过程中对环境的影响；其次，要与时俱进，适时修改与政策配套的农村环保法律法规、标准体系，为农村环境保护工作提供及时、有效的法律依据和执行标准；最后，各地方要因地制宜，根据地方实际制定政策法规，保障落实。

（二）不断加大财政投入

环境治理属于公共服务，缺乏利益驱动，难以用市场的方式进行解决，需要政府主导，不断加大对农村环境事业的财政预算投入，强化环境保护基础设施和机构建设、培养环保人才、支持环保监测、管理和治理有关的研究；对于突出的环境污染问题和重点的生态环境工程，要加大财政支持力度，强化监督管理，提高资金利用效率，确保专款专用；对于环境友好型生产企业，要给予支持补贴，以资鼓励。

（三）转变农业生产方式

传统的粗放分散的农业生产方式，以产量作为衡量发展的基本指标，忽视了农村生态环境的保护，使得农村生态环境不断恶化，阻碍了农村的可持续发展。因此，必须通过生产方式的转变，把粗放型生产方式转变为集约型生产方式，分散化的经营方式转变为产业型的生产方式，强调清洁生产、绿色农业、生态农业，实现农村经济发展与生态环境保护相统一，建设美丽中国。

（四）采取多元综合治理模式

对于农村生态环境污染问题，政府、企业、农村合作社和村民既是责任主体又是解决问题的受益者，因此应该采取多元共治的模式，共同应对环保问题。[①] 政府作为多元治理的主导，进行政策引导，强化资金支持，调动各方积极性；企业要积极承担社会责任，采取环境友好的方式进行生产；农村合作社和村民要强化主体意识，自觉监督党和政府以及企业的行为，把环境治理当成分内之事[②]；有关非政府组织要从公益性角度出发，拓宽资金渠道，增强成员素质，加强交流合作，提升治理能力。在多元治理的过程当中，要树立整体意识和协调意识，认识到生态环境的整体性特点，生态环境与经济发展的协调特点，统筹山水林田湖草系统治理。

（五）加强农业科技应用

科学技术是第一生产力，要充分运用农业科学知识来认识农村发展和生态环境之间的基本规律，运用农业科技解决农村面临的各种环境问题。树立可持续发展的农业科技价值观。建立生态文明的农业技术体系和农业科技创新体系，不断推进我国在资源节约技术、农业废弃物利用技术、农业产业链延伸技术和生物能源技术等方向的研究。完善我国生态技术群，加强立体农业技术、综合养殖生态技术、特色农业技术、多色农业技术、设施农业技术、农业污染综合防治技术和无公害绿色农产品标准化生产技术等的研发应用。[③] 不断壮大环境保护科研机构和队伍，加强农业科技推

---

① 张志胜. 多元共治：乡村振兴战略视域下的农村生态环境治理创新模式. 重庆大学学报（社会科学版），2020，26（1）：201-210.

② 任晓冬，高新才. 中国农村环境问题及政策分析. 经济体制改革，2010（3）：107-112.

③ 宁堂原，焦念元，韩宾，安艳艳，李增嘉. 生态技术在现代农业中的地位及其技术群构成. 中国农学通报，2007（10）：158-162.

广，提供更多的资金和政策支持。

（六）不断增强环保意识

农村生态环境保护有赖于意识的转变，宏观上政府应该加强政策和立法宣传，让人们意识到生态环境对于个人和社会持续健康发展的重要性，提高全社会的生态环境意识，在全社会形成一种重视生态环境的氛围，牢固树立生态文明发展理念。在企业层面，政府要通过宣传教育、惩罚奖励等多种手段，提高企业的环保意识。要大力支持环境保护类非政府组织，为其提供良好的政策环境和活动条件，增强社会环保力量。要培养基层干部环保意识，优化干部考核机制，让基层干部更加重视生态环境问题，从而实现农村发展和生态环境保护的平衡。

参考文献

1. 陈向科，邝小军，曾文. 改革开放 40 年我国农村生态环境相关政策演进述评——基于 19 个中央一号文件的文本解读. 长沙大学学报，2017，31（6）：60-63＋68.

2. 贾小梅，董旭辉，于奇，王亚男. 我国农业农村污染治理与监管体系主要问题及对策建议. 中国环境管理，2019，11（2）：10-13＋17.

3. 贾小梅，王亚男，陈颖，于奇，董旭辉. 乡村振兴战略下的农村生态环境管理对策研究. 环境与可持续发展，2018，43（6）：108-112.

4. 李雪娟. 刍议改革开放以来我国农村环境政策的变迁及问题. 法制与社会，2018（33）：172-173.

5. 宁堂原，焦念元，韩宾，安艳艳，李增嘉. 生态技术在现代农业中的地位及其技术群构成. 中国农学通报，2007（10）：158-162.

6. 任晓冬，高新才. 中国农村环境问题及政策分析. 经济体制改革，2010（3）：107-112.

7. 王玉庆. 中国环境保护政策的历史变迁——4 月 27 日在生态环境部环境与经济政策研究中心第五期"中国环境战略与政策大讲堂"上的演

讲．环境与可持续发展，2018，43（4）：5-9．

8. 杨传喜，张俊飚．生态文明视域下的农业科技路径选择．生态经济，2010（11）：129-132．

9. 张誉戈．我国农村生态环境保护的法律问题研究．农业经济，2019（5）：11-13．

10. 张志胜．多元共治：乡村振兴战略视域下的农村生态环境治理创新模式．重庆大学学报（社会科学版），2020，26（1）：201-210．

第八章　脱贫攻坚：全面小康的重中之重①

脱贫攻坚是全面建设小康社会的最突出短板，是农村建设全面小康社会的重中之重。完成全面小康目标任务，脱贫攻坚最后堡垒必须攻克。党的十九届四中全会通过的《中共中央关于坚持和完善中国特色社会主义制度　推进国家治理体系和治理能力现代化若干重大问题的决定》强调："坚决打赢脱贫攻坚战，巩固脱贫攻坚成果"，不到最后一刻不松懈。2020年中央一号文件进一步明确了具体工作目标：全面完成脱贫任务，巩固脱贫成果防止返贫，做好考核验收和宣传工作，保持脱贫攻坚政策总体稳定，研究续接推进减贫工作。脱贫攻坚战成果来之不易，这就必须准确把握脱贫攻坚政策体系沿革脉络，深入理解脱贫攻坚与乡村战略有机衔接关系，充分认识农村集体产权制度改革强大推力，加快建立解决相对贫困的长效机制。打赢脱贫攻坚战，巩固脱贫攻坚成果，对于全面建设小康社会以及后小康社会发展具有重要意义。

第一节　脱贫攻坚的政策体系及其成效

在党和国家的指导下，扶贫开发工作自改革开放以来有序展开。无论是从贫困人口还是贫困发生率来看，中国脱贫攻坚战取得了显著的成效，在农村减贫事业方面取得了巨大的进展。中国农村贫困发生人口数从1978 年的 7.7 亿下降到 2019 年底的 551 万，农村贫困发生率从 1978 年的97.5％降至 0.6％。自 2012 年以来，脱贫攻坚进入关键阶段，减贫人口数

———————————

① 执笔人：黄斌、高强。

连年保持在 1 000 万以上。随着今年脱贫攻坚任务的顺利完成，中国将首次整体消除绝对贫困现象，达成联合国《2030 年可持续发展议程》的减贫目标，对于中华民族乃至整个人类文明史具有重大历史意义。

一、自改革开放以来脱贫攻坚政策体系的梳理

自改革开放以来，中国脱贫攻坚政策体系经历了以下四大阶段：制度变革阶段、规模扶贫开发阶段、区域集中减贫阶段、精准扶贫阶段。

1. 制度变革阶段：1978—1985 年

创新是改革开放的主旋律。在这一阶段中，政府经济发展思路发生巨大转变，制度变革活力得到充分释放，扶贫开发工作也开始受到重视。在这一时期，农业农村经济基础薄弱，"输血"是最为主要的扶贫方式。在短短的 7 年内，按照当年价贫困标准，贫困人口规模从 7.7 亿下降到 6.6 亿，贫困发生率从 97.5％降至 78.3％，上亿极端贫困人口摆脱了贫困生活状态。1980 年，国务院出台《国务院关于实行"划分收支，分级包干"财政管理体制的暂行规定》，将"支援经济不发达地区发展资金"列为中央专项资金中解决特殊问题的预算部分。1982 年，"三西"农业建设专项资金设立，展开区域式扶贫开发支持工作。1984 年，中共中央、国务院出台《中共中央　国务院关于帮助贫困地区尽快改变面貌的通知》，从六个方面明确了政策扶持的具体措施与要求。1985 年，中共中央、国务院出台《中共中央　国务院关于进一步活跃农村经济的十项政策》，进一步明确了国家支援不发达地区的资金使用去向，强化对农村贫困地区的"输血"力度。具体政策文件如表 8-1 所示。

表 8-1　1978—1985 年中国主要扶贫政策

时间	文件名称	主要相关内容
1980 年 2 月 1 日	《国务院关于实行"划分收支，分级包干"的财政管理体制的暂行规定》	中央专项设置一部分资金，用于解决预算执行中发生的特殊问题，如"支援经济不发达地区的发展资金"

续表

时间	文件名称	主要相关内容
1984 年 9 月 29 日	《中共中央 国务院关于帮助贫困地区尽快改变面貌的通知》	提出六个方面措施和要求：一是明确指导思想，改变贫困地区面貌的根本途径是依靠当地人民自己的力量，因地制宜，发展商品生产，增强本地区经济的内部活力，要纠正单纯救济观点；二是进一步放宽政策，实行比一般地区更灵活、更开放的政策；三是减轻负担，给予优惠；四是搞活商品流通，加速商品周转；五是增加智力投资；六是加强领导，督促各项措施的落实
1985 年 1 月 1 日	《中共中央 国务院关于进一步活跃农村经济的十项政策》	国家支援不发达地区资金和支援穷社穷队资金，由各省、自治区的管理机构统一使用，根据统一规划的建设方案，按项目定向投放，改变以往平均分散使用的方法

资料来源：根据有关政策文件整理。

2. 规模扶贫开发阶段：1986—2000 年

从 1986 年开始，有计划、有组织、大规模的扶贫开发工作在全国范围开展。这一阶段扶贫开发工作取得明显成效，中国农村贫困人口规模从 1985 年的 6.6 亿减少到 2000 年的 4.6 亿，农村贫困发生率从 78.3％下降至 49.8％，贫困人口温饱问题得到基本解决。1986 年，国务院贫困地区经济开发领导小组及其办公室正式成立，专门的反贫困工作机构开始发挥作用。同年，《中华人民共和国国民经济和社会发展第七个五年规划》明确了贫困地区经济和社会发展目标，为单方面的"输血"式救助提供基本方向，重视贫困地区的经济发展。1993 年，《中共中央 国务院关于当前农业和农村经济发展的若干政策措施》中提出进一步加强领导，稳定和加强扶贫开发工作机构，集中力量打好扶贫开发的攻坚战。1996 年，《中共中央 国务院关于尽快解决农村贫困人口温饱问题的决定》明确了实现扶贫攻坚计划的基本方针、任务和要求。1998 年，《中共中央关于农业和农村工作若干重大问题的决定》提出坚持开发式扶贫的方针，坚持扶贫到户。要大幅度、多渠道增加扶贫投入。具体政策文件如表 8-2 所示。

表 8-2 1986—1998 年中国主要扶贫政策

时间	文件名称	主要相关内容
1986 年 4 月 12 日	《中华人民共和国国民经济和社会发展第七个五年规划》	明确贫困地区经济和社会发展目标及相应的支持政策
1993 年 11 月 5 日	《中共中央　国务院关于当前农业和农村经济发展的若干政策措施》	集中力量打好扶贫开发的"攻坚战"
1994 年 4 月 10 日	《中共中央　国务院关于一九九四年农业和农村工作的意见》	加强贫困地区的经济开发工作，使这些地区的农民收入有较大增长
1994 年 4 月 15 日	《国务院关于印发国家八七扶贫攻坚计划的通知》	明确扶贫的形势、任务、目标、方针、途径、资金的管理使用和扶持政策
1995 年 1 月 14 日	《财政部　国务院扶贫开发领导小组关于印发"三西"农业建设专项补助资金使用管理办法的通知》	确定"三西"农业建设专项补助资金使用范围和监督管理制度等
1995 年 3 月 11 日	《中共中央　国务院关于做好一九九五年农业和农村工作的意见》	打好扶贫开发攻坚战，加快脱贫致富步伐
1996 年 10 月 23 日	《中共中央　国务院关于尽快解决农村贫困人口温饱问题的决定》	明确实现扶贫攻坚计划的基本方针、任务和要求
1997 年 2 月 3 日	《中共中央　国务院关于一九九七年农业和农村工作的意见》	解决贫困地区农民的温饱问题
1997 年 7 月 31 日	《国家扶贫资金管理办法》	明晰对扶贫资金的管理
1998 年 10 月 14 日	《中共中央关于农业和农村工作若干重大问题的决定》	坚持开发式扶贫的方针，坚持扶贫到户。大幅度、多渠道增加扶贫投入

资料来源：根据有关政策文件整理。

3. 区域集中减贫阶段：2001—2013 年

在 2000 年之后，农村贫困人口已经大幅减少。随着全国范围内农村贫困人口的减少，贫困人口分布特征发生了变化，显现出集中于中西部地区、分散于村庄内部的特征。国家统计局数据显示，2000 年东部地区贫困人口的比例已经下降到了 9%①，远低于全国平均水平，且贫困人口也主要分散在各个贫困村。② 因此，为打赢脱贫攻坚战，这一阶段扶贫开发政策力度继续加大，同时注重农村贫困人口"后温饱时期"的生产生活条件。

2001 年，《中共中央　国务院关于做好 2001 年农业和农村工作的意见》明确了坚持通过开发式扶贫来改善贫困地区生产生活条件的方向；同年，《中国农村扶贫开发纲要（2001—2010 年)》明确提出了 2001—2010 年扶贫开发的奋斗目标、基本方针、对象与重点、内容和途径、政策保障以及组织领导；2008 年中央一号文件提出要继续做好整村推进、培训转移和产业化扶贫工作；2009 年中央一号文件明确了"提高农村贫困人口的自我发展能力"为重点方向；2013 年中央一号文件提出要"加大扶贫开发投入，全面实施连片特困地区区域发展与扶贫攻坚规划"。这一时期我国主要扶贫政策如表 8-3 所示。

表 8-3　2001—2012 年中国主要扶贫政策

时间	文件名称	主要相关内容
2001 年 1 月 11 日	《中共中央　国务院关于作好 2001 年农业和农村工作的意见》	坚持开发式扶贫，改善贫困地区的生产生活条件
2001 年 6 月 13 日	《国务院关于印发中国农村扶贫开发纲要（2001—2010 年）的通知》	明确提出了 2001—2010 年扶贫开发的奋斗目标、基本方针、对象与重点、内容和途径、政策保障以及组织领导
2003 年 12 月 31 日	《中共中央　国务院关于促进农民增加收入若干政策的意见》	继续做好扶贫开发工作，解决农村贫困人口和受灾群众的生产生活困难
2004 年 12 月 31 日	《中共中央　国务院关于进一步加强农村工作提高农业综合生产能力若干政策的意见》	增加扶贫开发投入，抓好"少生快富扶贫工程"试点

① 国家统计局农村社会经济调查总队. 中国农村贫困监测报告 2001. 北京：中国统计出版社，2001.

② 汪三贵. 中国的农村扶贫：回顾与展望. 农业展望，2007 (1)：6-8.

续表

时间	文件名称	主要相关内容
2005 年 12 月 31 日	《中共中央 国务院关于推进社会主义新农村建设的若干意见》	要因地制宜地实行整村推进的扶贫开发方式，加大力度改善贫困地区的生产生活条件，抓好贫困地区劳动力的转移培训，拓宽贫困农户增收渠道
2007 年 12 月 31 日	《中共中央 国务院关于切实加强农业基础建设进一步促进农业发展农民增收的若干意见》	继续坚持开发式扶贫的方针，增加扶贫开发投入，逐步提高扶贫标准，加大对农村贫困人口和贫困地区的扶持力度。继续做好整村推进、培训转移和产业化扶贫工作。加大移民扶贫力度。集中力量解决革命老区、民族地区、边疆地区和特殊类型地区贫困问题。动员社会力量参与扶贫开发事业
2008 年 12 月 31 日	《中共中央 国务院关于 2009 年促进农业稳定发展农民持续增收的若干意见》	实行新的扶贫标准，对农村没有解决温饱的贫困人口、低收入人口全面实施扶贫政策，尽快稳定解决温饱并实现脱贫致富，重点提高农村贫困人口的自我发展能力
2009 年 12 月 31 日	《中共中央 国务院关于加大统筹城乡发展力度进一步夯实农业农村发展基础的若干意见》	坚持农村开发式扶贫方针，加大投入力度逐步扩大扶贫开发和农村低保制度有效衔接试点，对农村低收入人口全面实施扶贫政策，着力提高贫困地区群众自我发展能力，确保扶贫开发工作重点县农民人均纯收入增长幅度高于全国平均水平
2010 年 12 月 31 日	《中共中央 国务院关于加快水利改革发展的决定》	因地制宜兴建中小型水利设施，支持山丘区小水窖、小水池、小塘坝、小泵站、小水渠等"五小水利"工程建设，重点向革命老区、民族地区、边疆地区、贫困地区倾斜
2011 年 12 月 31 日	《中共中央 国务院关于加快推进农业科技创新持续增强农产品供给保障能力的若干意见》	加大高等学校对农村特别是贫困地区的定向招生力度

续表

时间	文件名称	主要相关内容
2012 年 12 月 31 日	《中共中央 国务院关于加快发展现代农业进一步增强农村发展活力的若干意见》	加大扶贫开发投入，全面实施连片特困地区区域发展与扶贫攻坚规划

资料来源：根据有关政策文件整理。

4. 精准扶贫阶段：2013 年至今

2013 年 11 月，习近平总书记在湘西考察时提出"扶贫要实事求是，因地制宜。要精准扶贫，切忌喊口号，也不要定好高骛远的目标。"[1] 从历年中央一号文件内容来看，精准扶贫是这一阶段的主要特征。精准扶贫是指扶贫政策和措施针对性帮扶真正的贫困家庭和人口以达到可持续脱贫目标的方式，并将成为中国农村扶贫的主要方式。[2] 精准扶贫强调健全工作机制，因户施策，实施"五个一批"工程，即发展生产脱贫一批、易地搬迁脱贫一批、生态补偿脱贫一批、发展教育脱贫一批、社会保障兜底一批。

2015 年，《中共中央 国务院关于打赢脱贫攻坚战的决定》将"两不愁三保障"（即不愁吃、不愁穿，义务教育、基本医疗和住房安全有保障）列为脱贫攻坚战目标，确保现行标准下贫困人口全部脱贫；2015 年中央一号文件提出"推进精准扶贫"的工作方向。2016 年和 2017 年中央一号文件进一步强调了精准扶贫工作方向；2018 年和 2019 年中央一号文件提出了打好精准扶贫攻坚战的具体工作要求与工作任务；2020 年中央一号文件则紧扣全面小康工作任务，提出坚决打赢脱贫攻坚战的五点工作要求，确保全面小康如期实现。这一阶段的主要扶贫政策文件如表 8-4 所示。

表 8-4 2015—2020 年我国主要扶贫政策

时间	文件名称	主要相关内容
2015 年 2 月 1 日	《中共中央 国务院关于加大改革创新力度加快农业现代化建设的若干意见》	推进精准扶贫，制定并落实建档立卡的贫困村和贫困户帮扶措施

---

① 习近平赴湘西调研扶贫攻坚. 新华网，2013-11-04.
② 汪三贵，郭子豪. 论中国的精准扶贫. 贵州社会科学，2015（5）：147-150.

续表

时间	文件名称	主要相关内容
2015 年 11 月 29 日	《中共中央　国务院关于打赢脱贫攻坚战的决定》	增强脱贫攻坚战目标完成使命感紧迫感，提出打赢脱贫攻坚战的总体要求，提出实施精准扶贫方略，加快贫困人口精准脱贫
2015 年 12 月 31 日	《中共中央　国务院关于落实发展新理念加快农业现代化实现全面小康目标的若干意见》	实施精准扶贫、精准脱贫，因人因地施策，分类扶持贫困家庭，坚决打赢脱贫攻坚战。通过产业扶持、转移就业、易地搬迁等措施解决 5 000 万左右贫困人口脱贫；对完全或部分丧失劳动能力的 2 000 多万贫困人口，全部纳入低保覆盖范围，实行社保政策兜底脱贫
2016 年 12 月 31 日	《中共中央　国务院关于深入推进农业供给侧结构性改革加快培育农业农村发展新动能的若干意见》	进一步推进精准扶贫各项政策措施落地生根，确保 2017 年再脱贫 1 000 万人以上
2018 年 1 月 2 日	《中共中央　国务院关于实施乡村振兴战略的意见》	打好精准脱贫攻坚战，增强贫困群众获得感。瞄准贫困人口精准帮扶，聚焦深度贫困地区集中发力；激发贫困人口内生动力；强化脱贫攻坚责任和监督
2019 年 1 月 3 日	《中共中央　国务院关于坚持农业农村优先发展做好"三农"工作的若干意见》	聚力精准施策，决战决胜脱贫攻坚。不折不扣完成脱贫攻坚任务；主攻深度贫困地区；着力解决突出问题；巩固和扩大脱贫攻坚成果
2020 年 1 月 2 日	《中共中央　国务院关于抓好"三农"领域重点工作确保如期实现全面小康的意见》	坚决打赢脱贫攻坚战。全面完成脱贫任务；巩固脱贫成果防止返贫；做好考核验收和宣传工作；保持脱贫攻坚政策总体稳定；研究接续推进减贫工作

资料来源：根据有关政策文件整理。

二、改革开放以来中国脱贫攻坚的工作成效

2020 年 3 月 6 日，习近平总书记在决战决胜脱贫攻坚座谈会上发表

重要讲话时谈到："脱贫进度符合预期，成就举世瞩目。"① 目前，我国脱贫攻坚目标任务接近完成，脱贫攻坚战取得决定性成就，贫困地区农业产业扶贫成效显著、农村基本生产生活条件明显改善、农民收入水平大幅提升。

1. 农业强：农业产业扶贫成效显著

产业扶贫是脱贫目标持续稳定实现的根本之策。具体而言，贫困地区需要因地制宜充分利用整合农村资源禀赋发展特色产业，这是确保贫困地区实现脱贫增收的重要方式。通过开拓产业形式边界，助推农业产业化进程，农业产业扶贫成效更为显著。目前，通过产业扶贫、电商扶贫、旅游扶贫等方式，贫困地区农业农村经济活力明显增强，农村新产业、新业态不断涌现。不少贫困地区通过"企业＋基地＋合作社＋农户"的经营模式，对贫困户起到积极的辐射带动作用。例如，内蒙古自治区林西县老君沟村为新建移民安置房配套建设了暖棚134栋，村集体与"辣椒大王"王兴钧签订协议，充分利用暖棚因地制宜发展辣椒产业，组织贫困户加入合作社并参与到公司产业链各环节之中，通过"公司＋合作社＋农户"的方式，推进贫困户从辣椒种植、企业务工、入股分红等渠道实现增收。部分贫困地区通过易地扶贫搬迁，还致力于打造特色产业小镇。例如，湖北省十堰市勋阳区青龙泉（香菇小镇）安置点致力于打造集安置区、香菇产业基地、香菇贸易街、香菇主题文化公园等功能于一体的香菇产业特色小镇，为搬迁贫困户创造了就业增收路径。

根据《中国农村贫困监测报告2018》的数据显示，2017年县级产业扶贫相关资金规模已经达到645.2亿元，而县级扶贫资金中用于产业扶贫的投入力度逐年加大，以推进贫困地区农业产业发展，综合提升农业、林业、畜牧业、农产品加工业的产值（见表8-5）。

---

① 习近平. 在决战决胜脱贫攻坚座谈会上的讲话. 新华社，2020-03-06.

表 8 - 5   2015—2017 年县级扶贫资金投向   单位：亿元

资金投向主要类别	2015 年	2016 年	2017 年
产业扶贫相关	402.7	576.2	645.2
其中：农业	172.3	263.0	296.1
林业	101.7	112.6	167.9
畜牧业	101.9	178.3	137.0
农产品加工业	26.8	22.3	44.2

资料来源：根据《中国农村贫困监测报告》相关数据整理。

2. 农村美：农村基本生产生活条件明显改善

农村宜居程度是农村美的重要标志。贫困地区生活条件艰苦，出行难、上学难、看病难、通信难、用水用电难等老问题长期存在，"三保障"问题突出，生活便利条件亟须改善。部分深度贫困地区甚至存在一方水土养活不了一方人的困境，需要通过易地扶贫搬迁的方式提高贫困地区居民生活条件。农村基本生产生活条件的改善体现在三个方面：人居生活条件、基础设施建设、公共服务供给。

在人居生活条件方面，贫困地区居民生活质量稳步提升。根据国家统计局公布的数据，在住房安全方面，2018 年贫困地区居住在钢筋混凝土房或砖混材料房的农户比重为 67.4%，比 2012 年提高了 28.2 个百分点，而居住在竹草土坯房的农户比重为 1.9%，比 2012 年下降了 5.9 个百分点；在厕所改造方面，使用卫生厕所的农户比重为 46.1%，比 2012 年提高了 20.4 个百分点；在饮水困难方面，饮水无困难的农户比重为 93.6%，比 2013 年提高了 12.6 个百分点。从家庭生活质量来看，在家庭耐用消费品方面，贫困地区农村居民家庭耐用消费品从无到有，产品升级换代。2018 年贫困地区农村每百户拥有电冰箱、洗衣机、彩色电视机等传统耐用消费品分别为 87.1 台、86.9 台和 106.6 台，分别比 2012 年增加 39.6 台、34.6 台和 8.3 台，拥有量持续增加，与全国农村平均水平的差距逐渐缩小；每百户拥有汽车、计算机等现代耐用消费品分别为 19.9 辆、17.1 台，分别是 2012 年的 7.4 倍和 3.2 倍，实现快速增长。

长期以来，囿于基础设施建设滞后、公共服务供给短缺，贫困地区经济社会发展受到明显制约，严重影响农村基本生产生活条件。党和国家长期致力于改善基础设施条件，强化民生保障，特别是党的十八大以来，出台了专项扶贫、行业扶贫政策，加大扶贫资金支持基础设施建设与公共服务供给，取得了明显成效。在基础设施建设方面，贫困地区通电话、通有线电视信号、通宽带、主干道路面经过硬化处理、通客运班车的自然村比重逐年上升，2018 年分别达到 99.2％、88.1％、81.9％、82.6％、54.7％，分别比 2013 年提高了 5.9％、17.4％、40.4％、22.7％、15.9％（见表 8-6）。在公共服务供给方面，贫困地区农户所在自然村上幼儿园便利、所在自然村上小学便利、拥有合法行医证医生或卫生员的行政村、所在自然村有卫生站、所在自然村垃圾能集中处理的比重逐年增加，2018年分别达到87.1％、89.8％、92.4％、93.2％、78.9％。有文化活动室的行政村比重 2018 年达到 90.7％（见表 8-7）。

表 8-6 2013—2018 年农村贫困地区基础设施建设情况（％）

指标名称	2013 年	2014 年	2015 年	2016 年	2017 年	2018 年
通电话的自然村比重	93.3	95.2	97.6	98.2	98.5	99.2
通有线电视信号的自然村比重	70.7	75.0	79.3	81.3	86.5	88.1
通宽带的自然村比重	41.5	48.0	56.3	63.4	71.0	81.9
主干道路面经过硬化处理的自然村比重	59.9	64.7	73.0	77.9	81.1	82.6
通客运班车的自然村比重	38.8	42.7	47.8	49.9	51.2	54.7

资料来源：根据《中国农村贫困监测报告》和国家统计局公布的数据整理。

表 8-7 2013—2018 年农村贫困地区公共服务供给情况（％）

指标名称	2013 年	2014 年	2015 年	2016 年	2017 年	2018 年
所在自然村上幼儿园便利的农户比重	—	—	—	—	84.7	87.1
所在自然村上小学便利的农户比重	—	—	—	—	88.0	89.8
有文化活动室的行政村比重	—	—	—	—	89.2	90.7
拥有合法行医证医生/卫生员的行政村比重	88.9	90.9	91.2	90.4	92.0	92.4
所在自然村有卫生站的农户比重	84.4	86.8	90.3	91.4	92.2	93.2
所在自然村垃圾能集中处理的农户比重	29.9	35.2	43.2	50.9	61.4	78.9

资料来源：根据《中国农村贫困监测报告》和国家统计局公布的数据整理。

3. 农民富：农民收入水平大幅提升

长期以来，我国坚持开发式扶贫方针，提升贫困地区农民自主脱贫致富能力，大幅提高贫困地区农民收入水平。2019 年 832 个贫困县农民人均可支配收入达到 11 567 元，相比 2013 年增加了 5 488 元，年均增长率高达 9.7%。随着收入水平的提升，贫困地区农村居民人均消费水平也不断提升。2018 年贫困地区农村居民人均消费支出达到 8 956 元，相比 2012 年年均增长率达到 11.4%。贫困地区农民购买消费能力明显增强，"两不愁" 质量水平得到明显提升。

具体来看，贫困率的降低意味着贫困地区农民收入水平已经得到了较大幅度的提升。全国贫困地区脱贫增收成效显著能够从以下三方面得以体现：第一，脱贫增收规模巨大。根据联合国《千年发展目标 2015 年报告》，中国占据全球极端贫困人口脱贫贡献率的 70%，到 2020 年，中国将提前 10 年达成联合国 2030 年可持续发展议程的减贫目标；第二，脱贫增收速度快。1978—2019 年短短 41 年，尽管当年价贫困标准逐年提高，但贫困发生率仍能实现从 97.5% 降至 0.6%（见表 8-8）。自 2012 年以来，贫困发生率从 10.2% 降至 0.6%，年脱贫人口连年保持在 1 000 万以上；第三，脱贫增收差距缩小。2018 年贫困地区农村居民人均可支配收入已经达到全国农村平均水平的 71.1%，相比 2012 年时提高了 8.8 个百分点，进一步缩小了与全国农村居民平均水平的差距。

表 8-8　自 1978 年以来贫困人口规模与贫困发生率

年份	当年价贫困标准（元/年/人）	贫困发生率（%）	贫困人口规模（万人）
1978	366	97.5	77 039
1980	403	96.2	76 542
1985	482	78.3	66 101
1990	807	73.5	65 849
1995	1 511	60.5	55 463
2000	1 528	49.8	46 224
2005	1 742	30.2	28 662
2010	2 300	17.2	16 567

续表

年份	当年价贫困标准 （元/年/人）	贫困发生率（%）	贫困人口规模（万人）
2011	2 536	12.7	12 238
2012	2 625	10.2	9 899
2013	2 736	8.5	8 249
2014	2 800	7.2	7 017
2015	2 855	5.7	5 575
2016	2 952	4.5	4 335
2017	2 952	3.1	3 046
2018	——	1.7	1 660
2019	——	0.6	551

资料来源：根据《中国农村贫困监测报告》和国家统计局公布数据整理。其中，2018 年和 2019 年当年价贫困标准数据尚未公布。

第二节　协同作战：推进脱贫攻坚
与乡村振兴有机衔接

脱贫攻坚以消除绝对贫困为目的，以精准扶贫方式确保贫困人口达成"两不愁三保障"目标，实现中国现行标准下农村贫困人口脱贫。乡村振兴战略的推进以脱贫攻坚成果为基础，脱贫攻坚与乡村振兴之间有着紧密的联系。2018 年中央一号文件，即《中共中央　国务院关于实施乡村振兴战略的意见》首次提出："做好实施乡村振兴战略与打好精准脱贫攻坚战的有机衔接"。同年 9 月，中共中央、国务院印发的《乡村振兴战略规划（2018—2022 年）》再次提出，把打好精准脱贫攻坚战作为实施乡村振兴战略的优先任务，推动脱贫攻坚与乡村振兴有机结合、相互促进。2020 年中央一号文件，即《中共中央　国务院关于抓好"三农"领域重点工作确保如期实现全面小康的意见》指出指导意见制定的紧迫性，需要"抓紧研究制定脱贫攻坚与实施乡村振兴战略有机衔接的意见"。

一、脱贫攻坚与乡村振兴的内在逻辑关系

推进脱贫攻坚与乡村振兴有机衔接，需要理清二者之间的内在逻辑关

系。一方面，需要从乡村振兴略实施的角度出发，思考脱贫攻坚如何在乡村振兴战略下进行定位，探索乡村振兴战略的政策举措可以如何助力打赢脱贫攻坚战、巩固脱贫攻坚成果；另一方面，需要从脱贫攻坚的角度出发，更新对乡村振兴战略重大作用的认知，并基于脱贫攻坚实践过程中取得的已有成效与实践创造，研究脱贫攻坚作用于乡村振兴的作用机制关系。通过统筹思考脱贫攻坚与乡村振兴的关系，二者能够进入互融互通、互促互进的协同作战关系，最终推进乡村振兴战略以及农业农村现代化伟大目标的实现。

只有找到二者的共同方向，才能有效推进二者的有机衔接。两大战略在具体政策内容上存在着以下三点共通之处：第一，奋斗目标一致。全面建成小康是"两个一百年"的阶段性目标，是第一个百年奋斗目标。全面建设社会主义现代化强国是"两个一百年"的最终目标，是第二个一百年的奋斗目标。脱贫攻坚与乡村振兴战略的奋斗目标完全一致，从内部看还存在递进的逻辑关系。脱贫攻坚的目标在于助力全面建成小康社会，乡村振兴战略的目标在于全面建设社会主义现代化强国，二者都致力于"两个一百年"奋斗目标的实现。由于实现第一个百年奋斗目标临近，衔接好脱贫攻坚与乡村振兴关系，能够聚焦于第二个奋斗目标的实现。第二，参与主体互融。脱贫攻坚与乡村振兴战略共同着眼于解决"三农"问题。其中，农民能否增收致富是重要目标，贫困户能否脱贫增收更是重中之重。在实施主体方面，政府在两个方面都发挥着帮扶作用，同时农民群众追求脱贫致富的内生动力也促使它们成为实施主体的中坚力量。在这一过程中，农民群众（包括贫困农民）既是实施主体也是受益主体，身份"双重性"正是内生动力产生的源泉，要激发农民发挥主观能动性，积极通过技能提升等方式逐步转为新型农业经营主体，充分发挥在农民群体在打赢脱贫攻坚战与推进乡村振兴建设的主体作用。第三，具体行动互通。脱贫攻坚的具体行动内容包括产业扶贫、基础设施建设、公共服务保障、乡村治理强化等方面，而乡村振兴的具体行动内容包括产业兴旺、生态宜居、乡风文明、治理有效、生活富裕五大方面。其中，着力发展产业是两大战略的重要手段，脱贫增收是两大战略的重要目标，而城乡基本公共服务供给水平提升是两大战略推进的重要保障。

总体来看，脱贫攻坚与乡村振兴具有很强的内在联系与承接关系。在两大战略承接的关键节点，脱贫攻坚与乡村振兴是必须进行有机衔接的，以目标聚合的方式整合各类资源投入方向，确保各项目标能够如期实现。在二者进行有机衔接的节点，首先需要确保脱贫攻坚战能够顺利打赢，继续围绕"两不愁三保障"做好政策投入保障工作，保证全面建成小康如期实现，为后小康社会发展奠定好坚实基础。其次，需要巩固成果后再稳步推进。在乡村振兴初创阶段，脱贫攻坚战所取得的卓越成效为乡村振兴注入了巨大推力，而乡村振兴战略也能够将脱贫攻坚纳入更为长远的框架体系之中。因此，作为阶段性目标胜利，脱贫攻坚战胜利成果应该加以巩固，以更好地服务于长期目标的实现。如果过早地单纯追求乡村振兴目标，忽视脱贫攻坚成果巩固的重要性，二者将渐行渐远、走向脱节，不利于第二个百年目标的顺利实现。

二、脱贫攻坚与乡村振兴有机衔接的具体路径

由于脱贫攻坚与乡村振兴在具体行动方面互通，有机衔接路径也应该遵循具体行动的共通性。下面将从"产业振兴、人才振兴、文化振兴、生态振兴、组织振兴"五大振兴视角来进行分析。

第一，衔接产业脱贫与产业振兴。产业发展在脱贫攻坚与乡村振兴中都处于关键地位。脱贫攻坚战的落实需要产业扶贫助力，为贫困地区农户增收致富注入内生动力，推进扶贫工作由"输血"向"造血"功能转换，保障脱贫前后产业发展的可持续性。乡村振兴离不开产业振兴，离开产业的振兴不可持续。基于此，一要做好产业发展规划，既要考虑产业扶贫成果巩固的现实需要，又要考虑乡村产业振兴的长期需要，充分吸取产业脱贫的既有实践经验，推进产业振兴规划布局合理，提升资源综合利用效

率。二要提升产业现代化水平。对标第二个百年目标，需要坚持创新发展思维，充分利用现代化要素注入产业发展过程之中，推进产业可持续发展。产业脱贫是以产业为手段的扶贫开发过程，重点关注助推贫困地区农户脱贫的社会效益，而产业振兴更为关注市场经济效益，重视发挥市场在资源配置过程中的决定性作用，借助"互联网＋"等现代化工具助力产业发展。

第二，衔接人才脱贫与人才振兴。人才在推动贫困地区农民脱贫中起到重要推力，为贫困地区注入现代发展要素。振兴乡村人才，不仅能够助力脱贫增收，还能振兴乡村事业发展。目前，壮大乡村人工作队伍路径有以下四种：建设农村产业人才队伍、建设农村科技人才队伍、建设农村治理人才队伍、建设农村公共服务人才队伍。一是建设农村产业人才队伍。脱贫致富，产业为先。助力乡村振兴，需要整合产业人才资源，形成体系化的农村产业人才队伍，提升产业发展绿色水平。二是建设农村科技人才队伍。为提升贫困地区农业生产效率，农业科技研发与推广人才起到重要作用，需要在人才振兴过程中注重整合体系化的科技队伍。三是建设农村治理人才队伍。脱贫攻坚期间，大量社会力量投身贫困地区治理当中，其中不乏大学生、村里能人。如何总结好治理经验、继续发挥好治理人才作用是衔接过程需要考虑的。四是建设农村公共服务人才队伍。教育事业与医疗事业长期是农村地区的发展短板，需要在振兴人才过程中加大投入力度，推进城乡公共服务均等化进程。

第三，衔接文化脱贫与文化振兴。在脱贫攻坚的过程中，文化脱贫助力扶智工作取得关键性进展，思想文化素质与科学认知水平得到提高，极大地提升了农户改善生产生活的积极性与自信心。推进文化脱贫与文化振兴衔接，需要加大文化宣传力度，整合文化资源，大力发展文化产业。具体而言：一是要做好文化宣传工作，强化党建思想引领，提升乡村思想认知高度，永葆乡村百姓自力更生能致富的信念；二是要挖掘农村资源禀赋蕴含的文化价值，凸显农村资源特色，以文化脱贫已有成果为基础，大力发展文化产业，推动资源实现价值增值。

第四，衔接生态脱贫与生态振兴。生态扶贫是贫困地区尤其是生态脆弱区或生态功能区打赢脱贫攻坚战的关键举措，通过增强生态产品供给能力或完善生态补偿机制等方式助力打赢脱贫攻坚战生态扶贫实践为生态振兴积累了宝贵经验。推进生态脱贫与生态振兴衔接，需要做好以下几项工作：一是要继续以绿水青山就是金山银山理念为引领，坚持人与自然和谐共生，不以牺牲生态环境为代价追求片面脱贫增收；二是要进一步提升农村人居环境质量，完善基础设施建设，强化公共服务供给能力，利用农村贫困地区资源禀赋优势打造美好乡村。

第五，衔接组织保障与组织振兴。农村基层党组织的战斗堡垒作用、农村合作经济组织的抱团取暖作用是脱贫攻坚战打赢的重要保障。不少农村基层党组织干部与农村合作经济组织带头人在脱贫攻坚战中做出了巨大的贡献，凭借着强大的组织动员能力，带领家乡从"一穷二白"走向"两不愁三保障"。组织振兴，需要进一步壮大组织工作队伍，强化组织之间的协同关系，具体需要从以下几个方面着手：一是要在农村基层党组织中打造好农经工作队伍，发挥好组织干部服务于"三农"的骨干力量，充分利用党组织干部整合资源的动员能力；二是要探索组织利益联结机制，充分调动并凝聚组织之间的发展力量；三是要壮大农村集体经济，强化农村集体经济组织功能，把握好推进农村集体产权制度改革的重大历史机遇。

第三节　推波助澜：以产权制度改革助力脱贫攻坚战

通俗地讲，农村产权制度是关于农村集体资产属于谁，由谁来占有、经营、管理、监督以及产生收益如何分配的一系列制度安排。① 从历史发展的过程来看，改革开放以前农村土地产权制度经历了从产权管制放松到

---

① 高强，孔祥智. 新中国 70 年的农村产权制度：演进脉络与改革思路. 理论探索，2019（6）：99-107.

强化的过程，束缚了土地要素、劳动要素流动对于农民收入增加的贡献，使得农民更容易陷入贫困之中。^① 以农村产权制度改革推动人地关系变革，能够推动农村要素自由流动，实现要素价值增值，助力农民走出生活贫困，走向减贫致富。2016 年，《中共中央 国务院关于稳步推进农村集体产权制度改革的意见》指明改革方向："明确农村集体经济组织市场主体地位，完善农民对集体资产股份权能，把实现好、维护好、发展好广大农民的根本利益作为改革的出发点和落脚点，促进集体经济发展和农民持续增收。"壮大农村集体经济，拓宽农民脱贫增收渠道，助力农民持续增收，是农村集体产权制度改革的主要目标，也是检验农村集体产权制度改革成效的重要判断依据。

一、产权制度改革与脱贫攻坚的内在逻辑

2015 年 11 月，习近平总书记在中央扶贫开发工作会议上指出，"通过改革创新，让贫困地区的土地、劳动力、资产、自然风光等要素活起来，让资源变资产、资金变股金、农民变股东，让绿水青山变金山银山，带动贫困人口增收。"^② 通过农村集体产权制度改革，农村集体资产得以盘活，农民群众（包括贫困农民）财产性收入拓宽，贫困群众增收方式得到创新，贫困群众参与集体经济经营管理、收益分配的权益得到切实保障。对于产权制度改革与脱贫攻坚战的一致性，需要加以强化；对于产权制度改革与脱贫攻坚战的差异性，需要加以调整。

具体来看，产权制度改革对脱贫攻坚的助力作用主要体现在以下两点共同之处：第一，目标一致性。农村集体产权制度改革的目的是壮大集体经济，拓宽农民群众（包括贫困农民）财产性收入，而脱贫攻坚战的目的是提高贫困群众收入水平，消除绝对贫困现象。总体来看，壮大集体经济

---

① 张超，罗必良 . 产权管制与贫困：来自改革开放前中国农村的经验证据 . 东岳论丛，2018，39（6）：124 - 132.
② 习近平谈扶贫 . 人民网，2018 - 08 - 29.

与拓宽农民财产性收入是紧密相连的，前者是后者的重要手段，而消除绝对贫困的唯一方式是提高收入水平。因此，产权制度改革与脱贫攻坚的最终落脚点是"增收"，二者最终工作目标一致。第二，增收方式侧重点一致。产权制度改革与脱贫攻坚助力农民增收都强调自主能动性，侧重于农村自我"造血"，而非单向的"输血"。农村集体产权制度改革通过向农民"赋权"，激发了农民参与集体经济经营的积极性，提升挖掘要素价值增值的内生动力；而脱贫攻坚通过产业扶贫、旅游扶贫等方式也为农民群众（包括贫困农民）创造了"自己动手、丰衣足食"的增收致富机遇。

此外，产权制度改革与脱贫攻坚的差异性也在一定程度上抑制了其助力作用：第一，要处理好集体经济壮大与农民群众（包括贫困农民）增收之间的关系。如果农村集体产权制度改革工作不够彻底，贫困群众在集体经济壮大过程中获得收入增加的权益将难以得到保障。与此同时，对于集体经济欠发达村庄，不应"一刀切"，允许集体经济组织自行民主地决定集体经济收益处置方式，科学管理集体资产运行方式，待时机成熟再向成员分红，最大程度促进贫困群众财产性收入的增加。第二，要适当加大对贫困地区集体经济发展的扶持力度。如果集体经济过于薄弱而难以支撑集体资产长效运营，农村集体产权制度改革进度会受到影响。比如，笔者近期前往广东、广西了解农村集体产权制度改革进展，发现两地都重视对薄弱村集体经济的支持。中共广东省委组织部、广东省财政厅、广东省农业农村厅联合发布《关于开展扶持村级集体经济试点工作壮大村级集体经济的通知》，根据各地市经济发展情况实行分类分档财政补助，各级财政补助每村的资金总额不低于50万元。广西壮族自治区党委办公厅、自治区人民政府办公厅印发《关于加快贫困村村级集体经济发展的意见》，明确提出每个贫困村健全一个具有发展活力的村级集体经济组织，培育一个带动集体经济发展的经营主体，培植一个以上可持续增收的集体经济项目，建立一套激励集体经济发展的灵活机制，健全一套规范集体经济健康发展的管理办法。到2020年，全区5 000个贫困村每个贫困村集体经济年收入达到 5 万元以上。

二、产权制度改革助力脱贫攻坚的衔接路径

2017 年中央一号文件明确提出，"从实际出发探索发展集体经济有效途径，鼓励地方开展资源变资产、资金变股金、农民变股东等改革，增强集体经济发展活力和实力。"农村"三变"改革的"贵州经验"为全国深化农村产权制度改革助力欠发达地区脱贫攻坚，促进农民群众（包括贫困农民）增收提供了宝贵的经验借鉴。[①] 这里将以六盘水的"三变"改革为例，梳理产权制度改革助力脱贫攻坚的衔接路径。

第一，"资源变资产"助力脱贫攻坚。通过清产核资、成员界定，农村资源权属分明，能够纳入农村集体资产运营范畴之内，盘活农村集体资产，拓宽农民群众（包括贫困农民）增收渠道。六盘水农村资源尤为丰富，既有耕地、林地、水域、草地、"四荒地"等自然资源，也有自然风光、区域气候等生态资源，但这些资产长期处于"沉睡"状态，未被充分利用起来，大大抑制了资源充分利用对于促进农民群众（包括贫困农民）脱贫增收的重要作用。基于此，六盘水对农村资源仔细进行核查清理、登记备案、评估认定，将"沉睡"的资源转为"活起来"的资产，并通过作价入股形成集体与村民之间的合理分配关系，拓宽了贫困群众增收来源。

第二，"资金变股金"助力脱贫攻坚。农村中的资金包括各级财政投入农村的各类资金，村集体和农户拥有的自有资金，以及获得的信贷资金、社会资金等，这些资金的用途和投放存在着点多面广、投入分散、作用发挥不明显、效益外溢等突出问题，尤其是各级投入农村的财政资金具有项目多、额度小、一次性等特点，导致财政资金无规模、投入效益低、可持续性差等问题。通过一定方式将这些资金整合起来，形成合力，有利于放大资金使用效益。为此，六盘水市坚持在不改变资金使用性质和用途

---

① 孔祥智，穆娜娜. 农村集体产权制度改革对农民增收的影响研究——以六盘水市的"三变"改革为例. 新疆农垦经济，2016（6）：1–11.

的前提下，强化集体资金服务集体成员的作用，将集体经营性资产以股份或份额的形式量化到本集体成员，确权到户，发展多种形式的股份合作制，并按照"集中投入、产业带动、社会参与、农民受益"的原则，创新股金利用方式，改善农民群众（包括贫困农民）收入结构。

第三，"农民变股东"助力脱贫攻坚。"农民变股东"的身份转换激发了贫困群众参与集体资产运营的内生动力，集体经济组织的集体资产经营管理主体地位得到强化，增强了集体资产利用的民主性与科学性。家庭承包经营制度全面推行，农户家庭成为独立的经营主体。然而，小规模、分散化的农户家庭经营普遍存在着效益低、财产性收入少且增长困难等问题，越来越不适应现代农业发展和农民增收的需要。六盘水市在充分尊重农民意愿的基础上，促使农民通过占有一定股份而成为股东，使农民从传统农业中解放出来，资金在市场中流动起来，提高农民群众（包括贫困农民）在入股企业、土地增值收益中的分配比例，实现脱贫致富。

通过"三变"改革，六盘水市探索出了一条贫困地区实现农民增收的有效路径，通过深化农村集体产权制度改革助力打赢脱贫攻坚战。通过盘活集体资产，六盘水市能够引入市场运营机制，提升集体资产运营效率，为扶贫开发"造血"，推进贫困群众由被动脱贫转为主动脱贫。

第四节　重心转换：加快建立解决相对贫困的长效机制

打赢脱贫攻坚战，是全面建成小康社会的题中应有之义。到 2020 年底，中华民族千百年来的绝对贫困问题将得到历史性的解决。这也意味着，新时代扶贫事业将从解决绝对贫困问题向缓解相对贫困问题转变。站在新的历史节点上，党的十九届四中全会提出，"坚决打赢脱贫攻坚战，建立解决相对贫困的长效机制"。这为 2020 年后的减贫战略指明了方向，也为脱贫攻坚与乡村振兴"两大战略"统筹衔接背景下的扶贫工作明确了路径。贫困是一种客观存在的社会现象，但在不同的历史阶段，反贫困的重点和着力点会有很大不同。2020 年后中国反贫困的基本定位是在防止返贫的基础上解决相对贫困问题，做好政府主导与市场决定的统筹衔接，实现扶贫对象自身能力的再造与提升，建立解决相对贫困的长效机制。

一、相对贫困的主要特点

与绝对贫困相比，相对贫困具有人口基数大、贫困维度广、致贫风险高等特点，也在持续增收、多维贫困、内生动力、体制机制等方面面临诸多难点。[①]

1. 人口基数大

目前，我国相对贫困人口主要由部分脱贫户、贫困"边缘户"、进城农民工以及城市低收入者四部分组成。按照现行的贫困标准计算，2011年人均年纯收入在 2 300 元以下的农村贫困人口约为 1.28 亿人，这些人口都是相对贫困群体的潜在人口。同时，以进城农民工为主的城市流动人口成为相对贫困群体的另一大主要来源。据 2018 年农民工监测调查报告显示，我国进城农民工约为 1.35 亿人。从收入方面看，2018 年外出务工农民工月均收入为 4 107 元，而城镇单位就业人员平均工资是外出务工农民工的 1.67 倍。在随迁儿童教育方面，有 50.8% 的进城农民工家长反映在城市上学面临升学（入园）难、费用高等问题。由此可见，即便不考虑目前尚未统计的大量贫困"边缘户"以及城市低收入者，仅脱贫户和进城农民工二者总计就超过了 2 亿人。

2. 贫困维度广

相对贫困既包括由于收入不足造成的不能维持基本需要的现象，也包括处于社会困境而不能实现基本公共服务的社会排斥现象。有研究表明，收入贫困和多维贫困的重合度仅为 30.62%，这也就意味着仅关注收入这

---

① 高强，孔祥智. 论相对贫困的内涵、特点难点及应对之策. 新疆师范大学学报（哲学社会科学版），2020（3）：1-9.

一指标将遗漏 69.38% 的多维度贫困户。与绝对贫困相比，相对贫困更具有明显的多维性。比如，对于进城农民工而言，由于他们的参照群体是城市居民，在教育、医疗、社保、居住条件以及社会融入等方面面临更为直接的"心理冲击"。因此，我国在进入缓解相对贫困阶段后，必须以多维贫困标准开展扶贫工作，将更多的注意力放在基础设施、公共服务与社会保障等方面，赋予相对贫困人口更多经济性权利和社会性权利。

3. 致贫风险高

相对贫困不仅持续时间长，而且解决难度大，其根本就在于致贫风险的多元化和致贫因素的不确定性。从成因上看，相对贫困的致贫风险可以分为以下四类：第一类是自然灾害、意外事故、大病重疾等突发性、不可预测性因素；第二类是市场波动、技术变革、产业经营、就业状况等发展性、市场性因素；第三类是教育、医疗卫生、住房条件、社会保障等基本公共服务类因素；第四类是文化融入、社会排斥等主观性、感知性因素。对于相对贫困群体而言，这些经济性因素、非经济性因素相互影响，周期性因素与结构性因素相互建构，客观性因素与主观性因素交叉融合，给相对贫困解决带来了巨大的挑战。

二、缓解相对贫困的突出难点

1. 持续增收问题

收入维度是相对贫困的基础维度。从目前的政策设计看，产业扶贫、转移就业扶贫、生态旅游扶贫等各项扶贫政策都聚焦增收。持续增收问题在产业和就业扶贫方面表现尤为明显。目前，不少地方扶贫产业大多集中在农业种养初级环节，发展产业盲目跟风，导致产业同质化严重，"一哄而上"又"一哄而散"。同时，受中美经贸摩擦、国内经济出现下行压力等影响，不少提供外出农民工就业岗位的中小企业出现减少用工苗头，已经脱贫群众稳定就业的压力增加。从长期来看，缓解相对贫困不仅需要保持持续增收的方向，还要着力提升增收的速度，缩小城乡之间、区域之间以及不同群体之间的收入差距。

2. 多维贫困问题

多维贫困既是相对贫困的突出特点，又是缓解相对贫困的主要难点。从实际调研情况看，许多贫困地区在政策落实过程中，仍然仅将收入作为是否脱贫的唯一指标。有的地方甚至实行"数字脱贫""计算脱贫"，忽视了教育、医疗、住房以及饮水安全等方面的脱贫指标。以易地扶贫搬迁为例，有的移民安置区基础设施建设标准较高，但公共服务配套不完善。有的移民安置区距离学校、医院比较远，导致农民群众存在上学难、看病不便等问题。多维贫困问题在城市中表现得更为突出，特别是对于进城务工人员和城市低收入群体而言，他们更容易陷入健康、福利以及社会融入等方面的相对剥夺状态。这些问题都不是收入指标单一维度的原因，而是多种因素综合作用的结果，需要统筹多元化扶贫政策予以解决。

3. 内生动力问题

党的十八大以来，我国采取超常规举措，统筹采取多种帮扶政策精准到户，取得了积极成效。但这也导致了部分贫困地区、贫困群众对外部支持的依赖度较高、主体意识和内生动力不强等问题。我们在调查中了解到，以第一书记和扶贫工作队为主的帮扶干部承担了大量经济发展和社区治理工作。许多贫困群众获得了脱贫机会，但没有掌握脱贫技能。也有不少贫困群众在摆脱绝对贫困后，丧失了发展动力和志向，又成为相对贫困群体的成员。在这种情况下，一旦帮扶干部撤出，贫困地区很可能又恢复无人做事、不会办事的状态。

4. 体制机制问题

在2020之年后，贫困地区致贫因素和贫困形态出现新变化，扶贫管理的碎片化、扶贫资源的部门化与扶贫工作要求整体性推进之间的矛盾日益突出，扶贫战略思路、工作体系与制度体系也要做出新的调整。从目前来看，我国对于相对贫困人口的标准划定尚未明确，导致潜在贫困群体无法被充分估计，特别是我国尚未在脱贫攻坚与乡村振兴有机衔接的框架下对微观扶贫政策的转移接续做出明确的安排，缓解相对贫困的政策创新力度仍不够。这样就很难利用乡村振兴已经明确的政策、工程、项目来接续推动贫困地区人口生活的改善。

三、缓解相对贫困的发展建议

缓解相对贫困工作不可能一蹴而就，也不会一劳永逸，而是一项长期性和战略性的任务。在当前和今后一段时期中，要在乡村振兴与脱贫攻坚"两大战略"统筹衔接的视角下，不断创新扶贫政策设计，并将其制度化、体系化。

1. 持续增收机制

实现持续增收是防范大面积返贫的重要保障，也是缓解相对贫困的前提基础。建立持续增收机制，关键是针对有劳动能力和就业意愿的低收入人口，强化产业和就业扶持，着力做好产销衔接、劳务对接，实现长久增收致富。一方面，要做好产业培育与产业升级的衔接，发挥好贫困地区在资源环境、品种特色等方面的优势，以市场为导向开展生产经营，长短结合培育壮大乡村产业，将乡村产业打造成为持续增收的"长效之源"。另一方面，要全力推进就业扶持，精准施策做好就业服务，提高劳动报酬在初次分配中的比重，加大对返乡农民工、贫困大学生、退伍军人的创新创业支持力度，让有劳动能力的低收入人口通过就业实现增收。

2. 差距拉平机制

相对贫困产生的根源在于资源财富分配不均、发展不平衡不充分。建立差距拉平机制，目标不在于绝对值拉平，而是进一步扩大市场参与程度和公共服务覆盖范围，实现发展理念、体制、机制一体化。对于农村而言，要在继续做好脱贫户帮扶的同时，加大对收入超过贫困线的"边缘群体"的扶持力度，使其收入增长速度超过平均水平，缩小农村内部的收入差距。要发挥各地区比较优势，调整优化东西部扶贫协作与对口帮扶，构建区域协同发展新机制。对于城市而言，要加大对进城务工人员和城市低收入人员的扶持帮助，调节城乡、区域、不同群体间分配关系，让农民工等低收入群体平等享受城镇基本公共服务，促进其加快社会融入。同时，要强化教育、医疗卫生、社会保障等领域的城乡对接，推进城乡基本公共服务标准统一、制度并轨，以缓解城市和农村的相对贫困问题。

3. 多重保障机制

要在坚持做好开发性扶贫的基础上，充分发挥中国特色社会主义制度优势，针对特殊群体和重点区域，统筹完善社会救助、社会福利、慈善事业、优抚安置等制度，构建起以保障性扶贫政策为主的多重防范体系。对于完全或部分丧失劳动能力的特殊群体，要综合实施保障性扶贫政策，健全医疗卫生保障体系，为残疾人群提供特殊性扶助，扩大兜底保障政策覆盖范围，织密筑牢民生保障安全网。要做好农村最低生活保障工作的动态化、精细化管理，健全特困人员救助供养体系，实现低保对象与扶贫对象紧密衔接、社会救助政策与扶贫政策相互覆盖，把符合条件的贫困人口全部纳入保障范围。

4. 内生动力机制

缓解相对贫困的关键在于将内生动力与外生拉力有机联系起来，并更多地发挥内生动力的驱动作用。一是优化帮扶政策举措。在绝对贫困基本消除之后，各方面的扶贫压力减少。要及时将扶贫产业、建成项目的管护等交给农民群众自己做，引导群众投工投劳、建设自己的家园，避免脱贫攻坚对贫困地区乡村自身发展的"挤出效应"。二是加强创业就业技能技术培训，让农民群众获得长久"脱贫之技"，走上稳定脱贫道路。三是实行奖惩并举，对于实现就业的低保对象，在核算其家庭收入时，可以适当扣减必要的工作成本，并对带动增收明显的予以特殊奖励。而对于有一定劳动能力、无正当理由拒不参加劳动的个别"懒汉"，应当阶段性取消低保金，直至促使其参加就业。四是加强社会主义核心价值观教育，弘扬优秀传统文化，树立正确的劳动观念，加强贫困"耻感文化"建设，克服依赖心理、攀比心态，激发主体性意识，形成积极向上的社会风气。

5. 工作体制机制

缓解相对贫困问题是一项长期性和经常性的任务，需要进一步健全党委统一领导、政府负责、相关部门统筹协调的工作机制。要在乡村振兴战略这一大背景下，开展工作创新、管理创新与制度创新，整合分散在各部门的扶贫资源，优化创设新的扶贫架构，逐步将城镇相对贫困纳入扶贫范围，建立覆盖工农、城乡一体的扶贫体制。要深入研究各类扶贫政策延长期限、退出方式与转换机制，将扶贫举措融入乡村振兴战略的任务、工程和项目中。要夯实缓解相对贫困的基层基础支撑，把建强基层组织、培养本地"带头人"等基础性工作突出出来，用经济手段等多元化方式把帮扶干部与乡村建设发展捆绑起来，实现欠发达地区的可持续发展。

参考文献

1. 高强，孔祥智. 论相对贫困的内涵、特点难点及应对之策. 新疆师范大学学报（哲学社会科学版），2020（3）.

2. 高强，孔祥智. 新中国 70 年的农村产权制度：演进脉络与改革思路. 理论探索，2019（6）.

3. 孔祥智，穆娜娜. 农村集体产权制度改革对农民增收的影响研究——以六盘水市的"三变"改革为例. 新疆农垦经济，2016（6）.

4. 汪三贵，郭子豪. 论中国的精准扶贫. 贵州社会科学，2015（5）.

5. 汪三贵. 中国的农村扶贫：回顾与展望. 农业展望，2007（1）.

6. 张超，罗必良. 产权管制与贫困：来自改革开放前中国农村的经验证据. 东岳论丛，2018，39（6）.

第九章　农村产权制度改革：建设小康社会的协奏曲[①]

2020 年中央一号文件中提出，脱贫攻坚质量怎么样、小康成色如何，很大程度上要看"三农"工作成效。习近平总书记在安徽凤阳县小岗村的农村改革座谈会上指出，深化农村改革需要多要素联动，要在坚持和完善农村基本经营制度的同时，着力推进农村集体资产确权到户和股份合作制改革。农村产权制度改革对于带动农民增收、维护农村社会稳定以及促进农业发展具有重要的现实意义，为全面建设小康社会打下了制度、经济和社会层面的基础。

第一节　迈向更美好的小康社会

农村产权制度改革是全面深化农村改革的重大任务。推进农业现代化，产权清晰是一个重要前提。推进农村集体产权制度改革，是贯彻落实党的十八大和十八届三中、四中、五中全会精神的重要举措，对于全面深化农村改革、激发农业农村发展活力具有重要意义。受中华人民共和国农业农村部委托，以中国合作经济学会副会长、中国人民大学二级教授孔祥智为组长的中国合作经济学会评估组于 2019 年 12 月对广东省、广西壮族自治区农村产权制度改革情况进行调查验收，通过开展座谈会、走访村民等形式，收集了翔实的数据和案例资料。本节通过总结归纳两广地区农村产权制度改革的实践，分析其对促进小康社会建设的作用，尤其是在制

[①]　执笔人：赵昶、仇雪婷、陈颖。

度、经济和社会等多方面的基础性作用。

一、农村产权制度改革是促进小康社会建设的制度基础

小康社会建设需要更为完善的民主制度，更需要农民有日渐提高的民主意识。通过农村的产权制度改革，一方面使人民群众的发声渠道更加宽广，利益表达更为完备，另一方面增强了农民的集体和民主意识，这不仅为小康社会的建设打下了坚实的制度基础，还坚实了农民在思想层面对全面建设小康社会准备工作的信心。

通过产权制度改革，从制度方面维护了农民的应得利益，增加了农民的民主权益。清产核资是产权制度改革后续工作开展的基础，清产核资是否彻底是后续利民措施能否公允、客观展开的前提。广东省根据省内在资产权属、资产管理等方面存在的问题，进行严格的制度管理，对症下药。广东省出台《关于稳步推进农村集体产权制度改革的实施意见》，规定了全省清产核资工作的重点，严格执行《农村集体资产清产核资办法》，认真对照"农村集体资产清产核资报表"，按照"缺什么补什么"的原则，查漏补缺，建章立制。比如，考虑到债务纠纷等历史遗留问题极不利于清产核资工作的开展，《惠城区农村集体产权制度改革工作实施方案》中明确了不良资产及债务核销处置办法，对于长期借出或者未按规定手续租赁转让的，要清理收回或者补办手续。惠城区秋长街道白石村则通过推动不同片区村小组经济合作社组建联合社，重点解决不同小组之间产权不清的交界地带。再比如，考虑到各地可能存在账目不明的情况，广东省相关政策规定以信息化方式来管理账目，理顺资产账目登记遗漏、有误等问题，提高账目可追溯性。目前，广东全省试点单位探索建立了县、镇、村三级互联互通的农村集体产权交易管理服务平台，惠州市在此基础上还建立了市级服务平台，使得农村集体资产管理更加规范有效。通过一系列严格的制度规定和工作监督措施，广东省在清产核资前后实现了资产总额的大幅增加，四会市资产总额从 257 711.4 万元增加到 260 225.2 万元，惠州市

资产总额从 1 639 841 万元增加到 2 084 021 万元。

与广东省的案例不同，广西壮族自治区在清产核资方面的制度规定主要体现在对工作方式的严格界定。广西规定清产核资的工作方式主要有聘请会计师事务所、镇财政所指导、自行清产核资三种。一是聘请会计师事务所的清产核资方式。以北海市银海区为例，在清产核资阶段，北海市银海区与已有工作成果相结合，聘请第三方协助开展清产核资工作。首先，以村级会计账目和镇财政所会计账目为依据，固定资产有原始凭证按原值登记，无凭证则进行资产评估，评估结果由村民代表大会确定；其次，聘请第三方公司协助开展清产核资，以村（组）为单位厘清资产权属，逐笔逐项登记集体资产。二是镇财政所指导的清产核资方式。以玉林市为例，在清产核资阶段，玉林市与已有工作成果相结合，镇财政所专业会计全程参与，在充分利用已有数据摸底登记的基础上，在镇财政所专业会计的专业指导下，对价格不明、票据不清、合同丢失、无法追究的村进行重新评估。2018 年 12 月底，玉林市全市清产核资数据全部录入系统，实现市级审核上报，后又经过了 7 轮查漏补缺、复核完善。三是自行清产核资方式。例如，万秀区主要采取自我清查的方法，出台了《万秀区农村集体资产清产核资工作指导意见》。在此基础上，万秀区首先进行了资产清查，核实了各村、组的资金、资产和资源，解决了数据不明、权属不清的问题；其次进行了系统录入和审核上报，实现了系统化管理。

成员身份界定是完善人民群众基本权益的保障机制，这在小康社会的基层制度建设方面起了十分关键的作用。一方面表现为在产权制度改革过程中的成员身份界定充分尊重民意。以广东省为例，四会市江谷镇黎寨村经济联合社把集体成员划分为自然成员和表决成员两类。其中，自然成员是指户口在册成员，表决成员是指那些户口不在册而不能直接认定成员资格，但经自然成员表决同意后可以进入集体成员名单的特殊人员，以充分肯定户口不在册成员对集体的历史贡献，包括部分赴港工作生活的原始村民。之后，为区分两类成员的集体贡献，自然成员自然配置每人 1 份集体资产量化份额；自然成员召开成员大会或成员户代表大会，三分之二以上参会人员表决通过表决成员集体资产量化分配方案，配置 0.2 份、0.3 份、0.4 份或 1 份，因成员社而异。最后，联合社按照各成员社所确认的、具备成员资格的集体成员总份额，将收益分配至各成员社；各成员社再依据当年经营状况和自身集体资产量化分配方案，按份额分配至自然成员和表决成员，充分保障群众基本财产权益。另一方面表现为在成员身份界定过程中充分考虑到各种复杂的情况，既不重复也不遗漏，保障每一位村集体成员的应得利益。比如，广西贵港市港南区新庆村农村集体经济组织成员身份的取得分为三种情况，包括原始取得、法定取得和协商取得。凡是在原始取得和法定取得之外的特殊情况，仍需考虑在内，在符合法律法规和集体经济组织章程有关规定的前提下，提交自愿书面申请，按照民主议事程序，由村民代表大会讨论通过，经公示无异议后，可取得本集体经济组织成员身份。再比如，广东省银海区对于村内的残疾村民、家庭困难户等特殊群体，坚持"应纳尽纳、宽松对待"的原则。对于村内的婚嫁人员，当出现"从 A 村嫁至 B 村"情况时，坚持其只能享受其中一个村的分红收益。对于村内的国家公职人员，坚持其不能成为股东参与分红，坚守其不能与民争利的原则底线，但鼓励其为村集体经济发展建言献策，贡献自己的力量。坚持不同群体的成员身份确认原则，能够在最大程度上缓解农村内部矛盾，有效化解利益纠纷，保护村民的股东权益，更能赢得村民对改革工作的支持。

最后，股权设置与管理的制度安排是协调群众利益的有效机制。通过产权制度改革建立起妥善的股权关系有利于避免纠纷，维护民主与制度稳定。比如，广东省试点单位结合地区发展实际和改革实践，因地制宜，分类施策，妥善处理股份设置关系，积极探索股份量化优化方式。在股权设置方面，多数不保留集体股，少数将集体股视为"机动股"，以化解改革启动期所遇到的股权纠纷。四会市城中街道仓岗社区股份经济联合社为解决在股份制改革期间可能出现的分红纠纷，防患于未然，"抛弃"集体股原有职能，预留 200 股集体股作为备用股，限期 2 年，用于纠纷化解。广西则通过赋予农民集体资产股份权能的方式来保障农民的民主权益，明确了股权收益、股权有偿退出及转让和股权继承程序。大部分地区在股权设置方面，股份经济合作社按照人口设置股份。在量化资产总额中，只设个人股，不设集体股，个人股的设置根据各村实际，统筹考量股东年龄、劳龄、特殊贡献等因素合理设置。个人股份在确定之后，按照股份或者份额按户颁发股权证，对股权原则上实行静态管理，增人不增股，减人不减股。比如，桥圩社区遵循统一性和灵活性结合的原则，在保证股权设置公平的基础上，灵活设立资金发放制度，既维持了公平，又积极维护了多方权益。在股权管理上执行"两不增、两不减"的静态管理方法，不随人口增减变动而调整股权，在各户内部实现平衡，并以户为单位向集体经济组织成员出具股权证书，作为其占有集体资产股份、参与决策管理、享有收益的收效凭证。户里如有将来子女分户的现象，按照原则不调整原股权设置，在资产量化到人到户后，成员都不得变现退出。

可见，两广地区的农村产权制度改革是重点围绕以下两个方面展开制度建设的：一是厘清了集体资产规模、界定了成员资格，实现产权制度由村民共同共有到村民按份共有的变化；二是量化了资源资产、明晰了股份权属及份额，实现分配制度由单一的按劳分配到按劳分配与按股分红相结合的变化。通过彻底的清产核资及明晰的股份权属界定，健全了集体资产运营的长效机制，这为小康社会的建设提供了制度保障。

通过产权制度改革，转变了治理结构，提高了村民的民主与集体意识，实现基层事务治理由村民漠不关心到集体参与、群策群力的变化，在制度范围内为小康社会的建设打下了思想基础，保障了集体成员的利益。在农村集体产权制度改革的过程中，通过清理盘活集体资产，做到使人们心中有数，为民主监督奠定基础；股权量化分配，做到了责任到人，调动了民主监督的积极性。广东省惠阳市通过推进合作社再合作，缓解了各种纠纷，转变了村级事务的管理方式，增强了村民的参与感和集体感。具体来看，惠阳区白石村目前有三块集体建设用地在划分归属权问题上存在纠纷。为解决小组之间的纠纷，白石经济联合社专门在三块集体建设用地所在片区组建成立三家经济联合社，分别为角塘经济联合社、塘井经济联合社以及白石经济联合社。三家经济联合社能够有效盘活各自片区内村小组交界地带的"争议"资产，有效推动农村集体经济稳步增长。在股权收益分配方面，三家经济联合社74％的股份由白石村的白石经济联合社所持有，剩余26％的股份按实际土地占有比例分配到26个小组。白石经济联合社通过推动村小组经济合作社走向再联合，实现对行政村与村小组之间"中间地带"的有效管理。广西壮族自治区创造性地设立"基本股＋福利股"，将股权与表决权挂钩，更能有效保障集体经济组织成员利益，使成年人能按照股权持有量行使表决权。例如，北海市银海区福成镇亚平村只设个人股，不设集体股，个人股包括基本股和福利股。遵纪守法、遵守村规民约并履行村民义务的村集体经济组织成员享有10股个人股，其中，福利股为2股，基本股为8股。福利股只有分配权，没有表决权；基本股具有表决权、分配权。未成年成员只享有10股福利股，自成年后转为享有基本股8股、福利股2股。

因此，在农村集体产权制度改革过程中，弄清集体资产，使人们心中有数，为民主监督与民主管理奠定基础。股权量化分配则做到了责任到人，调动了民主监督的积极性。一些地方在村级股份经济合作社成立之后，通过村民股东代表大会选举出技术、经济能人和德高望重者担任合作社的理事长，推动实现了政经分离，实现了集体资产民主管理。有些地区则通过区级农村产权交易平台的成立，实现了农村产权的线上流转交易，有利于资源的整合管理，提高管理的透明度和效率。通过清产核资的培训和操练，各村（社区）的财务管理制度得到规范和提升，制度化和管理能力明显提高。农村集体产权制度的改革促进了民主管理与民主监督保障下的资产管理体系的建立。

二、农村产权制度改革是促进小康社会建设的经济支撑

农村产权制度改革的最直接成效体现在经济方面，而小康社会建设的关键要求就是家庭财产普遍增加、人民过上更加富足的生活。通过产权制度改革，对集体经济进行彻底清查，并在资产决策过程中公开透明，成果公平分配。这不仅实现了集体经济的壮大、农业产业的发展，还通过增加农民的财产性收入，促进农民带资进城，提高了农民收入水平。

首先是产权制度改革壮大了农村集体经济发展。主要通过以下三个途径得以实现。一是发展新型农业经营主体。在集体经济薄弱村，农村集体经济组织工作人员往往能力有限、市场信息掌握程度有限，难以有效盘活集体资产，未能探寻出集体经济有效增长路径。新型农业经营主体由于懂经营、擅管理，能够推动集体经济突破发展困境，完善经营性资产增量转化方式。博罗县麻陂镇艾埔村属于集体经济薄弱村，而惠州市广博大种植专业合作联社（简称"大联社"，母社为首批国家级示范社）的进驻，为推进农村集体产权制度改革与集体经济壮大产生了显著成效。广博大联社通过承租的方式将"旧资产"转变为有价值的经营性资产，推动集体经济增长实现"零"的突破；广博大联社以土地流转集中的方式实现农业规模经营，推动集体土地价值增值；广博大联社承担部分新型经营主体培训服务业务，为艾埔村经济联合社招商引资创造有利条件；广博大联社探索与艾埔村经济联合社的业务合作模式，为村集体成员提供稳定的销售平台服务，并通过提供"五统一"生产指导服务，逐步将艾埔村转为稳定的配送原料供应基地，拓宽集体经济增收渠道。

其次是多种形式促进土地流转。一是进行土地预流转。广西壮族自治区为解决贫困村集体经济发展困难问题，创新开展土地与流转业务。在企业到村里进行投资之前，由村农地服务公司出面和群众洽谈，签订《土地预流转、流转协议书》，事先通过土地预流转的方式将可流转的土地进行挂牌登记，再由农地服务公司集中流转给企业。二是建立农村产权交易中

心促进土地流转。广西玉林市成立了自治区唯一一家地市级农村产权交易中心——玉林市农村产权交易中心，累计组织交易与鉴证总涉及流转面积49.69万亩，涉及流转交易总额32.86亿元。

最后是发挥股份合作的优势。集体经济发达村具备相当的经营性资产规模，可以通过入股、出租、经营等方式创造集体经济收入。例如，博罗县园洲镇刘屋村股份经济合作联合社通过厂房、商铺出租等方式，集体经济年收入达1 300万元，村民每人每月享有500元的定额分红。集体经济欠发达村由于经营性资产规模小，需要探索盘活集体资产方式壮大集体经济。自2017年开始，广西要求所有行政村都建立村民合作社，在各行政村承担着村级集体所有和使用的资金、资产、资源经营管理职能。通过股份合作，村集体收入增加了，例如广西贵港市平南县丹竹镇廊廖村下新屯以120亩集体土地入股罗洪石业有限公司，占股3%，参与分红；丰塘村胜利屯筹资成立自来水厂对外经营，并出租土地给六合砖厂，村集体每年分红2 000元左右。广西覃塘廖覃塘街道办龙凤村以200万元入股覃塘富伟茶行的"花山茶海"休闲旅游示范区项目，实现村集体每年分红10万元。

产权制度改革提高了农民的收入水平。通过产权制度改革，集体资产被盘活了，这保护了农民的财产权利，同时改变了农户家庭内部的要素配置，促进了劳动生产效率的提高，进而实现了农民增收。具体来看，农村产权制度改革提高了农民的财产性收入水平。产权制度改革使得农村集体资产确权到户，农民的财产权利得到了保障。在实践中，多数集体经济组织依靠股份合作的方式鼓励农民以资金、土地等入股合作社或企业等集体经济，通过资源的优化配置，促进了农民增收。广东省、广西壮族自治区的大多数试点单位通过开展"土地集中入股合作社"的模式，解决了劳动力少、撂荒严重地区的集体经济发展问题。在该模式下，集体将成员的土地以入股的方式集中流转，进行统一经营管理，因地制宜地发展农业产业，收益按入股面积分红，盘活了资源，增加了收入。比如贵港市东津镇的冲口屯，由于交通不便、经济薄弱，冲口屯的村民大多在外定居，在屯居住的农户以老人为主，人数不足 40 人，平时种植水稻、玉米等作物自给自足维持生活，土地撂荒问题严重。通过清产核资，盘点集体土地 3 000 多亩，农户承包土地 847.89 亩。在港南区东津镇党委的助推下，2016 年 6 月四位外出乡贤、经济能人发起组织成立港南区东津镇石连村冲口屯股份合作社，将成员承包地和集体土地入股合作社，对屯集体的土地进行统一经营管理。收益按两个部分来分红：一是按农户流转给基地的土地确权面积数分红给相应的农户，二是 3 000 多亩集体土地产生的利润按全屯现有人口平均分配。从 2016 年开始，平均每人分红 800 元，且收益不断增加。再比如山北乡石马村，经过产权制度改革之后，解决了土地产权不清晰、权责不明确、流转不顺畅的问题。通过股份经济合作社将清产核资之后的细碎化土地流转集中 790 亩，出租给当地种植专业户种植圣女果、黑米和红米，每年每亩收取 30 元的服务费，不仅增加了集体经济收入，同时也能在当地创造雇工岗位，增加集体经济组织成员土地流转收入和务工收入，真正做到了盘活本地资源、激活劳动力、赋予组织生命力，从而调动了农村发展活力。

除了财产性收入以外，产权制度改革还可以增加以家庭为单位进行生产和管理所得的经营性收入。例如，北海市银海区通过农村集体经济产权制度改革，实现了村民收入的来源多元化。一是建立流转土地收租金、园区务工挣薪金、入股股份合作分股金、产业经营赚现金在内的"四金"，拓宽了当地村民的收入渠道。二是政府通过加大对改革村的项目扶持力度，持续助力村集体经济发展，一些村实现了集体收入的倍数增长。比如福成镇竹林村在政府的帮助下，通过开发"四荒"资源，凭借区位优势发展渔家乐等休闲旅游项目，扩展村集体收入渠道，实现项目增收。三是通过利用集体土地对外出租，建设农村农贸市场，增加集体经济收入，采取此做法的包括福成镇的西村、东村、福成村以及平阳镇的包家村。

产权制度改革促进了农业产业发展。2020 年中央一号文件指出，"发展富民乡村产业。支持各地立足资源优势打造各具特色的农业全产业链，建立健全农民分享产业链增值收益机制，形成有竞争力的产业集群，推动农村一二三产业融合发展"。2017年中央农村工作会议强调，加快构建现代农业产业体系、生产体系、经营体系。乡村振兴的重要抓手是构建现代农业体系。农业产业的发展是现代农业体系建立的基础，发展农业产业是深入推进农业供给侧结构性改革、实现农业农村现代化和建设小康社会的必然要求。通过农村产权制度改革，激活了农村各类生产要素，吸引了能人进入农业、经营农业，通过发展体现资源优势、具有市场竞争力的农业优势产业，促进了农业标准化、特色化、专业化生产，有利于实现农村一二三产业融合发展。

比如，广西壮族自治区为解决"好项目常有，但资金不常有"的困境，创新地采取了"飞地抱团"的发展模式，通过综合统筹，以入股的形式将部分区域内闲置或低效利用的土地或资金集中到区位优势较大、投资效益高的区域，发展集约化、规模化的村集体经济，实现经济效益和社会效益的"双赢"。例如，桥圩镇"八村抱团"发展白鸽养殖产业。通过抱团发展白鸽养殖，实现了各村资源的综合利用和优势互补，促进了各村集体经济的发展。桥圩镇具有养殖白鸽传统，技术较为成熟，地理位置优越，市场潜力大。但是，桥圩镇仍有部分偏远、受规划限制、村内资源匮乏、发展空间较小的"空壳村"和"薄弱村"。大垌心村是预脱贫村，产业扶持力度大，扶持资金充足。桥圩镇整合其余7个村的资金，在大垌心村养殖基地的基础上，设立了"八村抱团"白鸽养殖基地。由各村的村民合作社选定专人专职对接基地日常工作，最后按照各村养殖白鸽的数量进行分红。8个村根据各自所得纯利润适当提取30%用于下一年的生产规划，60%收益归各村村集体所有，10%收益对村干部和相关工作人员进行奖励。在基地运营后，预计每年村最高可收入6万元，最低可收入8 000元。其中，青塘村通过养殖白鸽，村级集体经济6个月内实现集体经济效益突破3万元。

又如，贵港市港南区湛江镇 3 个村集体经济组织抱团发展香水莲产业。湛江镇在香水莲产业的区位条件、资源条件等方面都具有优势，且香水莲产业收益十分可观，但前期需要巨大的资金投入。尽管村集体经济组织看到了可观的效益，却陷入启动资金不足的困境。为此，湛江镇党委和政府提出，蒙村、福兴村、同安村三个村集体经济组织抱团发展香水莲产业，将扶持发展资金入股到四季花田公司，合股种植，突破了资金不足的瓶颈。四季花田公司负责技术指导和保底回购，村民合作社负责日常管护。收益分配方式为：第一、二年保底亩产 16 000 朵/年，回购价为 2.5 元/朵；第三年保底亩产 12 000 朵/年，回购价为 2.5 元/朵，实现村集体经济持续获得收入的目标。自 2018 年 6 月开始种植，截至 2018 年 10 月，蒙村香水莲花已获收益 3 万元；福兴村和同安村各获收益 1 万元。

三、农村产权制度改革是促进小康社会建设的社会保障

党的十六大明确了全面建设小康社会的目标，要求人民生活水平全面提高。这不仅要求人民收入水平的提高，还要尽可能实现城乡收入差距缩小、就业增加、老有所养、病有所医、住有居所。2020 年中央一号文件也指出，要推进农业高质量发展，保持农村社会和谐稳定，提升农民群众获得感、幸福感、安全感，打赢脱贫攻坚战。农村产权制度改革不仅促进了集体经济的发展、农民收入的增加，还辐射带动了公益事业、教育事业、环保产业的发展，维护了社会的稳定，为小康社会的建设做出了社会效益贡献。

产权制度改革促进了乡村文化教育的发展。广东省覃塘区大部分村由于经营性资产不多，产生的收益较少，股东往往一年每股只能分到几元到三十多元，数量很少而且发放起来比较费事，因此很多股份经济合作社选择不进行分红。例如，二龙村将多余的收益用于村委的公共事务和公益事业，如在重阳节组织敬老用餐，在重要节日举办歌唱比赛、举办篮球比赛等活动，弘扬中华民族传统文化，丰富村里的业余生活，促进村子的多方

面发展。广西壮族自治区设立教育股或助学股，用于激励村集体受教育水平的提高。例如，丹竹镇白马村另设置教育股 200 股，凡本集体经济组织成员有子女考取上重点大学的，均奖励 25 股。白马村村民李某的女儿2018 年考上美国华盛顿大学，村民代表一致同意给予奖励教育股 25 股。此创新举措在全镇形成了较大的影响，其他村纷纷效仿。又如，团结村设置助学股 150 股，凡本集体经济组织成员有子女考取重点大学的，每户奖励 10 股。再如，丰塘村设置教育股 200 股，凡本集体经济组织成员子女考取重点大学的，每户奖励 20 股。

　　产权制度改革促进了乡村公益事业的发展。广西壮族自治区通过设立贡献股，鼓励更多村民投身于公益事业建设。例如，在贵港市平南县丹竹镇东山村，截至登记截止日期 2019 年 5 月 20 日，符合东山村集体经济组织成员身份共 11 907 人，只设个人股，不设集体股，按一人一股配置，共计配置 11 907 股。另设置贡献股 200 股，用于激励对本社集体经济组织有杰出贡献者，经村股份经济合作社认定为对村集体经济组织有杰出贡献者每人奖励 10 股。村民李广富除了捐助款项修桥、铺路、其他公益事业外，从 1996 年起坚持每年中秋节、春节对东山全村的五保户、孤寡老人、贫困户进行慰问，村民代表一致通过给予李广富 10 股贡献股作为奖励。设立贡献股，提高了村民的荣誉感和归属感，促进了农村社会和谐。

　　产权制度改革促进了资源的综合利用，改善了生态环境。例如，广西贵港市出台相关文件，鼓励各个村在发展集体经济时走可持续发展道路，坚持开发利用资源与保护生态环境相统一。在符合国家产业政策和法律法规的前提下，充分挖掘村域内的水、林、风景等自然资源，特别是荒水、荒地、荒滩等资源潜力和文化内涵，鼓励村民合作社领办或者在经济能人、其他经济实体的带领下开发乡村旅游，发展农家乐、度假村、休闲观光农业等，增加村集体经济收入。又如，广西壮族自治区平南县大鹏镇景华村的北帝山凭借得天独厚的自然优势，通过招商引资由企业出资打造北帝山生态旅游区，开发面积 17 000 多亩，目前已投资 5 亿元，基本完成基础设施的建设。该村 2 252 名村民通过土地入股，并由村集体与景区签订土地资源入股协议。在景区建设期间，企业每年给村集体 5 万元收益；在景区运营期间，将景区门票（门票为每张 100～120 元）收入的 5％作为景华村的村集体分红，且就业岗位优先本村村民。通过发展旅游项目，带动了周边旅游配套产业链的发展，改善了村民的生活条件，切实增加了村集体经济收入。

产权制度改革缓解了社会矛盾，增强了村民的归属感与认同感。广西北海市通过规范村集体资金的支出明细，将村内资产资源处置权交还村民，村级事务从"一言堂"变为"全民参与"，从"暗箱操作"变为"阳光运行"，有利于缓和村民与村干部间的关系，赢得村民的信任，密切党群干群关系。又如，广西设立世居股，奖励社区内长久居住、做出贡献的老村民，增强了村庄的凝聚力，减少了因归属感丧失导致的社会矛盾。世居股属于个人股的一种，是按人口数赋予股权的方式，虽然设立目的与贡献股类似，但贡献股是对某一做出特殊贡献者单独进行的奖励，而世居股是对贡献较大的一类人（多为长期在此居住的老人）共同赋予的股权，所涉及的群体范围要大于贡献股涉及的群体范围。再如，广西设立计生股，用于奖励当年自觉遵守计划生育的家庭，有利于改善党群关系，营造遵法守法的优良氛围。惠阳则通过开放新增人口购买股份，规定新增人口有权通过有偿购买的方式获得 0.5 股（正常为每人 1 股），购买价格为上一股份量化周期（五年）总收益的 50％，股份生效时间为下一周期（五年）开始的时点，保障了外来人员的既得利益，避免了因村集体人口变动而产生的矛盾纠纷。

第二节　农村集体产权制度改革进行时

自 20 世纪 80 年代以来，广东、北京、上海、浙江等省/直辖市就开始探索适合自己的农村集体产权制度改革道路。进入 21 世纪后，在经济社会发展和政策环境支持的背景下，其他地区也开始逐步有序进行产权制度改革，稳步推进改革深度。

一、全国农村集体产权制度改革的政策进展

1. 政策梳理

为探索农村集体产权制度改革的有效实现形式，农业部在 2007 年出台了《农业部关于稳步推进农村集体经济组织产权制度改革试点的指导意见》，提出在条件成熟的地方，积极稳妥地开展农村集体经济组织产权制度改革，把清产核资、资产量化、股权设置、股权界定、股权管理作为主要内容进行农村集体经济组织产权制度改革初探。2014 年《农业部　中央农村工作领导小组办公室　国家林业局关于印发〈积极发展农民股份合作赋予农民对集体资产股份权能改革试点方案〉的通知》下发，随即全国开始在各个地区开展改革试点。同年《积极发展农民股份合作赋予农民对集体资产股份权能改革试点方案》的出台，进一步强调赋予农民对集体资产股份占有、收益、有偿退出及抵押、担保、继承权，在股份合作制改革中对资源性资产、经营性资产以及非经营性资产三类集体资产进行区别，为各试点地区在具体实施改革过程中提供了有力的政策指导。截至 2019 年底，我国农村产权制度改革工作已确定了四批试点单位，涉及 15 个省份、89 个地市、442 个县，加上地方自主确定的省级试点单位，各级试点单位已经覆盖到全国 80％左右的县。在确定试点单位的同时，为实时跟进各地农村产权流转交易情况、确保产权流转交易市场交易数据信息公开，农业部制定下发《关于开展全国农村产权流转交易市场建设情况摸底调查的通知》，对各地产权制度改革情况进行摸底调查，要求对农村产权流转交易市场建设成效有初步把握，并及时披露其出现的问题以便施以对策和进一步完善。

自党的十四大要求把建立社会主义市场经济体制作为经济体制改革目标以来，我国农村集体产权制度改革问题不断受到中央和地方的关注。自

2004 年以来，党中央发布的一号文件都强调要大力发展农村集体经济，尤其近几年来的一号文件中更是对农村集体产权制度改革内容进行了重点明确和深化。关于"三变"改革的描述"开展资源变资产、资金变股金、农民变股东等改革，增强集体经济发展活力和实力"首次被写入 2017 年中央一号文件，之后两年的一号文件又再度强调，体现了农村集体产权制度改革任务的急迫性和股权制改造的重要性。2020 年一号文件提出要"全面推开农村集体产权制度改革试点"，说明了改革已经到了深入阶段，要在清产核资的工作基础上有序开展包括农村集体资产折股量化在内的股份合作制改革，进一步强调了下一阶段的改革工作重心。产权制度改革有关政策整理在表 9-1 中列出。

表 9-1　近几年农村集体产权制度改革有关政策措施

年份	文件名称	政策内容
2009	《中共中央　国务院关于加大统筹城乡发展力度进一步夯实农业农村发展基础的若干意见》	鼓励有条件的地方开展农村集体产权制度改革试点
2012	《中共中央　国务院关于加快发展现代农业进一步增强农村发展活力的若干意见》	建立归属清晰、权能完整、流转顺畅、保护严格的农村集体产权制度，是激发农业农村发展活力的内在要求。必须健全农村集体经济组织资金资产资源管理制度，依法保障农民的土地承包经营权、宅基地使用权、集体收益分配权
2013	《中共中央关于全面深化改革若干重大问题的决定》	保障农民集体经济组织成员权利，积极发展农民股份合作，赋予农民对集体资产股份占有、收益、有偿退出及抵押、担保、继承权。建立农村产权流转交易市场，推动农村产权流转交易公开、公正、规范运行
2014	《关于全面深化农村改革加快推进农业现代化的若干意见》	推动农村集体产权股份合作制改革，保障农民集体经济组织成员权利，赋予农民对落实到户的集体资产股份占有、收益、有偿退出及抵押、担保、继承权，建立农村产权流转交易市场，加强农村集体资金、资产、资源管理，提高集体经济组织资产运营管理水平，发展壮大农村集体经济

续表

年份	文件名称	政策内容
2015	《中共中央 国务院关于加大改革创新力度加快农业现代化建设的若干意见》	探索农村集体所有制有效实现形式，创新农村集体经济运行机制。出台稳步推进农村集体产权制度改革的意见。开展赋予农民对集体资产股份权能改革试点，试点过程中要防止侵蚀农民利益，试点各项工作应严格限制在本集体经济组织内部。健全农村集体"三资"管理监督和收益分配制度。充分发挥县乡农村土地承包经营权、林权流转服务平台作用，引导农村产权流转交易市场健康发展。完善有利于推进农村集体产权制度改革的税费政策
2016	《中共中央 国务院关于落实发展新理念加快农业现代化实现全面小康目标的若干意见》	到2020年基本完成土地等农村集体资源性资产确权登记颁证、经营性资产折股量化到本集体经济组织成员，健全非经营性资产集体统一运营管理机制。探索将财政资金投入农业农村形成的经营性资产，通过股权量化到户，让集体组织成员长期分享资产收益。制定促进农村集体产权制度改革的税收优惠政策
2016	《中共中央 国务院关于深入推进农业供给侧结构性改革加快培育农业农村发展新动能的若干意见》	深化农村集体产权制度改革。落实农村土地集体所有权、农户承包权、土地经营权"三权分置"办法。统筹协调推进农村土地征收、集体经营性建设用地入市、宅基地制度改革试点。允许地方多渠道筹集资金，按规定用于村集体对进城落户农民自愿退出承包地、宅基地的补偿。鼓励地方开展资源变资产、资金变股金、农民变股东等改革，增强集体经济发展活力和实力
2018	《中共中央 国务院关于实施乡村振兴战略的意见》	全面开展农村集体资产清产核资、集体成员身份确认，加快推进集体经营性资产股份合作制改革。维护进城落户农民土地承包权、宅基地使用权、集体收益分配权，引导进城落户农民依法自愿有偿转让上述权益。研究制定农村集体经济组织法，充实农村集体产权权能
2019	《中共中央 国务院关于坚持农业农村优先发展做好"三农"工作的若干意见》	加快农村集体资产监督管理平台建设，建立健全集体资产各项管理制度。做好成员身份确认，注重保护外嫁女等特殊人群的合法权利，加快推进农村集体经营性资产股份合作制改革，继续扩大试点范围。积极探索集体资产股权质押贷款办法。健全农村产权流转交易市场。研究完善适合农村集体经济组织特点的税收优惠政策

续表

年份	文件名称	政策内容
2020	《中共中央　国务院关于抓好"三农"领域重点工作确保如期实现全面小康的意见》	以探索宅基地所有权、资格权、使用权"三权分置"为重点，进一步深化农村宅基地制度改革试点。全面推开农村集体产权制度改革试点，有序开展集体成员身份确认、集体资产折股量化、股份合作制改革、集体经济组织登记赋码等工作。探索拓宽农村集体经济发展路径，强化集体资产管理

资料来源：根据历年有关政策文件整理而成。

2. 进展情况

农村集体产权制度改革经历了地区和改革范围的演变。改革最初集中于经济较发达的东部地区，并聚焦对经营性资产的整合和管理。随着改革的深入和初步成效的显现，改革逐渐扩展到全国的农村，也把所有的农村集体资产作为改革的对象。作为资源性资产的代表，直接关系到农民利益的土地资产改革重点是要落实土地承包经营权确权颁证，在此基础上要组织农民开展土地入股活动。经营性资产的改革方向是要将其进行股份制改造，实现量化折股，科学分配到农民手中。目前大部分农村集体经济组织实行的是"生不增、死不减，入不增、出不减"的静态管理模式，较少地区采用动态管理模式进行股权管理。在折股量化后，要完善产权交易体系，建立产权交易管理和监督机制，放活集体经济。对于非经营性资产既可以进行股份制改造，也可以由集体进行统一管理，具体管理机制应由各地区进行探索实践，主要目的是有效实现其为农民提供服务的功能。

2019 年我国确认了第四批农村集体产权制度改革试点，将在 12 个省份、163 个县展开改革，计划在 2020 年 10 月底前完成。截至 2019 年底，农村集体产权制度改革已经基本完成农村集体资产清产核资，全国累计超过 22.7 万个村完成股份合作制改革。全国农村集体产权制度改革进展情况具体数据在表 9-2 中列出。结合 2017 年的数据来看，从 2010 年到 2017 年全国完成农村集体产权制度改革的村由 1.29 万个上升至 8.1 万个，量化资产总额从 2 528.1 亿元增加到 6 655.3 亿元，量化设立股东数从原来的 1 718.6 万个增加到 1.12 亿个，产权制度改革进程不断深入，工作成效显著。

表 9 - 2　农村集体产权制度改革进展情况

项目	2010 年	2011 年	2012 年	2013 年	2014 年	2015 年	2016 年
完成改革村数（万个）	1.29	1.66	2.4	2.8	4.7	5.8	6.7
量化资产总额（亿元）	2 528.1	3 295.0	3 618.6	3 671.2	4 873.2	6 073.8	6 993.4
量化设立股东个数（万个）	1 718.6	2 315.7	3 710.2	3 830.3	6 235.3	8 173.9	8 672.7
村累计分红（亿元）	440.6	548.7	812.8	924.1	1 342.8	1 593.3	1 802.7

资料来源：历年《全国农村经营管理统计资料》。

注：本统计为对 30 个省市区（不含西藏）农村经营管理情况统计年报数据审核汇总结果。

二、产权制度改革的效果评价

本节以浙江省温州市、北京市海淀区和贵州省六盘水市三地的产权制度改革情况为例，从确权赋能、治理结构和农民增收三个角度，分别分析其农村集体产权制度改革的侧重点，对改革成效进行总结并找出存在的问题。

1. 产权制度改革确权赋能于民，放活集体经济

2011 年，新一轮"全国农村改革试验区"的确定让浙江省温州市有了新的身份。温州市迈出了"确权、赋权、活权"三大改革步伐，在明确产权的基础上，赋予农民对集体资产股份占有、收益权能，通过逐步完善的农村产权交易体系放活产权交易。在农村集体产权制度改革中，对集体资产进行核查是改革的第一大关键举措。针对产权模糊的集体资产，在清产核资中合理界定产权归属，为之后的股份权能改革打好基础。温州市在推进农村土地承包经营权确权登记工作时，每片土地的应有归属权认定都经历了摸底调查、勘测编绘和登记公示等步骤，过程中对民众反映的问题进行妥善处理。目前温州市"确权登记、入册上图"工作已经基本完成，

截至 2018 年底，全市土地承包经营权颁证率达到 94.5%。在确权工作的基础上，温州市推动集体资产股份化改造，将集体经营性资产明确到个人，交到农民手中。在谁拥有资格、如何确定待分资产、如何分配资产、如何进行产权交易等问题上，温州市以"宜宽不宜严、宜纳不宜排、宜配不宜补、宜简不宜繁"的准则来考察待量化集体资产，采取"生不增、死不减"的静态管理，同时明确股权可继承、转让和赠与的特点。根据《温州年鉴》，2018 年温州市完成土地确权工作，流转土地面积达 124.73 万亩，占土地总面积 62.54%，其中有 2.05 万亩用于开展股份合作。[1] 进一步地，温州市赋予农民对集体资产股份占有和收益权能，开展股权流转交易活动，开辟股权增值新途径，支持股权抵押，大大拓展产权权能。在此背景下，洞头县岙仔村的资金互助会就是以量化集体资产股份 300 万元组建起来的，三年时间获得利息收入 120 万元，股权增值 40%。[2] 为了推动农村产权交易流转，激发农村发展活力，温州市各个下辖市县还建立了农村产权交易中心。从 2014 年成立至 2018 年底，温州市各地农村产权交易平台已完成近 60 亿元的交易金额。在搭设交易平台的过程中，民间资本发挥了举足轻重的作用，其中永嘉县民营资本参与农村产权交易市场建设的改革经验被积极推广，供其他改革试点借鉴。

温州市集体产权制度改革明晰了集体资产产权，赋予了农民更多的财产权利，规范了集体资产管理方式，按照三步改革节奏，激发了集体经济活力，取得了一定的成效。一是明确了集体资产归属，严格规范确权程序，充分考虑特殊情况，切实保障了农非婚嫁、丧偶妇女、离婚妇女、入赘女婿等群体的合法权益；二是推进了村集体资产股份制改革，把折股量化的集体经营性资产交到农民手中，提高了农民的资产收益；三是完善了产权权能，设立农村产权的流转制度和机制，促进了产权交易流转，优化

① 温州市人民政府地方志办公室. 温州年鉴（2019）. 北京：商务印书馆，2019.
② 朱海洋. 浙江温州：变"共同所有"为"按份共有"——浙江温州农村集体产权股改实践扫描. 农民日报，2017-02-22.

了资源配置。

2. 产权制度改革确立法人治理结构，规范发展股份社

早在 2002 年，北京市海淀区就开始在经济实力较强的地区探索农村集体产权制度改革，到了 2011 年，海淀区农村集体产权制度改革工作全面启动。海淀区针对性解决各地改革难题，在坚持股份合作制改造模式基础上因地制宜对各个镇采取不同改革措施，逐步规范股份社管理规则和治理结构。全区目前已基本完成各项改革试点任务，其中玉渊潭、东升镇、海淀镇以及温泉镇已圆满完成改革，接下来将集中力量推进涉及单位范围较广、参与量化人员较多、情况较复杂的四季青镇改革，加快完成西北旺镇、上庄镇、苏家坨镇改革。全区多数农村集体经济组织已经改造为股份经济合作社，参照现代企业制度在组织内设立了股东代表大会、董事会、监事会和经理层，建立起"三会一层"的法人治理结构，规范股份社内部治理。2018 年下发的《海淀区农村股份经济合作社示范章程（试行）》，更是对"三会一层"的权利和义务做出了明确的规定，保证改革后的集体经济组织能够在正确的轨道上运作，在良好的环境下发展。在改革的推进下，2018 年海淀区农村集体资产达到 1 770 亿元，成为北京市第一，2019 年上半年农村集体净资产呈现 2.4% 的增长，实现了小幅增长。[①] 法人治理结构设立以来改革取得了很大的成果，但在农村集体经济组织中仍难以避免地会出现政经不分的情况，使得内部治理机制难以发挥有效的作用。于是，海淀区政府在 2018 年推行了《海淀区村级组织账务分离工作方案》，在北部四镇开展村级组织账务分离工作，设立独立的会计核算制度、银行账户以及会计人员，剥离了村集体经济组织承担的公共服务管理职能和相应负担，朝着政经分离的目标迈进。

海淀区全面深化股份合作制改革，在组建新型股份经济合作社的同时统一设立了"三会一层"的法人治理结构，并在全市首次推进村账分离，

---

① 刘芳奇. 海淀农村集体资产总额达 1 770 亿元. 北京市海淀区人民政府网站，2019 - 05 - 10.

使得股份社在规范的环境下发展。一方面，随着城市化进程的推进，"三会一层"的法人治理结构设定有效地解决了股份经济合作社的内部治理问题，在规范化的股权管理办法下充分保障了农民股东的权益，赋予农民集体资产股份权能。另一方面，针对股份制改革后出现的政经不分的现象，例如政府任命的人才选拔机制、村社职责权限交叉重叠等问题，海淀区在北京市首次开展村账分离工作，攒下了村委会和集体经济组织设置独立账户、分建账套等具体实施过程的经验做法，为股份合作社减轻不必要的负担，理清村委会和村集体经济组织相应的职责，进一步探索政经分离的改革道路。

3. 产权制度改革创新增收渠道，助力扶贫脱贫

"资源变资产、资金变股金、农民变股东"的"三变"改革是贵州省六盘水市坚持的农村集体产权制度改革道路，在结合该地山地特色农业的基础上盘活农村资源，优化集体经济，形成了促进农民增收的发展机制。在"三变"改革中，该市的六枝特区新华乡结合地方茶叶产业特色鼓励农户以土地经营权入股合作社进行发展。六枝特区新华高山生态茶叶产业园区依托合作社建成 13 800 亩茶叶基地，其中的 8 000 亩要归功于农户的积极入股。该市的盘州普古乡舍烹村利用合作社和园区的平台进行产权制度改革。据统计，从 2012 年到 2017 年，该村的普古娘娘山生态农业示范园区已经累计投资 10.32 亿元，累计带动 3 962 个村民脱贫。盘州淤泥乡岩博村更多的是依靠集体企业带动集体经济。该村拥有 5 家村集体企业，其中小锅酒厂作为岩博村集体经济中规模最大、投资最多的企业，在 2018 年销售额达到近 3 亿元。岩博村村集体还利用林木资源、企业入股、财政专项帮扶资金等各项资源激活集体经济，通过"持股引才"等计划积极引进大学生，2018 年实现人均收入近 2 万元、集体经济达 600 多万元。该市的水城县勺米镇坡脚村在支部、合作社和企业的带动下壮大集体经济，让发展茶叶产业成为村民增收的主要途径，保障其每年为村集体、公司、合作社增收 60 多万元。该村除了拥有 3 200 亩茶叶种植规模外，还通过村

支两委主导、合作社投资的方式建设"民裕农贸市场"和"林下养鸡"项目，不断为村集体积累经济收入。该市的钟山区月照社区双洞村以微型企业作为改革枢纽，组建了六盘水市钟山区银睿志农业综合发展有限公司，依托本村旅游资源优势进行集体资产的整合和发展。2018年双洞村共接待游客76万人次，创收1.2亿元，在"三变"改革的推动下村居民人均可支配收入实现了从2014年的不足5 000元增长到2018年的12 100元。以上五个地区的改革情况在表9-3列出。

表9-3　六盘水"三变"改革的调研情况

编号	地点（名称）	改革的模式	增收的原因	收入（2014年）
1	六枝特区新华乡	支部＋合作社＋基地＋农户	土地入股保底分红； 基地的打工收入	人均年增收900余元
2	盘州普古乡舍烹村	合作社＋园区＋基地＋农户	土地入股保底分红； 农民、财政资金入股分红； 农户自营实体经济收入； 园区内的打工收入	人均年增收3 500元
3	盘州淤泥乡岩博村	村集体＋企业＋农户	土地折价入股分红； 农户、扶贫资金入股分红；共同贷款入股分红； 企业的打工收入	人均年收入达12 000元
4	水城县勺米镇坡脚村	支部＋合作社＋企业＋农户	土地入股分红； 农户、财政资金入股分红；集体资源入股分红； 合作社和公司的打工收入	人均年增收706元
5	钟山区月照乡双洞村	村集体＋微型企业＋农户	土地入股保底分红； 集体、财政资金入股分红； 农家乐等基地的打工收入	人均年增收2 088元

资料来源：根据笔者调研结果整理而成。

　　贵州六盘水市积极开展农村集体产权制度"三变"改革，开展股份合作创新模式，激活了农村集体资源，通过三种渠道为农民增收创造了机会。至2019年，全市集体土地入股规模达40.8万亩，吸引财政资金入股12.95亿元、其他社会资金105.2亿元，54.93万户农户成为股东，户均分红达 1 109 元。第一，农村集体产权制度改革鼓励多种方式让农民成为股民，在确保租金的基础上进行股份分红，促使农民能获得更多的财产性收入；第二，农村集体产权制度改革通过股份合作大力发展当地特色产业，促进了非农就业机会的增多，使得农民能够从农业中转移到基地管理、合作社员工等岗位或外出务工，工资性收入大幅增加；第三，股份制改革拓展了农村经营业务，鼓动农民积极参与个体工商业经营，例如承包园区的餐厅、经营酒厂上下游产业等，降低了农民的经营成本，拓宽了农民收入来源，促进了农民家庭经营性收入的增加。[①]

第三节　改革未完待续

自 2004 年中央一号文件首次聚焦"三农"问题、提出要大力发展农村集体经济以来，我国在农村集体产权制度改革的过程中做出了无数努力，也取得了一定的进展。例如，政府颁布了一些纲领性的文件、积极开展改革试点、开展清产核资工作、建立农村集体经济组织注册登记制度等，但就目前的发展情况而言，仍存在一些亟待解决的历史遗留问题。

一、产权制度改革的遗留问题

1. 土地确权登记颁证工作有待进一步推进

土地制度在我国的特色农村制度体系中处于基础性地位，而土地确权问题则是其基础。土地确权的重点是要清晰界定农村集体土地的产权归属，实现集体土地产权主体清晰。按照属性划分，土地确权包括耕地和建设用地两类。耕地确权包括农村集体土地所有权和农户承包经营权确权两个维度，涉及确权、登记、颁证三个相互联系的重要环节，其中最主要的部分是承包地的确权。建设用地确权主要包括宅基地和集体建设用地使用

---

① 孔祥智，穆娜娜. 农村集体产权制度改革对农民增收的影响研究——以六盘水市的"三变"改革为例. 新疆农垦经济，2016（6）：1-11.

权确权登记颁证两个方面的内容。

在过去的几年中，我国的耕地确权登记颁证工作稳步推进，对于最终的收尾工作必须高度重视。以土地承包经营权确权工作为例，从 2009 年开始，我国逐步开展农村土地承包经营权确权登记颁证试点工作，先是以村组为单位，然后逐步扩大试点范围。在试点工作中，呈现出多层次、差异性等特征，主要表现在以下几个方面。一是各地推进工作进展不平衡，推进方式不同。从全国层面看，整省试点与非整省试点之间、省内不同区域之间进展不平衡；在试点地区选择上，不同省份的推进方式各异，有的省份选择重点市县着力推进，有些省份则全面铺开。二是各地的测量手段更加规范化和专业化，但是各自选择的技术路线有较大的不同。2015 年，中央明确将土地确权工作的工作经费纳入地方财政预算，此后，各个省份开始逐步提高测量手段的专业化和规范化；但是在招标方式方面，各处采取的方法又不尽相同，有些省份招标是通过省级层面统一进行的，有些省份招标是通过区县层面，让其自行进行招标，各个省份的招标主体存在着一定差异。三是信息化应用平台试点顺利推广，但具体建设模式不同。各省份根据自身实际情况，综合考量，选择适合本省份的模式建设本省农村土地承包经营权信息应用平台，目前该平台建设工作顺利推进，各地的建设模式均择其适宜。四是各地积极拓展土地承包经营权相关内涵，但在其成果应用方面，各地存在差异。各地在积极拓展土地承包经营权权能方面，有些省份提出要求，除了要做好确权登记颁证工作之外，还要探讨土地经营权流转、农业适度规模经营等问题，并且配套推进农村集体产权制度改革、农村土地经营权抵押担保等相关工作，在这一系列工作中也取得了一定的成效。然而，各地在确权成果应用方面尚不完善，应用方式和领域比较单一，特别是没有在确权过程中统筹考虑成果应用，这既影响确权工作的积极性，又降低了成果应用的时效性。在土地承包经营权确权工作中，存在着制度不完善、认识不到位、技术不统一、权属不清晰等重重困难。如今我国已进入确权工作的收尾阶段，必须高度重视遗留问题，力保顺利完成土地承包经营权确权登记颁证工作。

此外，我国农业建设用地确权工作进展缓慢。其中，以农村宅基地确权工作为例，农村宅基地确权登记发证意义重大，一则可以维护农民合法权益、促进农村社会秩序和谐；二则可以推进深化农村改革、促进城乡统筹发展。但在宅基地确权登记颁证工作中仍存在多重困难，具体总结为以下几点：一是指界一方或双方缺席。当国土资源管理部门到农村宅基地现场进行权属调查时，常常指界双方会因各种原因不能前来，这为宅基地权属管理的开展增加了难度。二是常常会出现农民不按规定使用宅基地的现象，随意改变其用途，同时，违规拆建扩建的问题也普遍存在。三是宅基地违法流转现象较为常见，住宅空置的问题也比较严重。四是村民认识不到位，重视程度不够。① 在农业建设用地确权工作方面，仍需进一步推进。尤其是宅基地成员使用权的确权登记，应按不同时期的政策口径分别掌握，房地一体确权登记发证。针对超标部分，能清退的必须坚决清退，因不可分割而不能清退的必须实行有偿使用措施，并在宅基地使用权证中注明。②

2. 集体经济组织成员界定问题有待进一步明确

为使得农村集体产权制度逐步深化改革，让农民拥有充分有保障的财产权利，首要的是必须清晰界定成员身份。在实践中，农村各项公共事务的决定都需要明晰的成员身份来保证，例如，集体经营收益及征地补偿费的分配、土地承包经营和宅基地使用等，这些都必须建立在成员身份明确的基础上。此外，与成员资格界定紧密相关的还包括社会救济、社会保障，甚至土地承包合同纠纷的解决等事项。

农村集体经济组织成员权是一种民事权利，是以成员身份为基础的，且具有身份专属性。它是指某个农民集体的成员与相应的这个农民集体之间，在集体财产和集体事务管理等方面所享有的复合性权利。因此，有必

---

① 董晶. 农村宅基地确权登记发证工作实践研究. 国土资源，2019（12）：43-44.

② 叶兴庆. 加快集体土地和宅基地确权登记颁证工作. 农村工作通讯，2019（16）：46.

要清晰确定农民集体的内涵和法律地位，只有这样，才能准确设计农村集体经济组织成员权，才能明确界定农村集体经济组织的成员身份。农民集体主要有传统的农村社区成员集体和合作性的农村成员集体两类。合作性农村成员集体一般被称为农村集体经济组织。在现实生活中，这类农村集体经济组织的形式多样，例如经济合作社、股份合作社、经济联合社、经济联合总社和股份合作经济联社等。成员权是一项独立的民事权利，独立于财产权与人身权，具有不同于一般民事权利的特征。这些特征也决定了农村集体成员权应具有特殊的法律调整机制。因此，农村集体经济组织成员资格问题涉及面广、影响深远，事关广大农民的基本民事权利，必须引起足够重视。

　　然而，农村集体经济组织的相关法律法规并不完善，这对农村集体经济组织成员的身份界定造成了一定困难。最初，农村集体经济组织并没有法人身份，无法进行工商登记、开设银行账户，无法进行正常的市场经营活动。但伴随着相关法律法规的逐步完善，在 2017 年 10 月 1 日起实行的《中华人民共和国民法总则》中，"农村集体经济组织"被列为特别法人。2018 年，农业农村部为 10 个农村集体经济组织颁发登记证书，但我国目前还没有统一立法规定农村集体经济组织成员资格认定，在现实生活中，大多数是通过村规民约进行界定，在实际操作中存在一定的局限性。从各地方的实践来看，确定成员资格主要参考以下几点：是不是本村村民，有没有本村户口，有没有承包土地，是不是在村或组有着实际的生产生活，有没有经村民会议、村民代表会议同意，有没有与农村集体经济组织形成权利义务关系等。具体来看，可以将其分为以下三类：（1）按户籍标准判断。（2）按生活来源标准判断。（3）按权利义务标准判断。这些标准有其历史合理性和现实正当性，但在实践中都有其不足。农村集体经济组织成员资格的判断应当从我国农村集体经济组织所具有的自然共同体特征出发，基于成员权理论，考察其是否形成较为固定的生产、生活，是否具有依法登记的集体经济组织所在地的常住户口，将此作为一般原则。同时，考虑到现在农村劳动力普遍向外流动，农村土地承包经营权对那些未丧失集体经济组织成员资格的人具有基本生活保障的功能，对一些特殊情形，可做有针对性的特别处理。

为了推进农村集体产权制度改革以及为了解决现实纠纷，一些省份制定了农村集体经济组织成员身份界定的地方性文件。例如，2015年四川省率先出台了地方文件《四川省农村集体经济组织成员资格界定指导意见》，其中规定，成员资格的取得包括初始取得、法定取得和申请取得三类，并要求准确把握政策界限，结合户籍关系、土地承包、居住状况以及义务履行等情况，兼顾各类成员群体的利益，特别注重保护妇女、儿童等特殊群体的利益。

总体上看，农村集体经济组织成员身份界定受当地乡规民约的影响较大，但仍存在较多的局限性，国家层面有必要制定出全国性的统一规定，需要明确四个问题：第一，存量成员的界定。第二，增量成员的界定。第三，成员权与户籍、自治组织成员分离。第四，允许单项成员权的存在。①

3. 集体资产折股量化问题有待进一步清晰

考虑集体资产折股量化问题必然会考虑到其范围，则先要确定在集体资产中这个"集体"的边界到底在哪里。从目前来看，我国在关于"集体所有权"究竟落实到哪一个层级的集体这个问题上还没有明确规定。目前，我国的集体经济组织存在着多种形态，分别是村民小组、村集体经济组织和乡镇集体经济组织。而在具体实践中，这个"集体"的边界也在不断发生变化，农村土地集体所有制的"集体"并不是固定不变的。然而，当某块土地的权属关系或者它的用途产生变化时，例如土地被征用等情况，尤其是涉及利益分配问题时，这种所有制变迁的不利影响便会逐渐显现出来。对于此类问题，目前并没有适用的理论能够做出回应，也没有有

---

① 叶兴庆. 集体经济组织成员界定需明确四个核心问题. 农村工作通讯，2019（17）：44.

效的办法能够对实践中的问题进行解决。

此外，关于农村集体资产的种类划分存在多种方法，常见的可以划分为经营性资产、非经营性资产和资源性资产三类。其中，资源性资产以土地为例，是农民生产生活赖以支撑的资产，当前首要的是抓紧抓实土地承包经营权确权登记颁证工作，在推进此项工作的同时，也要考虑其折股量化问题，要充分尊重承包农户的意愿，在此基础上，发展土地股份合作等多种形式。经营性资产是村集体收入的重要来源，必须明确相应的资产产权归属于谁，必须把资产的折股量化确定到相应的成员。在确定股权归属的前提下，发展农民股份合作，共担风险，共享收益，合理管理集体资产，并进行监督，公平公正分配收益。非经营性资产以提供公益性服务为主，其服务对象通常为集体成员和社区居民，有必要建立一套有效的机制，进行统一运营管理，以便更好地为集体经济组织成员及社区居民提供公益性服务。

集体资产折股量化是一个较为复杂的问题。集体资产构成复杂、难以统一管理，成员资格模糊、难以明确界定，村级组织多种多样、难以细化管理。因此，各地关于农村集体资产折股量化的方法有多种，各地取其适宜以应用。在股权管理方面，应尽快研究出台农村新型集体经济组织股权管理办法，对人员界定、股权结构、增资扩股以及新增资产股份量化等问题作出明确规定。在明确股权管理的基础上，将集体经济做大做强，增强集体经济的竞争能力、发展活力和对成员的服务能力。

二、产权制度改革的方向

1. 坚持产权制度改革基本原则

农村集体产权制度改革任务复杂且艰巨，并不能一蹴而就，在推进改革的过程中必须坚持以下几个基本原则：第一，要坚持以市场化为导向。坚持产权制度改革必须充分尊重市场规律，发挥市场对资源的配置作用，让市场主导资产的运营维护，让集体经济组织在市场中逐步壮大，实现利益分配共享。第二，要坚持公平、公正、公开。推进农村集体产权制度改革应当尊重群众的意愿，让其自主选择，不能强制命令，以守护农民利益为目标，以防止集体资产流失为底线，采取各种措施防范风险。重点关注改革成效较好的试点，发挥榜样作用，整理归纳经验，用于指导实践。第三，要坚持制度设计优先、统筹兼顾。农村集体产权制度改革必然需要依靠相关政策法规、制度规章，应当建立健全相关法规制度。第四，要坚持因地制宜、循序渐进。农村集体产权制度改革是一个循序渐进的长期过程，需要分阶段、分区域、分步骤地推进，这项进程涉及农村社会的经济、文化等各个方面，并不能一概而论，改革的顺序与重点应当依据改革的基础条件、紧迫程度与成本收益等综合确定。对于资源性资产，必须做好确权等相关后续工作，对其进行物权化保护；对于经营性资产，必须做好折股量化工作，尽量发展股份合作，健全集体资产运行管理和收益分配机制；对于公益性资产，必须提高服务水平，探索集体统一运营管理的有效机制。

2. 创新集体资本管理职能"三分开"

集体资本所有权的管理主要包括宏观管理、资本运营和监督评价三种职能。宏观管理着重从国家战略和区域发展高度对集体资本进行宏观规划、调节和管理。资本运营主要通过具体投资管理、资本运作等方式来实现资产保值增值、股东福利实现等战略目标。监督评价主要通过对集体资本所有权管理过程及结果的监督评价来确保集体资本战略目标的实现。因此，要将这三种职能分开。

第一，将宏观管理职能与资本运营职能分开。集体资本所有权的宏观管理职能应由地方政府执行，地方政府通过制定集体资本投资运营规则、对资产管理与利润分配提出建议等手段，来实现对辖区内集体资本的管理。集体资本的资本运营职能应为集体经济组织所执行，让集体经济组织发挥真正的市场主体功能，合理运营集体资本。

第二，将资本运营职能与监督评价职能分开。集体资本的资本运营职能由集体经济组织执行，充分发挥市场主体功能，但因为其具有逐利性、利己性等特征，无法对自身进行有效监督，因此需要一个专门的部门来负责监督评价。鉴于各地监督评价机构建设仍不完善，因此监督评价职能的执行尚且较弱，应当加快专门的"集体资产监督评价机构"的建设。

第三，将宏观管理职能与监督评价职能分开。根据分权制衡的原则，宏观管理职能由政府机构执行，监督评价职能由专业的监督评价机构执行，这样才能保证集体资本运营的公平、公正、公开。

3. 农村集体产权结构逐步开放

农用地产权结构的开放程度已较高，目前应在稳定集体所有权的层级、坚持内部互换转让土地承包经营权的基础上，进一步以多种方式向外部人员流转土地经营权。2019年开始实施的《中华人民共和国农村土地承包法》第九条指出，"承包方承包土地后，享有土地承包经营权，可以自己经营，也可以保留土地承包权，流转其承包地的土地经营权，由他人经营"。由于现在农村集体经济组织成员的内涵和实现形式都在发生改变，对于内部成员与外部成员的界定没有那么明确，并且由于城镇化的进程，外出务工的农民以及向往乡村生活的城镇居民都在不断增加，村庄的人口结构处于不断的动态变化之中，如果只是固执地把土地承包经营权流转固定在封闭的结构中，必然不利于农村集体产权结构的变革，限制了农民的发展选择，不利于农民收入的增加和生活水平的提高。基于以上原因，应当提高土地经营权向外部人员流转的开放度，这也是今后农村产权制度改革的一个方向。

此外，农村建设用地的产权结构开放性也有待提高。按照现行土地管理法律法规，集体经营性建设用地只能由本集体经济组织直接使用或者以土地使用权入股、联营与外来资本共同兴办企业；除因企业破产、兼并等情形致使土地使用权依法发生转移外，农民集体所有的土地的使用权不得出让、转让或者出租用于非农业建设。这种规定制约了这部分土地资源配置效率的提高。在接下来的改革中，应当更多地考虑这部分土地的使用权能否进行市场化运作，提高这部分土地的使用灵活性，为农村集体经济组织带来效益，惠及集体成员。今后农村产权制度改革可以多多考虑这方面的问题。

最后，关于农村集体的非土地经营性资产，其产权结构也有必要提高开放性。其资产不同于土地，土地的所有权可以进行买卖，因此产权结构的开放性应当更高。在清产核资、折股量化的基础上，应当允许股份的内外流动，允许各类人才参股，允许各种资本进入，增强集体经济组织的活力，提高集体产权结构的开放性。

参考文献

1. 董晶．农村宅基地确权登记发证工作实践研究．国土资源，2019 (12)：43-44.

2. 孔祥智，穆娜娜．农村集体产权制度改革对农民增收的影响研究——以六盘水市的"三变"改革为例．新疆农垦经济，2016 (6)：1-11.

3. 叶兴庆．集体经济组织成员界定需明确四个核心问题．农村工作通讯，2019 (17)：44

4. 叶兴庆．加快集体土地和宅基地确权登记颁证工作．农村工作通讯，2019 (16)：46.

第十章　农民增收：冲向全面小康[①]

小康不小康，关键看老乡。2020 年是全面建成小康社会目标实现之年，同时也是全面打赢脱贫攻坚战的收官之年。"三农"工作的成效极大地影响了小康的质量。党的十六大指出："统筹城乡经济社会发展，建设现代农业，发展农村经济，增加农民收入，是全面建设小康社会的重大任务。"党的十八大要求"确保到二〇二〇年实现全面建成小康社会宏伟目标"，明确了"实现国内生产总值和城乡居民人均收入比二〇一〇年翻一番"的定量指标。"十三五"规划纲要也指出，要"在提高发展平衡性、包容性、可持续性基础上，到 2020 年国内生产总值和城乡居民人均收入比 2010 年翻一番，主要经济指标平衡协调，发展质量和效益明显提高。"可见，全面提高农民收入、实现农民收入翻番是全面建成小康社会的基本要求。

第一节　农民增收的"昨日"与"今朝"

农民收入在世纪之交进入了低速增长阶段，2000 年、2001 年、2002 年仅比上年增长 2.1%、4.2%、4.8%，相当一部分中西部地区的农民收入呈现负增长。农民收入的低速徘徊以及和城镇居民收入的巨大差距给农产品供给和整个国民经济发展带来了极大的损害。为全面建成小康社会，提高农民收入，党中央高度重视"三农"问题，党的十六大以来出台了一系列政策，逐步搭建农民增收政策体系，开启了"三农"建设的新篇章。

---

① 执笔人：张怡铭、孔祥智。

一、党的十六大以来我国农民收入变化情况

党的十六大以来，在我国农民收入总体水平不断提高的同时，农民收入来源的结构逐步变迁，农民收入增长趋势由快速增长进入新常态，城乡之间、农村居民之间以及各地区之间农民收入差异不断变化。本节内容将通过分析农民收入增长趋势、来源结构和收入差异三个方面，总结自党的十六大以来，在努力实现全面小康过程中，我国农民收入的变化情况。

（一）农民收入增长趋势变化

自 2002 年以来，我国农民收入水平大幅提高（见图 10-1），从 2002 年的名义农村居民人均纯收入为 2 476 元，增长到 2019 年的名义农村居民人均可支配收入为 16 021 元。[①] 忽略统计口径的部分差异，总体上 2019 年农民收入是 2002 年的 6.5 倍，年均增长率为 11.7%，以 2002 年为基期扣除价格上涨因素，年均增长率为 10%；以上年为基期扣除价格上涨因素，年均增长率为 7.8%。

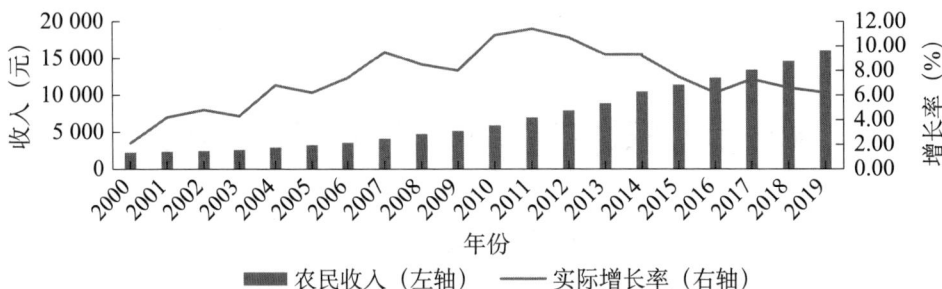

图 10-1 2000—2019 年农民收入及实际增长率

资料来源：历年《中国统计年鉴》；2019 年数据引自《中华人民共和国 2019 年国民经济和社会发展统计公报》。

在这期间，农民收入增长趋势变化可以总结为三大特征：一是农民收

[①] 自 2013 年开始，国家统计局实施了城乡一体化住户收支调查改革，调查采用人均可支配收入代替人均纯收入统计指标。本书所指的农民收入也即农村居民人均纯收入或农村居民可支配收入。

入快速增长，自2003年以来，随着全面小康步伐的不断加快，农民收入年均增长率达到7.8%（以上年为基期），除了2003年外，其他年份均超过了6%。这样的增长率，尽管没有达到1979—1985年15.2%的年均增长率，但依然是改革开放以后农民收入增长率最大的第二个阶段，且持续的时间比20世纪80年代要长得多。二是农民收入增长具有波动性，农民收入的增长趋势不稳定，这表明我国农民收入依然缺乏稳定的支持系统，受政策调控及市场周期变化影响较大。三是自2011年开始，农民收入增长趋势由快速增长进入新常态，农村居民人均纯收入在2011年增长率达到最大值，即11.4%，随后逐年下降，2019年农村居民人均可支配收入为6.2%，呈倒U形分布，这也预示着未来农民收入进一步提高的难度会不断加大。

（二）农民收入结构变化

党的十六大以来，我国农民收入结构发生了巨大的变化。如图10-2所示，2002年的农村居民纯收入中工资性收入、家庭经营性收入、财产性收入、转移性收入①占比分别为33.94%、60.05%、2.05%、3.97%；在全面小康的过程中，2019年的工资性收入、经营净收入、财产净收入、转移净收入占比转变为41.09%、35.97%、2.35%、20.59%。可见，农民收入结构得到了一定程度的优化，其中财产性收入和转移性收入都有较大程度的提高。

在此期间，农民收入结构变化呈现出三大特点。一是农民工资性收入逐步成为农民收入的主要来源。如图10-2所示，2002年，农民收入主要来源于家庭经营性收入，占总收入的60.05%，工资性收入占33.94%。随后，农民工资性收入占比逐年上涨，而家庭经营性收入占比逐渐下降，工资性收入占比于2013年首次超过家庭经营性收入。在2013年以后，除2014年外，农民工资性收入占比均超过了家庭经营性收入，工资性收入

---

① 根据《中国农村统计年鉴》，2013年后各类收入提法由工资性收入、家庭经营性收入、财产性收入、转移性收入，转变为工资性收入、经营净收入、财产净收入、转移净收入。

成为农民收入的主要来源，且工资性收入占比呈逐年上升的趋势，家庭经营性收入占比持续下降。二是家庭经营收入仍是农民收入的重要来源，但占比逐渐降低。尽管农民家庭经营性收入占比由 2002 年的 60.05% 逐渐降为 2019 年的 35.97%，但仅比工资性收入少 5.12%，远超转移性收入占比 20.59% 和财产性收入占比 2.35%。三是转移性收入占比大幅度提高。2002 年农民的转移性收入占比仅为 3.97%，随后转移性收入占比逐年上涨，2013 年占比为 8.82%。2014 年转移性收入占比出现猛增，农民转移性收入占总收入的 17.9%，至 2019 年转移性收入占总收入的 20.59%。

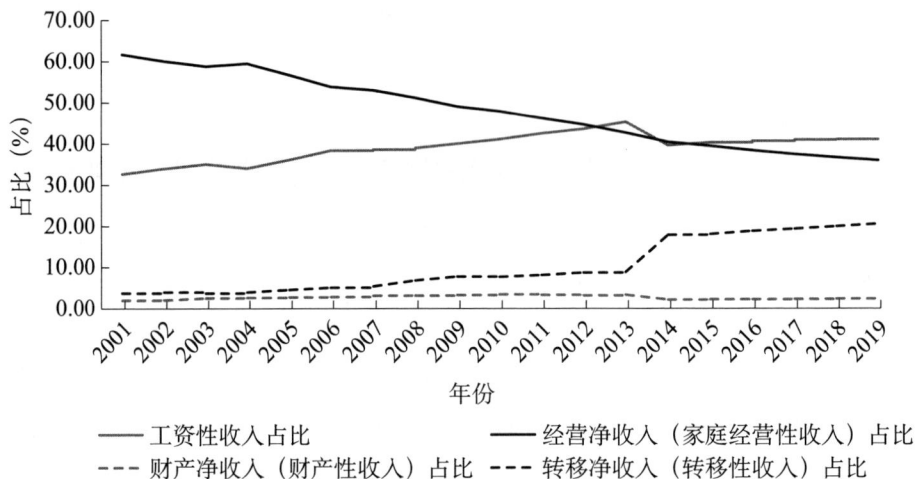

图 10-2 2001—2019 年农民收入结构变化情况

资料来源：历年《中国农村统计年鉴》；2019 年数据引自国家统计局《2019 年居民收入和消费支出情况》。

（三）农民收入城乡差异变化

随着全面小康进程的推进，无论是城乡之间收入差距、农民之间收入差距，还是各地区农民收入差距都发生了较大的变化。

首先是城乡之间收入差距的变化，主要呈现出两个特点。一是农村居民人均实际收入增速逐渐增长，于 2010 年起（除 2016 年外）超过 GDP 实际增速（见图 10-3）。二是自 2010 年起，农村居民人均收入增幅连续

10 年超过城镇居民人均收入增幅（见图 10 - 3）。2010 年，农村居民人均收入实际增长率首次超过城镇居民人均收入实际增长率，农村居民人均收入实际增长率为 10.9%，高于同期城镇居民人均收入实际增长率 7.8%。2010—2019 年，农村居民人均收入实际增长率持续高于城镇居民人均收入实际增长率，各年分别高出 3.10%、3.00%、1.10%、2.30%、2.40%、0.90%、0.60%、0.80%、1.00%、1.20%。三是随着农民收入超过城镇居民收入的增长速度，城镇居民收入和农村居民收入之比呈倒 U 形曲线（见图 10 - 4）。自 2002 年以后，城乡居民收入比（现价，下同）除 2004 年外呈逐年上升趋势。2009 年城乡收入比达到 3.33：1，随后逐年下降，2019 年城乡收入比下降到 2.64：1。原因很多，但国民收入分配格局向农民倾斜应该是最重要的因素之一。

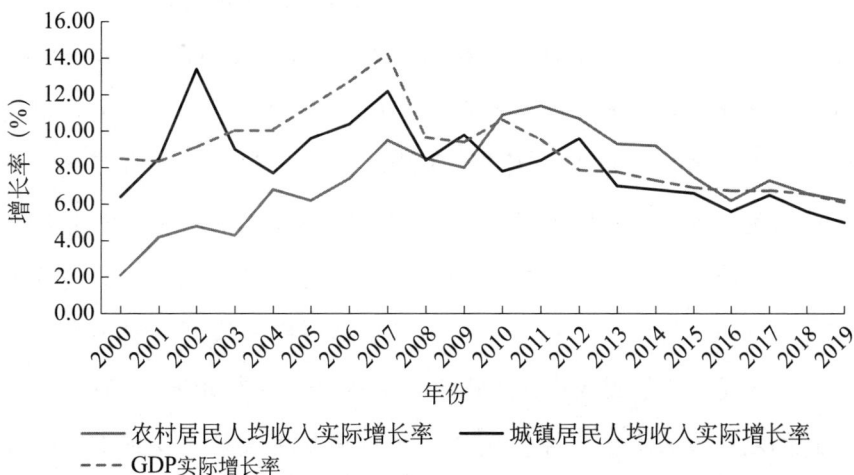

图 10 - 3　2000—2019 年农村居民人均可支配收入、城镇居民人均可支配

收入及 GDP 实际增长率

资料来源：GDP 数据引自历年《中国统计年鉴》。农村及城镇居民人均可支配收入数据引自国家统计局居民收入和消费支出情况。

其次是农民之间的收入差距。根据《中国统计年鉴》的分组方法，按照等分法将农村居民按收入五等份分组，其原理是将农村居民按其收入水平由低到高顺次排序，然后依次按相同人数分组，每组人数相同均为总人

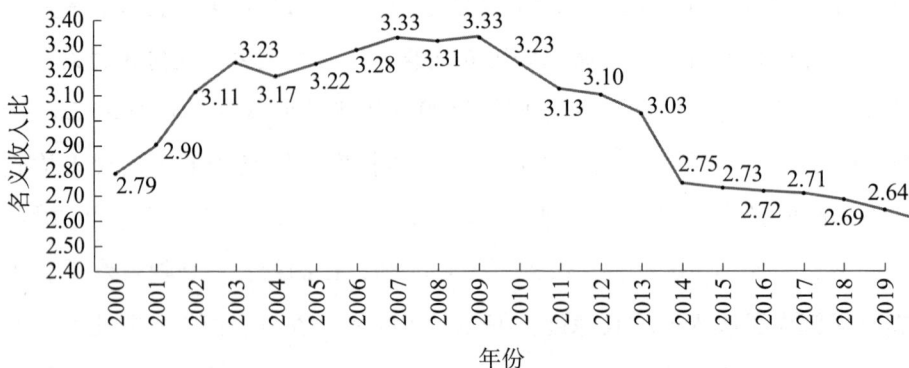

图 10-4 2000—2019 年城乡名义收入比

资料来源：历年《中国统计年鉴》。

数的 20%。如表 10-1 所示，2002 年以来农民之间的收入差距呈现以下特点。一是自 2002 年以来，各分组农户的收入都有明显增长，农民生活水平有了较大提高。以低收入户和高收入户为例，2002 年低收入户人均收入（指名义收入，下同）为 857 元，2018 年上涨为 3 666.2 元，平均涨幅为 9.06%，扣除价格上涨因素，平均涨幅为 5.87%；2002 年高收入户人均收入为 5 903 元，2018 年上涨为 34 042.6 元，平均涨幅为 11.06%，扣除价格上涨因素，平均涨幅为 7.77%。二是除低收入户外，各分组农户实际收入（上年为 100）的增长趋势基本保持一致（个别年份除外）。如图 10-5 所示，低收入户的人均收入实际增长率波动较大，这说明收入水平低的农民收入不稳定性较大（2013 年增长率波动主要是由于统计口径变化造成）。中间偏下户、中间收入户、中间偏上户、高收入户的人均收入实际增长率趋势较为一致，且波动不大，人均实际收入呈平稳上升态势。三是在 2013 年以后，各组农民人均收入实际增长率出现了不同程度的降低，这与我国日益放缓的经济形势以及农业生产的低收益率等因素有关。低收入户、中间偏下户、中间收入户、中间偏上户、高收入户 2013 年的人均收入实际增长率分别为 20.86%、20.70%、16.57%、13.32%、9.11%；2018 年分别为 8.77%、-0.16%、2.48%、4.37%、6.55%，降幅较明显。

表 10-1　2000—2018 年农村居民按收入五等份分组的人均收入　单位：元

年份	低收入户 (20%)	中间偏下户 (20%)	中间收入户 (20%)	中间偏上户 (20%)	高收入户 (20%)
2000	802.0	1 440.0	2 004.0	2 767.0	5 190.0
2001	818.0	1 491.0	2 081.0	2 891.0	5 534.0
2002	857.0	1 548.0	2 164.0	3 031.0	5 903.0
2003	865.9	1 606.5	2 273.1	3 206.8	6 346.9
2004	1 007.0	1 842.3	2 578.6	3 608.0	6 931.0
2005	1 067.2	2 018.3	2 851.0	4 003.3	7 747.4
2006	1 182.5	2 222.0	3 148.5	4 446.6	8 474.8
2007	1 346.9	2 581.8	3 658.8	5 129.8	9 790.7
2008	1 499.8	2 935.0	4 203.1	5 928.6	11 290.2
2009	1 549.3	3 110.1	4 502.1	6 467.6	12 319.1
2010	1 869.8	3 621.2	5 221.7	7 440.6	14 049.7
2011	2 000.5	4 255.7	6 207.7	8 893.4	16 783.1
2012	2 316.2	4 807.5	7 041.0	10 142.1	19 008.9
2013	2 877.9	5 965.6	8 438.3	11 816.0	21 323.7
2014	2 768.1	6 604.4	9 503.9	13 449.2	23 947.4
2015	3 085.6	7 220.9	10 310.6	14 537.3	26 013.9
2016	3 006.5	7 827.7	11 159.1	15 727.4	28 448.0
2017	3 301.9	8 348.6	11 978.0	16 943.6	31 299.3
2018	3 666.2	8 508.5	12 530.2	18 051.5	34 042.6

资料来源：历年《中国统计年鉴》。2013 年（包含）以后为农村居民人均可支配收入，2013 年以前为农村居民人均纯收入。

再次是农民收入的区域差异。近年来我国东、中、西、东北地区农民人均收入（指实际收入，下同）都实现了较快增长，2018 年四大经济带农民人均收入分别为 18 285.7 元、13 954.1 元、11 831.4 元和 14 080.4 元（见图 10-6），分别是 2002 年的 5.04 倍、6.12 倍、6.50 倍和 5.67 倍，年均增长率达到 6.82%、7.96%、10.76%和 10.17%（见图 10-7）。但各地区之间农民收入仍然存在较大差异，各地区农民收入差异主要表现为以下特点。一是从农民收入水平来看，东部地区农民人均收入最高，西部地区农民人均收入最低，且东部地区和西部地区农民人均收入差距逐渐

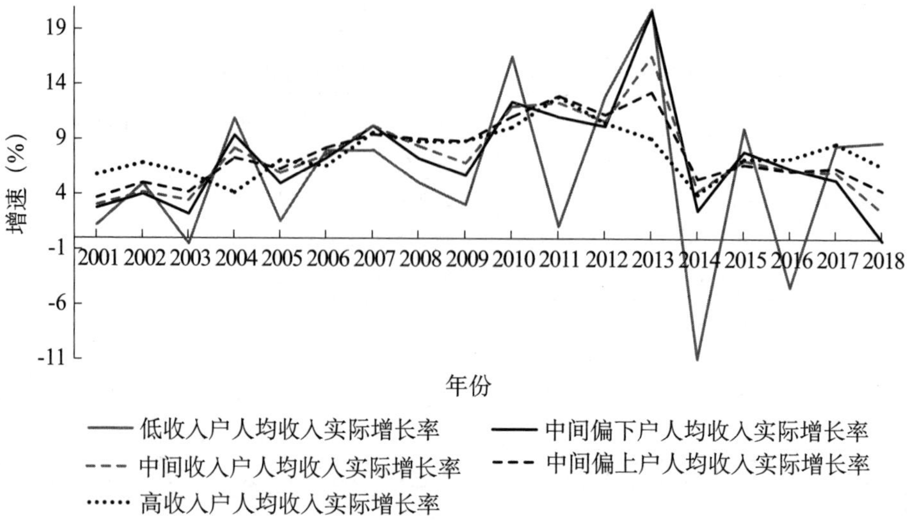

图 10 - 5   2001—2018 年农村居民按收入五等份分组增长率

资料来源：历年《中国统计年鉴》。

扩大（见图 10 - 6）。二是从农民收入增幅来看，自 2012 年以来西部地区农民人均实际收入增长率高于其他地区，2018 年，东、中、东北地区农民人均实际收入增长率相近，分别为 6.48%、6.75%、6.52%，而西部地区农民人均收入实际增长率较高，为 8.41%。三是近年来各地区农民收入实际增长率趋势较为一致，均趋于平稳；而在 2015 年之前农民人均收入增长趋势波动较大，农民收入增长机制并不稳定（见图 10 - 7）。

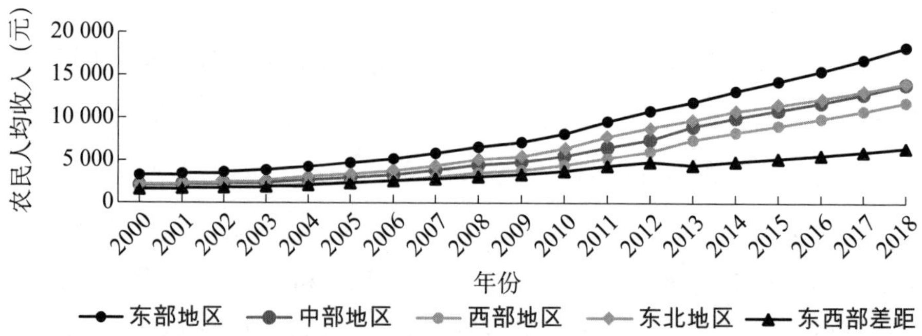

图 10 - 6   2000—2018 年四大经济区域划分的农民收入差异

资料来源：历年《中国统计年鉴》。

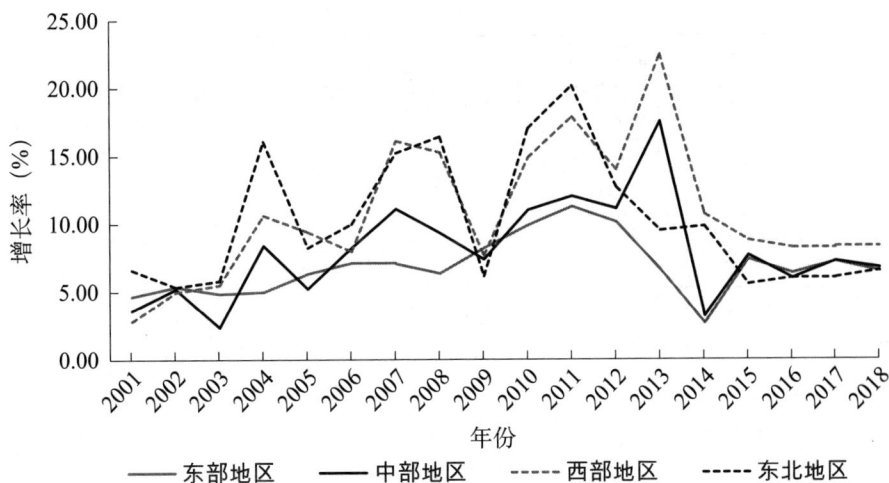

图 10 - 7 2001—2018 年四大经济区域农民人均收入实际增长率

资料来源：历年《中国统计年鉴》。

（四）农民增收与全面建设小康社会进程

党的十八大提出了全面建设小康社会的奋斗目标，在收入指标上要求到 2020 年城乡居民人均收入比 2010 年翻一番。以 2010 年为基期价格计算（见表 10 - 2），扣除价格变化因素，2019 年农村居民人均可支配收入是 2010 年农村居民人均纯收入的 2.04 倍。这可以说明，农村地区已经提前完成了全面建成小康社会的硬性目标。由于尚未公布各地区四大经济区域的农村居民人均收入，仅根据 2018 年及以前的数据，以 2010 年为基期价格计算，2018 年东部、中部、西部、东北地区农村居民实际收入分别为 2010 年的 1.75 倍、1.97 倍、2.08 倍、1.70 倍。西部农村地区已于 2018 年完成全面建成小康社会的指标任务，中部地区、西部地区和东北地区也即将完成。

表 10 - 2 2010—2019 年农民收入情况

年份	农村居民人均名义收入(元)	农村地区消费价格指数(以上年为100)	农村地区消费价格指数(以2010年为100)	农村居民人均实际收入(元)	与2010年之比(以2010年为100)	东部地区与2010年之比	中部地区与2010年之比	西部地区与2010年之比	东北地区与2010年之比
2010	5 919.0	103.6	100.0	5 919.0	1.00	1.00	1.00	1.00	1.00
2011	6 977.3	105.8	105.8	6 593.8	1.11	1.11	1.12	1.12	1.14

续表

年份	农村居民人均名义收入(元)	农村地区消费价格指数(以上年为100)	农村地区消费价格指数(以2010年为100)	农村居民人均实际收入(元)	与2010年之比(以2010年为100)	东部地区与2010年之比	中部地区与2010年之比	西部地区与2010年之比	东北地区与2010年之比
2012	7 916.6	102.5	108.5	7 299.3	1.23	1.22	1.24	1.26	1.27
2013	8 895.9	102.8	111.5	7 978.1	1.35	1.31	1.46	1.51	1.36
2014	10 488.9	108.0	120.4	8 712.1	1.47	1.34	1.51	1.56	1.39
2015	11 421.7	101.3	122.0	9 365.5	1.58	1.44	1.63	1.69	1.46
2016	12 363.4	101.9	124.3	9 946.2	1.68	1.53	1.72	1.81	1.53
2017	13 432.4	101.3	125.9	10 672.3	1.80	1.64	1.85	1.95	1.62
2018	14 617	102.1	128.5	11 376.6	1.92	1.75	1.97	2.08	1.70
2019	16 021.0	103.2	132.6	12 082.0	2.04	—	—	—	—

资料来源：历年数据引自国家统计局《国民经济和社会发展统计公报》。

二、党的十六大以来我国农民增收政策梳理

党的十六大以来，随着国民经济的快速增长，我国农村居民人均收入实现了"十八连增"，但农民增收长效机制尚未建立、农村居民贫富差距较大、城乡收入差距较大、贫困人口增收困难等问题仍然成为实现全面小康过程中的短板。然而，在此过程中，2012年国民经济增速出现明显回落，经济发展步入新常态，对我国经济快速增长形成了新的挑战，又为农民收入实现快速增长提供了重要机遇。在党的十六大以后，我国农民增收政策体系（见表10-3）主要包括以下五个方面。

一是取消农业税。2005年12月29日，第十届全国人大常委会第十九次会议通过决议，新中国实施了近50年的《农业税条例》从2006年1月1日起废止。仅减免税一项，国家每年减轻农民负担1 335亿元。二是主要农产品的价格支持政策逐步形成。主要包括稻谷和小麦的最低收购价格，玉米、大豆、棉花等农产品的临时收储价格等。三是以"四大补贴"为核心的农业补贴体系逐步形成。2004年实施了种粮农民直接补贴和农机具购置补贴，在2002年、2003年良种补贴试点的基础上扩大实施范围，2006年实施农资综合直接补贴。良种补贴、农机具购置补贴的实施

范围不断扩大。此外，还设立了小型农田水利设施建设补助专项资金、测土配方施肥专项资金等。四是农业保险体系逐步完善。2007 年，中央财政投入 10 亿元开展政策性农业保险保费补贴试点。目前，已经覆盖了玉米、水稻、小麦、棉花等大宗农作物，大豆、花生、油菜等油料作物，以及能繁母猪和奶牛等重要畜产品。五是以新型农村合作医疗、新型农民养老保险、农村最低生活保障等为核心的农村社会保障制度开始形成并逐步完善。从经济学意义上看，国民收入的初次分配要体现要素价值，体现产业生产效率，而二次分配则必须体现政策导向和社会公正。

表 10 - 3　2000—2014 年农民增收政策演变

类型	时间	政策梳理	主要内容
农业税的废除	2000 年 3 月	《中共中央　国务院关于进行农村税费改革试点工作的通知》	在安徽全省进行改革试点，改革的主要做法是提高农业税的比重，并按适当比例征收农业附加税，简称"一正一附"（正税为 7%，附加税为 1.4%），除此之外，农民不承担其他任何收费，如因农村公共事业需要收费，则要进行"一事一议"，由村民大会讨论决定，收费要设上限
	2002 年 1 月	中央农村工作会议	新阶段增加农民收入，要有新的思路，采取综合措施。总的指导思想是"多予，少取，放活"
	2002 年 11 月	党的十六大报告	统筹城乡经济社会发展，建设现代农业，发展农村经济，增加农民收入，是全面建成小康社会的重大任务
	2005 年 10 月	党的十六届五中全会	坚持把解决好"三农"问题作为全党工作的重中之重，实行工业反哺农业、城市支持农村，推进社会主义新农村建设，促进城镇化健康发展
	2005 年 12 月	第十届全国人大常委会第十九次会议	宣布自 2016 年 1 月 1 日起废止《中华人民共和国农业税条例》
农产品价格支持政策	2014 年 1 月	《中共中央　国务院关于全面深化农村改革加快推进农业现代化的若干意见》	完善粮食等重要农产品价格形成机制。继续坚持市场定价原则，探索推进农产品价格形成机制与政府补贴脱钩的改革，逐步建立农产品目标价格制度，在市场价格过高时补贴低收入消费者，在市场价格低于目标价格时按差价补贴生产者，切实保证农民收益

续表

类型	时间	政策梳理	主要内容
农产品价格支持政策	2004 年 5 月	《国务院关于进一步深化粮食流通体制改革的意见》	转换粮食价格形成机制。一般情况下，粮食收购价格由市场供求形成，国家在充分发挥市场机制的基础上实行宏观调控。要充分发挥价格的导向作用，当粮食供求发生重大变化时，为保证市场供应、保护农民利益，必要时可由国务院决定对短缺的重点粮食品种，在粮食主产区实行最低收购价格
农业补贴政策	2003 年 10 月	《优势农产品区域布局规划（2003—2007年)》	实施补贴政策。在总结完善东北高油大豆种子补贴办法的基础上，从 2003 年开始，扩大到对优势产区的优质专用小麦种子进行补贴，再逐步推广到对其他优势农产品的优质种子补贴，以及与推广重大技术有关的农业机械设备购置和生产投入品的补贴
	2008 年 9 月	《全国优势农产品区域布局规划（2008—2015 年)》	继续加大对农民的直接补贴力度，逐步增加粮食直补、良种补贴、农机具购置补贴和农资综合直补，全面落实对粮食、油料、生猪、奶牛等生产的各项扶持政策，加大对生产大县的奖励补助，逐步形成稳定规范的制度
农业保险	2006 年 12 月	《中共中央 国务院关于积极发展现代农业扎实推进社会主义新农村建设的若干意见》	扩大农业政策性保险试点范围，各级财政对农户参加农业保险给予保费补贴，完善农业巨灾风险转移分摊机制，探索建立中央、地方财政支持的农业再保险体系
农村社会保障制度	2002 年 10 月	《中共中央 国务院关于进一步加强农村卫生工作的决定》	到 2010 年，在全国农村基本建立起适应社会主义市场经济体制要求和农村经济社会发展水平的农村卫生服务体系和农村合作医疗制度
	2007 年 7 月	《国务院关于在全国建立农村最低生活保障制度的通知》	通过在全国范围建立农村最低生活保障制度，将符合条件的农村贫困人口全部纳入保障范围，稳定、持久、有效地解决全国农村贫困人口的温饱问题
	2009 年 9 月	《国务院关于开展新型农村社会养老保险试点的指导意见》	探索建立个人缴费、集体补助、政府补贴相结合的新型农村社会养老保险制度

资料来源：资料引自中国政府网。

这些政策支撑了农民收入的持续增长，其直接或者间接效应可以概括为三个方面：一是直接增加收入，如各种补贴的增加。二是上述政策促进了农业产业以及与之相关的新型农业经营主体的发展，带动了农民收入的提高。如农机具购置补贴政策直接带动了农机合作社和农业现代化水平的提高，当然对农民收入具有较强的拉动效应。应该说，这是最重要的政策效应，也是未来农业发展和农民收入持续提高的基础。三是减少支出相当于增加收入，如减税和农村社会保障制度的建立。

第二节　发展模式的"实质"与"困境"

尽管我国在全面小康的道路上已经取得了较好的成效，但要各地区均如期完成目标任务，仍需要明确农民增收的实质及困境。

一、农民增收的实质

在我国全面建成小康社会的过程中，正确认识农民增收的实质，需要从国民经济发展宏观背景的角度以及农民增收的动力机制两个方面，了解农民收入增长的本质特征。

(一) 农民收入增长与国民经济发展的关系

农业是国民经济的基础产业，农民收入作为是国民收入分配的重要组成部分，农民增收与国民经济以及国民收入分配方式存在着密切的关系。

一方面，农民收入增长与国民经济发展呈显著的正相关关系。我国农民收入增长率与和 GDP 增长率趋势在 1991—2019 年较为一致。2002—2011 年，GDP 实现了年均增长率 10.76% 的高速增长，为农民收入的增长创造了良好的经济环境，农村居民人均收入实现了年均 7.78% 的增长。自 2012 年以来，我国国民经济增长进入新常态，我国 GDP 实际增速由高速增长转为中高速增长，由年均增长 10.2% 显著回落，2012—2019 年 GDP 年均增长率降为 7%，2019 年 GDP 实际增长率降为1991 年以来的最低水平 6.1％。与经济增长进入新常态一致，农民人均收入增速也显著回落，从 2012 年的 10.7％ 逐年降至 2019 年的 6.2％。

另一方面，农民收入受到国民收入分配方式的影响。在初次分配方面，农民收入以经营性收入和工资性收入为主要来源，财产性收入占比较低。在工资性收入方面，随着城镇化进程的不断深入，农民工资性收入在农民收入中所占比例逐渐增长，2013 年首次超过经营性收入占比；2013—2019 年，仅有 2014 年工资性收入占比稍低于经营性收入；并且工资性收入与经营性收入差距逐渐扩大，至 2019 年，工资性收入占比超过经营性收入 5.12％。在经营性收入方面，随着国民经济的不断增长和现代农业的快速发展，农民家庭经营性收入也实现了大幅增长，由 2002 年的 1 487 元增长为 2019 年的 5 762 元。在财产性收入方面，作为国民收入初次分配的组成部分，占总收入比重一直较低（历年财产性收入占比最高为 2010 年的 3.42％，2013 年以后稳定于 2％ 左右），这主要是受到体制的制约。在再次分配方面，农民转移性收入主要来自国家财政资金，农民转移性收入大幅提高，由 2002 年的人均 98 元增长为 2019 年的 3 298 元。农民专业性收入在农民收入中占比大幅提高，由 2002 年的 3.69％ 增长为 2019 年的 20.59％，这受益于国家经济的快速发展和政策对农业的逐渐倾斜，财政"三农"支出规模从 2002 年的 1 580.76 亿元增加到 2018 年的 20 786 亿元，增长了约 12 倍。

（二）新常态下农民增收的动力机制

2012 年我国国民经济发展进入新常态，与之相适应的是国民经济增长动力由要素驱动逐步向效率驱动和创新驱动转变，产业结构、增长方式、资源配置也随之发生了调整。与此同时，农民收入增长方式也面临同样的转变。为适应这种转变，农民增收的动力机制将会面临哪些改变？

1. 经营性收入由要素驱动向效率驱动和创新驱动转变

自 2012 年国民经济进入新常态以来，尽管农民家庭经营性收入占比有所降低，但经营性收入是农民收入的主要来源。在党的十六大、十七大期间（即 2002—2011 年），由于政策的推动，土地适度规模经营和新型农业经营主体不断发展，规模经济为家庭经营性收入的增加做出了较大的贡献，要素驱动成为农民收入增长的主要驱动力。在 2012 年经济发展进入新常态以后，农业产业结构的调整和农业生产技术的应用，也为家庭经营性收入带来了生产效率改进的效益，效率驱动成为农民收入增长的主要驱动力。但是近年来，随着经济增速的进一步放缓，受国际市场农产品的影响，降低农产品成本、提高农产品质量成为提高农产品利润、增加农民收入的主要渠道，而效率和创新则是新常态下实现降低成本、提高品质的主要驱动力。

具体来说，一是要创新和推广农业科学技术，激发要素活力，实现农业生产率和农产品质量的双重提高。二是要创新和推广农业生产经营方式，加快构建新型农业经营体系，培育农民专业合作社、家庭农场、新型职业农民等新型经营主体，发展农业社会化服务组织，延长产业链，探索产业链各经营主体间的利益联结机制，降低交易成本，提高经营收益。三是要创新和推广农产品营销手段，实现"互联网＋"、农业物联网、移动营销平台、农产品电子商务等手段在农业生产、流通领域的应用和成熟，抓住信息技术在农业增长当中的红利。

2. 工资性收入由要素驱动向创新驱动转变

在新常态下，稳定农民工就业和促进农民工资性收入的增长，受到城镇化速度的放缓和国内外经济环境变化的影响。首先，经济增速的放缓压缩了农民工的就业空间，随着人口的不断增加，GDP 增速的降低将使农民工就业岗位竞争更加激烈，中小企业作为农民工就业岗位的主要来源，新常态的到来意味着中小企业生存压力的加大，缺乏竞争力的中小企业将逐渐被专业化大企业替代。其次，中国经济进入新常态，产业结构发生了巨大的变化，一方面，我国大力推进以节能环境保护、新一代信息技术、高端装备制造、新能源新材料等为代表的新兴产业的发展，这意味着对农民工的需求将由建筑业、低端制造业等劳动密集型用工需求，转变为新技术密集型的用工需求；另一方面，第三产业对农民工的需求远超第二产业，如快递员、月嫂等岗位对农民工的吸纳能力逐渐扩大，与此同时第三产业岗位也对农民工提出了较高的要求。最后，随着国民收入的逐步增长，农民工对工作环境也有了更高的要求，工作条件较为艰苦的工作岗位已经不再是农民工特别是新生代农民工的首选，农民工的城镇化迁移也对农民工的社会保障提出了要求，这意味着农民工与岗位的双向选择面临更多的挑战。

为了提高农民工资性收入，要实现工资性收入由要素驱动向创新驱动转变。一是转变就业意识，促进"大众创业、万众创新"趋势下农民工返乡就业，为农民工创造良好的返乡就业环境，鼓励具有创新意识和头脑的农民工返乡创造新岗位、新产业，带动乡村发展的同时提高农民工资性收入。二是提升就业能力，对于第一代农民工来说，应当加强农民工技术培训，促进技术适应性升级；对于新生代农民工来说，其文化素质普遍较高，在培养吃苦耐劳精神的同时，培养其掌握新技术和新工具的能力。三是创新农业产业，随着产业结构的调整，促进农业向高端、智慧、精细方向发展，以创新产业带动农民工资性收入水平的提高。

3. 创新农业补贴方式，驱动农民转移性收入提高

党的十六大以来，农民转移性收入的金额和占比实现了快速增长，由2002年人均为98.2元、占比3.97%，增长到2019年人均为3 298元、占比20.59%。尽管如此，与经营性收入和工资性收入相比，财产性收入对农民增收的拉动力仍然较小。首先，当前农业补贴增长空间有限。这是由于，中国"入世"协议表明，"黄箱"补贴上限不得超过农业总产值的8.5%，目前许多农产品如棉花等补贴已经逼近黄线。其次，财政压力逐年加大。自中国经济进入新常态以后，国家财政收入增速随之放缓，由于农民的转移性收入全部依靠国家财政支持，依靠农民转移性收入促进农民增收将给国家财政带来巨大压力。

在经济新常态下，为了充分发挥农业补贴在农民增收方面的激励作

用，促进农业生产经营的现代化发展，创新农业补贴方式问题亟待解决。一是发展农业生产，引导农业适度规模经营，提高规模经济效益，培育新型经营主体，补贴应向新型农业经营主体倾斜，并重视规模化粮食生产的补贴政策；二是重视环境污染防治方面的补贴，以及农业资源维护方面的补贴，促进农业生产的可持续发展；三是由"黄箱"补贴为主转变为"绿箱"补贴为主，破解"黄箱"补贴空间狭窄的困境，加大农业补贴力度，促进农业发展；四是优化农业补贴结构，例如可以通过补贴政策使农业产业区聚集；五是创新农业补贴方式，促进农业生产能力的提高，如促进农业技术推广、新型农业机械普及、信息化平台搭建等。

4. 挖掘要素价值，驱动财产性收入增长

财产性收入一直是我国农民收入中最薄弱的部分，尽管国民经济实现了飞跃性发展，但我国农村居民人均财产性收入占比并未有大的改变，2002 年占比为 2.05%，此后最高为 2010 年的 3.42%，2019 年降为2.35%。财产性收入是衡量一个国家市场自由程度和国民富裕程度的重要指标，但受体制约束，我国农村居民的财产性收入并未发挥带动农民增收的作用。经济新常态对市场经济提出了更高的要求，要求各类要素充分发挥作用，提高市场经济效率，从这个意义上讲，农民财产性收入潜力的挖掘即在于赋予农民财产市场活力，充分释放市场活力将给农民增收带来巨大的推动力。当前，我国许多地区已经在这方面进行了尝试。例如，在广西的集体产权制度改革过程中，许多地区建立了各具特色的产权交易平台。广西贵港市覃塘区为了整合农村资源要素，建立了县级农村产权交易中心。农村产权交易中心主要负责发布流转信息、组织产权交易、出具产权流转鉴定证书、办理流转交易咨询等服务，是村集体经济孵化器良好运行的基础。目前已有 107 宗交易项目在北部湾产权交易所集团股份有限公司农村产权"E 农村"交易平台正式上线，预流转土地面积 25 579.72 亩，成功交易 16 宗，流转土地面积 2 667.3 亩，成交金额达 1 041.762 万元。

二、农民增收面临的困境

全面建成小康社会的本质和精髓是实现共同富裕，也就是农村人口不仅得到全面覆盖，而且应该得到全面发展。根据第一节的数据，2019年我国农村居民人均可支配收入已经实现了比2010年翻一番的目标，但是不同地区农村居民收入差距仍然较大、前20％高收入户与后20％低收入户收入差距较大。因此在完成硬性指标的基础上，实现共同富裕仍然面临相当大的困境。

（一）外部困境

2018年中共中央、国务院发布的《中共中央　国务院关于建立更加有效的区域协调发展新机制的意见》（以下简称《意见》）要求："到2035年，建立与基本实现现代化相适应的区域协调发展新机制，实现区域政策与财政、货币等政策有效协调配合，区域协调发展新机制在显著缩小区域发展差距和实现基本公共服务均等化、基础设施通达程度比较均衡、人民基本生活保障水平大体相当中发挥重要作用，为建设现代化经济体系和满足人民日益增长的美好生活需要提供重要支撑。"中国实现农村全面建设小康社会的奋斗目标，核心在增加农民收入，而工作难点又在经济欠发达地区。一般来讲，农村地区的人均国民生产总值、人均财政收入、农民人均纯收入等经济社会指标均低于全国平均水平，在外部环境方面，如基础设施、农业产业、非农就业均存在较大的劣势，农民增收难度较大。

一是在基础设施方面。《意见》中指出："统筹发达地区和欠发达地区发展。……加快补齐基础设施短板。"在基础设施方面，欠发达地区暴露出的短板较为明显。首先，在道路方面，我国农村道路建设滞后于城市道路建设，2016年完成公路建设投资共计21 253.33亿元，其中农村公路建设投资4 731.33亿元，仅占22.26％，远低于农村国土面积占总国土面积的比例，也远远不能够满足五亿多农民在农村地区从事农业生产与生活的基本需求。在农村道路建设中，以低质量的村道为主体，农村道路建设结构仍有较大的优化空间。其次，在用水方面，2017 年公布的第三次全国农业普查数据公报显示，我国仍有 2011 万户的饮用水为不受保护的井水和泉水，占 8.7%；130 万户的饮用水为江河湖泊水，占 0.6%；155 万户的饮用水为收集雨水，占 0.7%。在厕所方面，2017 年公布的第三次全国农业普查数据公报显示，使用普通旱厕的 10 639 万户，占 46.2%；无厕所的 469 万户，占 2.0%。

二是在农业产业方面。2019 年第十三届全国人民代表大会常务委员会第十次会议上的《国务院关于乡村产业发展情况的报告》指出，当前乡村产业面临发展质量效益不高、产业要素活力不足、产业链条仍然较短、产业基础设施仍然薄弱四个方面的不足。在发展质量方面，乡村产业缺乏创新性，乡村企业科技创新能力不足，工艺较为落后，产品质量低、同质化现象严重。在产业要素活力方面，农业生产资料成本过高。当前我国已进入高成本时代，融资渠道狭窄，金融服务能力不足，人工成本、土地成本、物流成本、能源原材料价格及农业机会成本都有了明显提升。在产业链条方面，农业产业链向前和向后延伸不充分、不紧，产业融合质量低，农户与经营主体之间利益联结不紧密。在产业基础设施方面，仓储物流、批发市场、网络通信、垃圾集运、污水处理等方面均存在不足。

三是在非农就业方面。无论是本地直接就业还是异地就业，农民非农就业都存在着相当多的困难。对于异地非农就业的农民工来说，存在着身份认同困境、权益保障困境、择偶困境、高龄农民工养老困境、缺乏职业稳定性、文化融入困难、工伤索赔困难、工资拖欠风险高、农民工子女教育困境等。例如，在养老方面，近年来高龄农民工比重增大，学界主张构建底线公平的养老保险制度，忽视了长期制度建设过程中高龄农民工向原用人单位追缴养老保险可行性小、单独缴纳养老保险的经济可承受能力低等问题。本地非农就业又面临就业机会少、就业市场不健全、就业工资低等困境。

（二）内部困境

按照 2010 年中央确定的国家贫困线标准为人均纯收入 2 300 元/年

（2010 年不变价），截至 2019 年末，全国农村贫困人口为 551 万人，比上年末减少 1 109 万人，下降 66.8％；贫困发生率为 0.6％，比上年下降 1.1％。自党的十八大以来，全国农村贫困人口累计减少超过 9 000 万人。截至 2019 年末，全国农村贫困人口从 2012 年末的 9 899 万人减少至 551 万人，累计减少 9 348 万人；贫困发生率从 2012 年的 10.2％下降至 0.6％，累计下降 9.6 个百分点。尽管如此，要实现共同富裕的目标，农村贫困人口的增收问题存在较大的内部困境，贫困人口增收成为全面小康过程中最艰巨、最复杂的任务。

低收入农户收入与其他农户收入差距较大。2019 年，贫困地区农民人均纯收入为 11 567 元，仅为全国农民平均水平的 72％，且农民内部收入差距较大。2018 年，按农村居民人均纯收入五等份分组情况看，20％低收入农户人均实际纯收入（以 2010 年为不变价格计算）为 2 853.5 元/年，仅比国家贫困线高出 24％，可见农村贫困人口全部位于此区间内。从收入的绝对差距看，高收入户与低收入户的差距由 2002 年的 5 046 元扩大到 2018 年的 30 376 元，差距扩大了 5.02 倍；从收入的相对差距看，2018 年低收入农户收入水平分别相当于中等偏下户、中等收入户、中等偏上户、高收入户的 43.01％、29.26％、20.31％、10.77％，差距较为悬殊。

第三节　乡村产业的"革新"与"创新"

发展富民乡村产业，构建现代农业产业体系，提高农业产业竞争力，是促进农民增收、实现全面小康的重要支撑。在全面小康的道路上，贫困地区和贫困人口增收问题是短板也是挑战，产业扶贫是稳定脱贫的根本之策，也是巩固脱贫成果防止返贫的关键措施。高质量完成脱贫攻坚任务，必须要发挥好产业扶贫的普惠性、根本性作用。为贯彻落实中央扶贫开发工作会议精神和《中共中央　国务院关于打赢脱贫攻坚战的决定》，2016

年，农业部联合八部委印发《贫困地区发展特色产业促进精准脱贫指导意见》，明确了贫困地区发展特色产业的任务和目标，主要措施是科学确定特色产业，促进一二三产业融合发展，发挥新型经营主体带动作用，完善利益联结机制，增强产业支撑保障能力，加大产业扶贫投入力度，创新金融扶持机制，加大保险支持力度。2020 年 2 月，《农业农村部办公厅 国务院扶贫办综合司关于做好 2020 年产业扶贫工作的意见》发布，进一步确定了全面小康收官之年的产业扶贫任务和思路。可见，发展富民乡村产业是促进农民增收的源头活水，也是实现全面小康的必由之路。

一、富民乡村产业的发展

党的十六大以后，我国乡村产业发展取得了巨大的成就，主要分为两个阶段。

第一阶段：2001—2011 年，新型产业不断涌现。进入 21 世纪，2001 年 12 月 11 日中国正式加入世界贸易组织（World Trade Organization，WTO），极大地促进了中国乡村新型产业的不断涌现和快速发展。在这一阶段中，乡村设施农业、乡村旅游与休闲观光农业、基于房地产投资概念下的风情小镇开发等得到了空前的发展。2001 年，全国农村居民人均可支配收入达到 2 366.40 元，到 2011 年达到 6 977.29 元，净增 1.95 倍。

第二阶段：2012 年至今，乡村产业绿色"转型"。2012 年 11 月 8 日，党的十八大报告明确提出"加快转变经济发展方式""着力推进绿色发展、循环发展、低碳发展，形成节约资源和保护环境的空间格局、产业结构、生产方式、生活方式"。在这一背景下，全国乡村产业进入绿色"转型"发展阶段。尤其值得一提的是，在这一阶段，乡村电子商务、"互联网＋"、乡村旅游等各种新产业、新业态蓬勃兴起，乡村绿色产业和有机产品快速发展，乡村产业绿色"转型"积极推进，"美丽乡村"建设成效显著。全国各地休闲农业和乡村旅游蓬勃发展，实施休闲农业和乡村旅游精品工程，建设休闲观光、乡村民宿、健康养生等园区景点，2018 年接待游客

30 亿人次、营业收入超过 8 000 亿元。乡村服务业创新发展，2018 年农村生产性服务业营业收入超过 2 000 亿元，农村网络销售额突破 1.3 万亿元，其中农产品网络销售额达 3 000 亿元。

二、发展乡村产业存在的问题与挑战

一方面，中国乡村发展取得巨大成就，这是毋庸置疑的；但另一方面，中国乡村发展还存在诸多问题与挑战，对当前实施乡村振兴战略带来了不利影响，这也是不可否定的。具体来说，当前乡村发展、乡村振兴面临的主要问题与短板有：

一是生产能力弱。首先，在生产规模方面，在很多农村地区仍然沿用传统的小作坊式的生产方式和规模；其次，在管理方面，由于缺乏现代化的理念和相应的设备、设施，乡村产业多是以"粗放""分散"的发展方式，产业层次往往较低、较浅；再次，在生产效率方面，乡村产业的生产效率往往较低，不能满足乡村广大农民日益增长的物质需求；最后，在产品质量方面，由于缺乏监督、基础设施薄弱，环境污染导致乡村的生活环境和生产环境不佳，不仅对乡村生产绿色农产品、有机农产品不利，造成乡村生产出来的产品档次低、质量不高，甚至有的产品属于污染产品或假冒伪劣产品，而且更严重的是损害了乡村居民的健康，有的地方因此出现"癌症村""癌症乡"。

二是缺乏市场竞争力。首先，产业种类缺乏特色和创新，绝大多数集中在传统产业门类，缺乏新兴产业、高效产业、特色产业；其次，缺乏差异化农产品品牌，特别是在国内外市场"叫得响"、竞争力强的品牌产业更是少之又少；最后，缺乏国际竞争力，由于生产规模小、生产效率低，尤其是产品科技含量低，缺乏优质、高档、品牌产品，产品整体竞争力不强，更难以在国际市场上"立足"和"获胜"。

三是产业链条短。这主要表现在以下两个方面：一方面，在乡村生产中，多是种植的只管种植、养殖的只管养殖、加工的只顾加工、旅游的只想到旅游，这种"单打一"的生产方式，没有形成产业链条，更谈不上产业融合和延伸产业链条。另一方面，"一产"（即第一产业、种植业）向后延伸不充分，多以供应原料为主，"从产地到餐桌"的链条不健全。"二产"（即第二产业、加工业）连接的两头不紧密，农产品精深加工不足，副产物综合利用程度低，农产品加工转化率仅为 65%，比发达国家（85%以上）低 20 个百分点以上。"三产"（即第三产业、服务业）发育不足，农村生产生活服务能力不强。产业融合层次低，乡村价值功能开发不充分，农户和企业间的利益联结还不紧密。

四是产业环境差。乡村产业发展的"外部环境"差，主要体现在：首先，资源减少。由于工业化、城市化、城镇化对乡村人（人力资源）、财（财力资源）、地（土地资源）的影响、冲击和"拉动"，导致乡村产业发展所需要的人、财、地越来越短缺。其次，基础脆弱。一些乡村，特别是偏远山区乡村，供水、供电、供气条件仍然较差，道路、网络通信、仓储物流等设施未实现全覆盖；产地批发市场、产销对接、鲜活农产品直销网点等设施相对落后，物流经营成本高；还有的乡村，由于基础设施脆弱，防灾减灾能力严重不足，导致灾害频繁发生。最后，环境污染加重。越来越多的"城市人""城市项目""城市垃圾"向乡村转移，加上乡村垃圾集收运和污水处理能力有限，先进技术要素向乡村扩散渗透力不强，乡村产业发展的环境保护条件和能力较弱，工业"三废"和城市生活垃圾等污染扩散的问题仍然突出，导致乡村的生活环境和生产环境总体不佳。

三、发展富民乡村产业的措施

在发展富民乡村产业方面，针对存在的问题，需要重视新型经营主体带动作用、大力发展集体经济、三产融合延长产业链条、打造特色产业品牌、优化生态环境五个方面的措施。

一是重视新型经营主体带动作用。新型经营主体在发展富民乡村产业中发挥了较强的带动作用，为特色产业的形成和发展、联合带动小农户做出了较大的贡献。例如，武汉市首佳水产养殖联合专业合作社，2011年由五家水产养殖合作社强强联合而成立，以期打破当时水产品销售市场上相互压价、恶性竞争的局面。合作社以鱼蟹类和太空莲为主要种养殖产品，在生产经营过程中为社员提供全方位服务：产前统一提供或采购生产资料，产中提供技术指导、培训交流和质量认证服务，产后提供统一销售、统一投保和品牌服务，形成了集水产品种养殖、饲料加工、产品销售于一体的产供销生产经营模式。合作社成立以来，不断规范运行机制，探寻为社员节本增收的新出路，其间开办了隶属于合作社的饲料加工厂，为自家蟹类产品注册"三葆湖"品牌，依托盒马鲜生和每日优鲜等电商平台开展线上零售业务。合作社秉承"以科技为平台，发展为主体，带动为目标，服务为方向"的办社宗旨，实现了产品多样化、延长产业链、提升价值链、带动社员共同致富和辐射促进周边农户脱贫增收的办社目标。

二是大力发展集体经济。目前在许多地区均开展了发展壮大集体经济的工作，形成了许多较好的做法和经验。例如，2017年6月2日，广西壮族自治区为加快贫困村村级集体经济发展，确保如期完成脱贫攻坚任务，自治区党委办公厅、自治区人民政府办公厅印发了《关于加快贫困村村级集体经济发展的意见》（以下简称《集体经济发展意见》），文件要求"每个贫困村健全一个具有发展活力的村级集体经济组织，培育一个带动集体经济发展的经营主体，培植一个以上可持续增收的集体经济项目，建立一套激励集体经济发展的灵活机制，健全一套规范集体经济健康发展的管理办法。"广西贵港市港南区湛江镇因地制宜地发展香水莲产业，该产业是由蒙村、福兴村、同安村通过村民合作社将村集体经济发展扶持资金与四季花田公司合股种植香水莲而形成的村集体经济产业。四季花田公司负责技术指导和保底回购，村民合作社负责日常管护。收益分配为第一、第二年保底亩产16 000朵/年，回购价为2.5元/朵；第三年保底亩产12 000朵/年，回购价为2.5元/朵，实现村集体经济持续获得收入的目标。自2018年6月开始种植，截至10月，蒙村香水莲花已获收益30 000元；福兴村和同安村各获收益 10 000 元。

三是三产融合延长产业链条。通过实施一二三产业融合，可达到延长产业链条、提升产业效益、拓展产业功能的成效。例如，（1）一产与二产融合：利用工业工程技术、装备、设施等改造传统农业，采用机械化、自动化、智能化的管理方式发展高效农业。如生态农业、精准农业、智慧农业、植物工厂等，对于农机行业的大力扶持有利于加速一二产业融合，"绿领"农机手的兴起正是这一趋势的典型代表。（2）一产与三产融合：服务业向农业渗透，在发展服务业的同时利用农业景观和生产活动，开发观光农业而不仅仅是看看山水；利用互联网优势，尤其是近段时间以来的阿里巴巴"千县万村"计划以及京东的"3F"战略，提升农产品电商服务业；以农业和农村发展为主题，使用论坛、博览会、节庆活动等方式或平台展现农业。（3）二产与三产融合：二产向三产拓展的工业旅游业，以工业生产过程、工厂风貌、产品展示为主要参观内容开发的旅游活动，反之以三产的文化创意活动带动加工。通过创意、加工、制作等手段，把农村文化资源转换为各种形式的产品。（4）一二三产融合：农村三产联合开发生态休闲、旅游观光、文化传承、教育体验等多种功能，使三种产业形成"你中有我、我中有你"的发展格局。典型业态有农产品物流、智慧农业、工厂、牧场观光、酒庄观光等。观光牧场融合畜牧业、乳产品加工业和牧场观光业的优势，使牧场改变单一的生产模式，是三产融合最具代表性的模式之一。

四是打造特色产业品牌。乡村振兴，产业兴旺是重点；产业兴旺，打造产业品牌是关键。打造产业品牌，促进乡村产业兴旺，最重要的是要发展特色产业。每个地区，每个县、乡、村，都有自己独特的资源与优势条件，都有各自的人文和风俗习惯，如能将这些"自然""生态""人文"优势融入乡村"产业"，成为"产业优势""经济优势"，则必然能促进乡村产业振兴。当前，全国各地正在积极开展创建"一村一品、一乡一业、一县一特"活动，全国认定"一村一品"示范村镇 2 400 个。乡村特色产业快速发展，形成一批特色鲜明的小宗类、多样化乡土产业，创响特色品牌10万余个。

五是优化生态环境。当前，全国许多地区不同程度地存在着水土流失、环境污染、生态退化、自然灾害频繁等生态环境问题，对乡村产业振兴和发展造成严重威胁。为实现乡村产业振兴和高质量发展，必须修复、治理、优化乡村及其周边的生态环境，以优化的生态环境确保乡村产业的高质量发展。一是加大乡村生态环境治理力度，开展乡村"厕所革命"，搞好乡村"垃圾分类"和循环利用，对乡村水、电、气、路等进行全面综合整治，还乡村优美环境；二是加强乡村生态建设，要大力开展乡村植树造林和"扩绿""增绿"活动，提高森林覆盖率和绿色覆盖度，使乡村成为"绿色的名片""绿色的代名词"；三是强化乡村基础设施建设，夯实乡村产业振兴的"硬件"，从而提升乡村防灾减灾能力，确保乡村产业稳定发展和乡村居民"平安"。

第四节　稳住就业的"来路"与"展望"

农民工通常指户籍仍在农村，在本地从事非农产业或外出从业6个月及以上的劳动者。根据国家统计局《农民工监测调查报告》，农民工总量呈逐年上涨的趋势，2018年农民工总量为28 836万人，但农民工总量增速出现回落，2018年总量增速明显比上年回落1.1个百分点。在农民工总量中，在乡内就地就近就业的本地农民工为11 570万人；到乡外就业的外出农民工为17 266万人，在外出农民工中，进城农民工为13 506万人。本地农民工是指在户籍所在乡镇地域以内从业的农民工。外出农民工是指在户籍所在乡镇地域外从业的农民工。进城农民工是指居住在城镇地域内的农民工。城镇地域为根据国家统计局《统计上划分城乡的规定》划分的区域，与计算人口城镇化率的地域范围一致。

一、农民工政策的演进

党的十六大以后，我国农民工政策发生了积极的变化和根本性的转变，农民工政策基调由限制农民流动转变为放开并支持农民流动，政策目标从单纯的就业向就业、安居、公共服务、城市融入等综合目标转变。2003年1月，国务院发布了《国务院办公厅关于做好农民工进城务工就业管理和服务工作的通知》，标志着农民工政策基调正式转变为支持和鼓励。2003年6月20日，国务院宣布废止《城市流浪乞讨人员收容遣送办法》，改为《城市生活无着的流浪乞讨人员救助管理办法》，城市不再限制人口流动，提出资源救助原则，取消了强制手段。农民工市场出现两大变化：一是各地区"民工荒"问题逐渐加重；二是农民工群体开始"代际更替"，新生代农民工逐渐成为农民工群体的主体。

2004年中央一号文件首次提出"进城就业的农民工已经成为产业工人的重要组成部分"，把农民工正式列入产业工人队伍。2004年11月10日，时任国务院总理温家宝主持召开国务院常务会议，听取了劳动和社会保障部关于进一步做好改善农民进城就业环境的工作汇报。2006年4月，历时10个多月，在深入调研、集思广益的基础上形成的《中国农民工调研报告》发布。同时，国务院成立了农民工问题部际协调办公室，负责统筹有关农民工问题的政策。2006年，国务院发布了《国务院关于解决农民工问题的若干意见》。这是中央政府关于农民工的第一份全面系统的政策文件，它涉及农民工工资、就业、技能培训、劳动保护、社会保障、公共管理和服务、户籍管理制度改革、土地承包权益等方面的政策措施。建立了由31个部门和党群组织参加的日常工作由劳动保障部负责的国务院农民工工作联席会议制度。2007年，全国人大常委会通过《中华人民共和国劳动合同法》《中华人民共和国就业促进法》《中华人民共和国劳动争议调解仲裁法》，加大对农民工劳动权益的法制保障力度。2008年，国务院办公厅印发《国务院办公厅关于切实做好当前农民工工作的通知》。

2010 年，国务院办公厅印发《国务院办公厅关于进一步做好农民工培训工作的指导意见》和《国务院办公厅关于发展家庭服务业的指导意见》，全国人大常委会还通过了《中华人民共和国社会保险法》，明确规定进城务工的农村居民依照本法规定参加社会保险。

农民工就业、权益保障问题随之出现，促进农民工培训、维护农民工权益的政策密集出台（见表 10 - 4）。在农民培训方面，2003 年 9 月，农业部等部门发布了《2003—2010 年全国农民工培训规划》，提出以转移就业前的引导性培训和职业技能培训为重点，综合运用财政扶持政策和竞争、激励手段，进一步调动农民工个人、用人单位、教育培训机构、行业的积极性，多渠道、多层次、多形式地开展农民工培训工作；2010 年 1 月，国务院办公厅发布《国务院办公厅关于进一步做好农民工培训工作的指导意见》，针对农民工培训工作仍然存在着培训项目缺乏统筹规划、资金使用效益和培训质量不高、监督制约机制不够完善等问题做出指导。在维护农民工权益方面，2010 年 2 月《国务院办公厅关于切实解决企业拖欠农民工工资问题的紧急通知》，把解决企业拖欠农民工工资问题作为当前一项重要而紧迫的任务抓紧抓细，确保各项措施落到实处；2016 年 1 月国务院办公厅发布《国务院办公厅关于全面治理拖欠农民工工资问题的意见》；2017 年 12 月国务院办公厅发布《国务院办公厅关于印发保障农民工工资支付工作考核办法的通知》；2019 年 8 月国务院办公厅发布《国务院办公厅关于成立国务院根治拖欠农民工工资工作领导小组的通知》；2019 年 12 月发布《保障农民工工资支付条例》。

表 10 - 4　党的十六大以来国家有关农民工政策的梳理

时间	文件名称	主要内容
2003 年 9 月	《2003—2010 年全国农民工培训规划》	以转移就业前的引导性培训和职业技能培训为重点，综合运用财政扶持政策和竞争、激励手段，进一步调动农民工个人、用人单位、教育培训机构、行业的积极性，多渠道、多层次、多形式地开展农民工培训工作

续表

时间	文件名称	主要内容
2006 年 1 月	《国务院关于解决农民工问题的若干意见》	逐步建立城乡统一的劳动力市场和公平竞争的就业制度，建立保障农民工合法权益的政策体系和执法监督机制，建立惠及农民工的城乡公共服务体制和制度，拓宽农村劳动力转移就业渠道
2006 年 3 月	《国务院关于同意建立农民工工作联席会议制度的批复》	建立农民工工作联席会议，负责研究拟订农民工工作的重大政策措施，为国务院决策提供意见建议
2008 年 12 月	《国务院办公厅关于切实做好当前农民工工作的通知》	为应对国际金融危机的影响、国内部分企业生产经营遇到困难、就业压力的明显增加，提出稳定农民工就业的六条措施
2010 年 1 月	《国务院办公厅关于进一步做好农民工培训工作的指导意见》	针对农民工培训工作仍然存在着培训项目缺乏统筹规划、资金使用效益和培训质量不高、监督制约机制不够完善等问题做出指导
2010 年 2 月	《国务院办公厅关于切实解决企业拖欠农民工工资问题的紧急通知》	把解决企业拖欠农民工工资问题作为当前一项重要而紧迫的任务抓紧抓细，确保各项措施落到实处
2014 年 9 月	《国务院关于进一步做好为农民工服务工作的意见》	着力稳定和扩大农民工就业创业，着力维护农民工的劳动保障权益，着力推动农民工逐步实现平等享受城镇基本公共服务和在城镇落户，着力促进农民工社会融合，有序推进、逐步实现有条件有意愿的农民工市民化
2015 年 6 月	《国务院办公厅关于支持农民工等人员返乡创业的意见》	为全面激发农民工等人员的返乡创业热情，创造更多就地就近就业机会，明确主要任务，提出健全基础设施和创业服务体系，以及政策措施
2016 年 1 月	《国务院办公厅关于全面治理拖欠农民工工资问题的意见》	到 2020 年，形成制度完备、责任落实、监管有力的治理格局，使拖欠农民工工资问题得到根本遏制，努力实现基本无拖欠
2017 年 12 月	《国务院办公厅关于印发保障农民工工资支付工作考核办法的通知》	考核工作于考核年度次年年初开始，4 月底前完成。考核采取分级评分法，基准分为100 分，考核结果分为 A、B、C 三个等级
2019 年 8 月	《国务院办公厅关于成立国务院根治拖欠农民工工资工作领导小组的通知》	成立国务院根治拖欠农民工工资工作领导小组统筹协调全国根治拖欠农民工工资工作；研究审议根治拖欠农民工工资工作重大政策措施等

续表

时间	文件名称	主要内容
2019 年 12 月	《保障农民工工资支付条例》	农民工有按时足额获得工资的权利。任何单位和个人不得拖欠农民工工资

资料来源：资料引自中国政府网。

二、当前农民工就业存在的问题

当前，我国农民工呈现出三大特点。一是农民工群体分化日益明显，主要分为"融入型""两栖型""漂泊型"三种；二是农民工群体身份从个体劳动者变成雇佣劳动者，从农业劳动者变成工业或服务业劳动者，从农村人变成城市人；三是新生代农民工逐渐成为我国农民工群体的主体，与上一代农民工不同的是，新一代农民工文化综合素质普遍提高，"市民化"信心得到强化，乡土依恋情结逐渐淡化，城市归属感不断增强，转移动因凸显发展理性，物质要求和价值追求逐步提升，社会支持网络不断丰富，城市社区融入进程加快。尽管取得了巨大的成就，但是要保质保量完成全面小康的任务，稳定农民工就业方面仍然面临一些问题。

一是居住条件仍需改善。根据《2018 年农民工监测调查报告》，2018年，进城农民工人均居住面积为 20.2 平方米，户人均居住面积在 5 平方米及以下的农民工户占 4.4%。其中，在 500 万人以上城市中，人均居住面积为 15.9 平方米；在 50 万人以下城市中，人均居住面积为 23.7 平方米。在进城农民工户中，购买住房的仅占 19%，租房居住的占 61.3%。享受保障性住房的农民工比例仅为 2.9%，其中，1.3% 为租赁公租房，1.6% 为自购保障性住房。

二是进城农民工本地升学入园难、费用高问题仍需关注。2018 年，50.8% 的农民工家长反映在城市上学面临一些问题，比上年下降 2.7 个百分点。本地升学（入园）难、费用高依然是进城农民工家长反映最多的两个问题。对于义务教育阶段随迁儿童，家长持此观点的分别是 26.7% 和27.2%；对于 3～5 岁随迁儿童，家长持此观点的分别是 38.7%

和 51.4%。

三是进城农民工组织化程度有待进一步提高。2018 年，在进城农民工中，26.5%参加过所在社区组织的活动，比上年提高 0.9 个百分点，其中，3.5%表示经常参加，23.0%表示偶尔参加。15.3%参加过人大代表选举，比上年提高 1.1 个百分点；加入工会组织的进城农民工占已就业进城农民工的比重为 9.8%。在已加入工会的农民工中，经常参加工会活动的占 26.0%，比上年提高 2.8 个百分点；偶尔参加的占 56.3%，比上年下降 1.2 个百分点。

第五节 强权赋权的"内核"与"灵魂"

财产权是公民的基本权利。长期以来，我国农民的财产权利概念模糊。为了激发经济增长潜能、推动城乡一体化、统筹解决"三农"问题，十八届三中全会提出赋予农民更多财产权利。农民的财产权利主要包括土地承包经营权、宅基地使用权和集体收益分配权。自农村改革以来，农民的财产权利尤其是对集体土地的承包经营权利不断增加，但是对宅基地使用权、集体收益分配权的改革滞后于经济发展要求。落实中共中央关于赋予农民更多财产权利的重大决定，要重点做好农民财产权利界定、产权流转交易市场培育和服务监管等工作。

一、为什么要赋予农民更多财产权利

党的十八届三中全会通过的《中共中央关于全面深化改革若干重大问题的决定》（以下简称"十八届三中全会《决定》"）关于农村改革有很多突破性表述，其中，"赋予农民更多财产权利"由于改革力度大、作用范围广，引发了社会各界热议。那么，为什么要在如此重大的决定中，着重强调"赋予农民更多财产权利"？

第一，它是深化农村改革的应有之义，有助于全面释放经济增长潜

能。我国改革已经到了全面深化的关键时期，新一轮改革需要新思路、新思维。虽然近年来我国经济持续稳定增长、城市化率大幅度提高，但是城乡二元结构特征仍然十分明显：2019年，近40％的人口生活在农村，如果按照户籍人口计算，农村人口比例则多达60％；农村2亿多亩宅基地、18亿亩耕地蕴含的巨大经济价值尚没有得到充分体现。如果不能有效盘活农村的各种资源资产，不能大幅激发农民参与城镇化建设的积极性，我国城乡发展一体化将成无源之水、无本之木，维持经济高速增长的难度将不断加大。为了再一次释放我国经济增长的能量、加快实现城乡一体化发展，深化农村改革就需要明确市场在经济发展中的决定性地位，并按照市场经济运行的基本规律进一步界定产权、扩大权能，允许农村土地以适当形式参与市场交易，盘活农村土地尤其是宅基地这类"沉睡的资产"。

第二，它是完善要素市场的基本前提，有助于推动城乡发展一体化。随着农业农村的改革发展和工业化、城镇化的快速推进，我国的要素市场逐步形成。但众所周知，在经济发展过程中，城市实际上充当了农村资源要素的"抽水机"，人才、资金等资源从农村向城市单向流动。赋予农民更多财产权利，能够完善各种要素市场，有利于实现资金、人才的城乡双向流动，在一定程度上改变农业农村资源要素流失加快的困境。从人才市场看，赋予农民更多财产权，既可以让有条件的农民"弃地进城"，又能吸引一部分城市居民去农村发展，真正形成城乡统一的人才市场。从资金市场看，赋予农民更多财产权，既有助于缓解农村资金外流，又可以为城市资金进入农村提供通道，加快实现城乡资金的双向流动。

第三，它是加快农业农村发展的制度保障，有利于统筹解决"三农"问题。进一步打破制度约束，赋予农民更多财产权利，可以更好地增加农民收入、提高农村土地利用效率、培育新型农业经营主体，从而繁荣农村经济。具体来看，赋予农民更多财产权利对农业农村发展的作用突出表现在以下几个方面。一是增加农民财产性收入。当前，造成我国城乡居民收入差距较大的一个主要原因就是农民的财产性收入过低。从全国范围来看，农民的收入来源主要是家庭经营和外出务工，财产性收入占家庭纯收入的比例只有 4％左右。二是提高农村土地利用效率。长期以来，农村土地财产权利界定不清，村庄内部管理弱化，村干部成为集体土地建设用地使用权的实际审批者和受益者，村镇建设用地未批先建问题持续恶化。三是促进新型农业经营主体成长。城乡发展的不平衡使得农业生产的比较效益不断降低，大部分农户开始兼业经营或干脆离开农业农村进城务工，留在农村搞生产的主要为妇女、儿童和老人等。

二、赋予农民什么样的财产权利

　　农民财产权利尤其是土地财产权利贫困，是我国城乡二元结构形成的根源之一，严重阻碍了城乡统筹发展，并以多种形式影响农村社会稳定。自农村改革以来，国家就逐步赋予农民财产权利，并不断扩大其外延、明确其内涵。近年来，有关农民财产权利的政策密集出台：党的十七大报告首次提出"创造条件让更多群众拥有财产性收入"；党的十七届三中全会通过的《中共中央关于推进农村改革发展若干重大问题的决定》要求"完善土地承包经营权权能，依法保障农民对承包土地的占有、使用、收益等权利"；党的十八大报告明确要求"多渠道增加居民财产性收入"；2013年中央一号文件指出，"改革农村集体产权制度，有效保障农民财产权利"，将财产权利的主体从"群众""居民"进一步明确为"农民"；党的十八届三中全会《决定》延续已有的思路，提出"赋予农民更多财产权利"。那么，需要思考的是，从哪些方面赋予农民财产权利？"更多"二字有着怎样的历史背景？

　　一是土地承包经营权。承包经营权是在我国农村土地集体所有的制度框架下，农民作为农村社区集体经济组织的一分子而天然获得的承包使用集体所有土地的权利。在农村改革后的最初一段时期里，承包经营权权能比较单一，主要为农村耕地使用权，承包是获得这种使用权的途径。自21世纪以来，随着农村改革步伐加快，土地承包经营权的权能也不断丰富。2002 年发布的《中共中央关于做好农户承包地使用权流转工作的通知》规定："农户对承包的土地有自主的使用权、收益权和流转权，有权依法自主决定承包地是否流转和流转的形式。"2002 年颁布的《中华人民共和国农村土地承包法》第十六条指出，土地承包方"依法享有承包地使用、收益和土地承包经营权流转的权利"，把《中华人民共和国土地管理法》中的使用权细化为使用、收益、流转等三个具体权利。此外，《中华人民共和国农村土地承包法》还明确了土地流转的各种方式，规定："通过家庭承包取得的土地承包经营权可以依法采取转包、出租、互换、转让或者其他方式流转""承包方之间为发展农业经济，可以自愿联合将土地承包经营权入股，从事农业合作生产"。在党的十八大之后，随着全面深化改革的推进，党中央开始赋予农民承包土地更多财产权利。2013 年中央一号文件指出，用 5 年时间基本完成农村土地承包经营权确权登记颁证工作。十八届三中全会《决定》在使用、收益和流转的基础上，提出了农民对承包地的占有权，首次明确承包经营权具有抵押、担保、入股权能。农民获得了把承包土地的经营权拿到金融机构进行抵押、担保或者以土地入股农业企业的权利，从而可以得到金融支持或经营性收入。《决定》的这些安排，在拓展土地承包经营权权能方面，无疑有了重大突破。

二是宅基地使用权。党的十六大以来，随着经济社会加快发展，农民的权利意识迅速觉醒，对宅基地、房屋等财产权益的主张越来越强烈。国家开始赋予农村宅基地使用权更多权能。2007 年发布的《中华人民共和国物权法》把宅基地使用权界定为用益物权，规定"宅基地使用权人依法对集体所有的土地享有占有和使用的权利""宅基地使用权的取得、行使和转让，适用土地管理法等法律和国家有关规定"。但此后，有关部门并没有就宅基地使用权行使、转让等做出更为详细的规定。为了保障农民宅基地使用权权益，2010 年和 2013 年中央一号文件都提出要开展宅基地使用权确权、登记、颁证工作。为了进一步增加农民的财产权利，党的十八届三中全会《决定》明确要求，"保障农户宅基地用益物权，改革完善农村宅基地制度，选择若干试点，慎重稳妥推进农民住房财产权抵押、担保、转让，探索农民增加财产性收入渠道。"为落实《决定》要求，笔者理解，首先，要保护农民宅基地的用益物权，使其不会受到任何侵犯；其次，通过不断完善农村宅基地制度，使农村宅基地的分配更加公平、合理，确保一户一宅，杜绝一户多宅现象；最后，赋予农民住房财产权的抵押、担保、转让功能，但要在试点的基础上"慎重稳妥"推进，要确保行使住房"抵押、担保、转让"权利的农户在城镇有稳定居所，保证其不会成为"无房农民"而影响社会稳定的大局。

三是集体收益分配权。集体收益分配权是指农民作为集体经济组织的一分子，有参与集体所有的各种自然资源和资产收益分配的权利。根据《国务院关于加强农村集体资产管理工作的通知》（已失效），农村集体资产是指归乡、村集体经济组织全体成员集体所有的资产，包括：集体所有的土地、森林、荒地、水面等自然资源和集体所有的各种流动资产、长期投资、固定资产、无形资产等。此后，经济发展和城镇化推高了农村土地、荒地、水面和其他集体资产的市场价值。针对上述情况，农业部先后印发了《农村集体财务管理规范化管理办法》和《农村集体经济组织财务公开规定》，要求建立民主理财制度，强化民主监督，特别要加强对土地补偿费监督管理。2007 年发布的《中华人民共和国物权法》规定，集体财产管理者要"向本集体成员公布集体财产的状况""集体所有的财产受法律保护，禁止任何单位和个人侵占、哄抢、私分、破坏"。为了赋予集体成员更多财产权利，党的十八届三中全会《决定》指出："保障农民集体经济组织成员权利，积极发展农民股份合作，赋予农民对集体资产股份占有、收益、有偿退出及抵押、担保、继承权。"

四是产权流转交易市场。造成我国农民土地财产权利难以实现的重要原因是城乡土地市场割裂和农村产权流转交易市场缺失。商品的价值需要通过交易来实现。接近市场并能以较低成本进入市场参与交易，是实现农民财产权利的重要条件。近几年农村土地承包经营权流转规模不断扩大、价格不断攀升，表明市场能够改善土地这一稀缺资源的配置效率。因此，党的十八届三中全会《决定》指出，"必须加快形成……商品和要素自由流动、平等交换的现代市场体系，着力清除市场壁垒，提高资源配置效率和公平性""建立城乡统一的建设用地市场""建立农村产权流转交易市场，推动农村产权流转交易公开、公正、规范运行"。

在集体产权制度改革过程中，各试点努力探索农村产权流转交易市场。例如，广西壮族自治区贵港市覃塘区在集体产权制度改革过程中，为了更好地整合农村资源要素，在县级农村产权交易中心的基础之上，配套建立了广西首个县级村集体经济孵化器。农村产权交易中心主要负责发布流转信息、组织产权交易、出具产权流转鉴定证书、办理流转交易咨询等服务，是村集体经济孵化器良好运行的基础。村集体经济孵化器主要为发展村集体经济提供技术咨询、农资供给、人员培训、产品展销、产权交易和金融信贷六大功能支持。目前已经进驻了十二个部门和企业，其中农业农村局、林业局等涉农部门主要负责提供业务指导和政策支持；华夏助农、汉世伟、荷岸汇兴绿希望等农业龙头企业主要负责提供农技农资、市场信息等服务；北部湾产权交易所、广西金融投资集团、邮政储蓄银行、邮乐购太平洋保险等企业主要负责提供产权交易、金融、保险、信贷和物流等服务。覃塘区的产权交易平台建设主要承担单位是北部湾产权交易所，每年需支付25万元的平台建设和维护管理费用。在农村产权交易中心方面，目前有107宗交易项目在北部湾产权交易所集团农村产权"E农村"交易平台正式上线，预流转土地面积为25 579.72亩，成功交易16宗，流转土地面积2 667.3亩，成交金额达1 041.762万元。村集体经济孵化器自建立以来成功举办了土地承包经营权流转、农村产权交易、金融信贷、百香果种植和致富带头人等培训班20多期，培训各乡镇分管农业领导、第一书记、村干部、种植大户等2 000余人次，充分发挥了技术咨询和人员培训的功能，起到了很好的宣传及推广效果。

参考文献

1. 蔡昉. 城乡收入差距与制度变革的临界点. 中国社会科学，2003（5）.

2. 李杰义. 农业产业链的内涵、类型及其区域经济效应. 理论与改革，2009（5）.

3. 厉以宁. 论城乡二元体制改革. 北京大学学报（哲学社会科学版），2008（2）.

4. 张晓山. 关于赋予农民更多财产权利的几点思考. 农村经济，2014（1）.

5. 郑风田，程郁. 从农业产业化到农业产业区——竞争型农业产业化发展的可行性分析. 管理世界，2005（7）.

6. 钟甫宁，何军. 增加农民收入的关键：扩大非农就业机会. 农业经济问题，2007（1）.

第十一章　奋进新时代：农业农村治理现代化①

2019 年 10 月 31 日，党的十九届四中全会通过了《中共中央关于坚持和完善中国特色社会主义制度　推进国家治理体系和治理能力现代化若干重大问题的决定》（以下简称"十九届四中全会《决定》"），系统描绘了中国特色社会主义制度的图谱，彰显了我党坚定的理论自信、文化自信和制度自信，以及把制度优势转化为国家治理优势的决心。推进治理体系和治理能力现代化，农业农村是基础和关键，这就必须准确农业农村发展大趋势，以小农户为基础，稳定和完善农村基本经营制度，从宏观和微观两个方向提升治理能力和治理水平。推进农业农村治理现代化，对于全面建设小康社会以及后小康社会发展具有基础性意义。

第一节　找准航向：准确把握农业农村发展大趋势

改革开放 40 多年来，尤其是自 21 世纪以来，以"四大补贴"、主要农产品保护价收购为核心的农业支持保护政策开始实施，农村社会保障水平不断提高，农村基本经营制度不断健全和完善。城镇化率逐年提高，到 2018 年达到 59.58%，对农村社会经济产生了极大的拉动作用。在家庭经营制度普遍推行的 1985 年，农民人均纯收入中工资性收入所占比重仅为 18.1%，到了 2018 年上升到了 41%，农民纯收入增加的部分主要是在城镇打工的工资收入。不仅如此，城镇化使生产农产品的劳动者大大减少

---

① 执笔人：孔祥智。

了，据测算，2016 年，农业领域仅使用了 1.3 亿劳动力，劳均农业增加值达到 50 616 元。[①] 这就使得广大农民无论在生产方式还是生活方式上都发生了巨大的变化。这些变化可以归纳为三个方面。

一、农业现代化水平不断提高

农业劳动力减少的直接表现就是农业现代化水平的提高。农村家庭承包经营制度的实施，把劳动力从农业领域甚至农村解放了出来，尤其是在 20 世纪 90 年代初期以后，随着小城镇建设的破题，农村劳动力大量向城镇流动，在 90 年代中后期之后，农业从业人员数量开始持续下降。与此同时，九年义务教育的推行使劳动力的文化水平不断提高。农村住户调查数据显示，1985 年，农村劳动力中具有初中文化水平者只占 27.7%，2003 年超过 50%（50.2%）；高中文化水平占比在 2004 年超过 10%（10.1%）。劳动力是最活跃的生产要素，其数量下降和质量提升必然引致其他要素的变化。如表 11-1 和图 11-5 所示，农业从业人员数量在 1997 年出现拐点，此后一直呈下降趋势。实际上，根据笔者的测算，农业中容纳的劳动力数量比统计数据少近 40%。[②] 劳动力投入大规模减少是机械替代的结果，如表 11-1 和图 11-4 所示，自 1978 年以来，农机总动力持续上升，2015 年出现拐点，开始下降，也是由于劳动力大量外出，导致小型农机具数量减少，以及大型农机具主导的农业生产服务业的发展。[③] 与此同时，综合农业机械率持续上升，2019 年超过 70%，比 2004 年的 34.32% 多一倍以上，三大主粮作物基本实现了全程机械化。除了用机械替代劳动力，由于土地资源禀赋的原因，用资金替代土地，促进土地生产率的提高一直是中国农业发展的基本路径。从表 11-1、图 11-1、图 11-2、图 11-3、图 11-6 可以看出，在一定时期内农作物播种面积基本保持稳

---

①② 孔祥智. 我国农业劳动力数量和劳动力生产率估算. 改革，2019（5）：38-47.
③　也包括农具统计口径变化的原因。

定的前提下，由于化肥施用量和有效灌溉面积的不断增加①，粮食单位面积产量呈上升趋势。

表 11 - 1　1979—2018 年主要农业经济指标

年份	农作物播种面积（千公顷）	化肥施用量（折纯，万吨）	有效灌溉面积（千公顷）	农机总动力（万千瓦）	农业从业人员数量（万）	粮食作物单产（千克）
1978	150 104	884	44 965	11 750	30 638	2 527
1979	148 477	1 086	45 003	13 379	31 025	2 785
1980	146 380	1 269	44 888	14 746	31 836	2 734
1981	145 157	1 335	44 574	15 680	32 672	2 827
1982	144 755	1 513	44 177	16 614	33 867	3 124
1983	143 993	1 660	44 644	18 022	34 690	3 396
1984	144 221	1 740	44 453	19 479	35 968	3 608
1985	143 626	1 776	44 036	20 913	37 065	3 483
1986	144 204	1 931	44 226	22 950	37 990	3 529
1987	144 957	1 999	44 403	24 836	39 000	3 622
1988	144 869	2 142	44 376	26 575	40 067	3 579
1989	146 554	2 357	44 917	28 067	40 939	3 632
1990	148 362	2 590	47 403	28 708	47 708	3 933
1991	149 586	2 805	47 822	29 389	48 026	3 876
1992	149 007	2 930	48 590	30 308	48 291	4 004
1993	147 741	3 152	48 728	31 817	48 546	4 131
1994	148 241	3 318	48 759	33 803	48 802	4 063
1995	149 879	3 594	49 282	36 118	49 025	4 240
1996	152 381	3 828	50 382	38 547	49 028	4 483
1997	153 969	3 981	51 239	42 016	49 039	4 377
1998	155 706	4 084	52 296	45 208	49 021	4 502
1999	156 373	4 124	53 158	48 996	48 982	4 493
2000	156 300	4 146	53 820	52 574	48 934	4 261
2001	155 708	4 254	54 249	55 172	48 674	4 267
2002	154 636	4 339	54 355	57 930	48 121	4 399
2003	152 415	4 412	54 014	60 387	47 506	4 333
2004	153 553	4 637	54 478	64 028	46 971	4 620
2005	155 488	4 766	55 029	68 398	46 258	4 642

① 化肥施用量在 2015 年以后出现下降趋势是由于农业部于 2015 年 2 月印发了《到 2020 年化肥使用量零增长行动方案》和《到 2020 年农药使用量零增长行动方案》。

续表

年份	农作物播种面积（千公顷）	化肥施用量（折纯，万吨）	有效灌溉面积（千公顷）	农机总动力（万千瓦）	农业从业人员数量（万）	粮食作物单产（千克）
2006	152 149	4 928	55 751	72 522	45 348	4 745
2007	150 396	5 108	56 518	76 590	44 368	4 756
2008	153 690	5 239	58 472	82 190	43 461	4 969
2009	155 590	5 404	59 261	87 496	42 506	4 892
2010	156 785	5 562	60 348	92 781	41 418	5 006
2011	159 859	5 704	61 682	97 735	40 506	5 209
2012	161 827	5 839	62 491	102 559	39 602	5 353
2013	163 453	5 912	63 473	103 907	38 737	5 440
2014	164 966	5 996	64 540	108 057	37 943	5 446
2015	166 829	6 023	65 873	111 728	37 041	5 553
2016	166 939	5 984	67 141	97 246	36 175	5 539
2017	166 332	5 859	67 815.6	98 783	35 178	5 607
2018	165 902	5 653	68 271.6	100 372	34 167	5 621

资料来源：历年《中国统计年鉴》及《中国农村统计年鉴》。

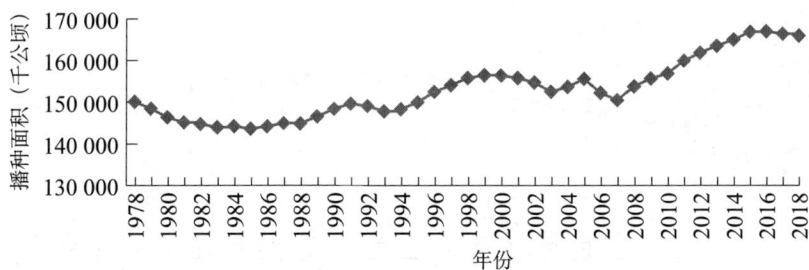

图 11-1 1978—2018 年农作物播种面积的变化

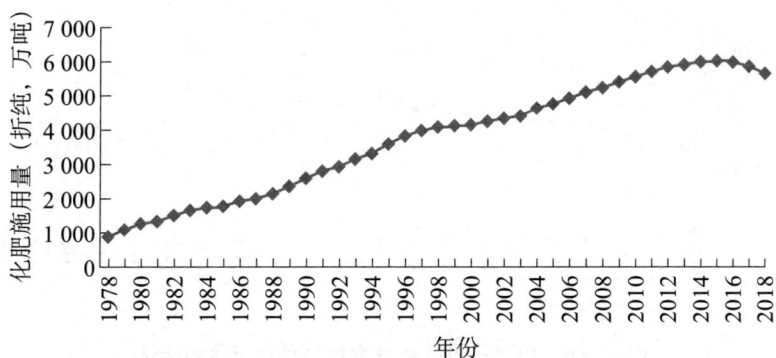

图 11-2 1978—2018 年化肥施用量（折纯）的变化

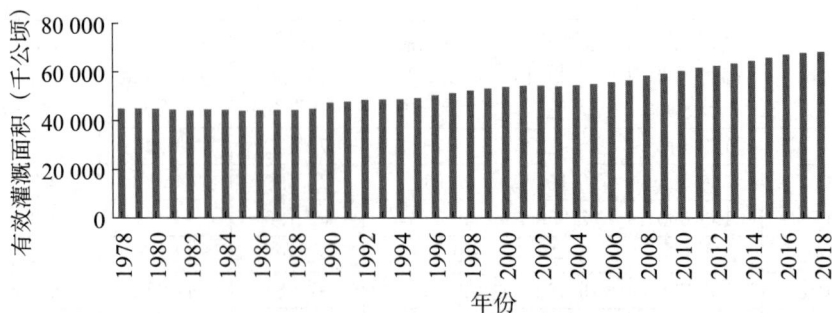

图 11 - 3　1978—2018 年有效灌溉面积的变化

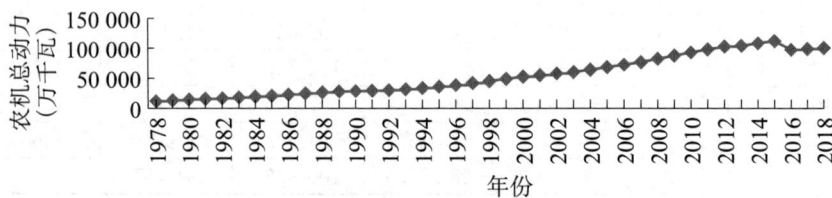

图 11 - 4　1978—2018 年农机总动力的变化

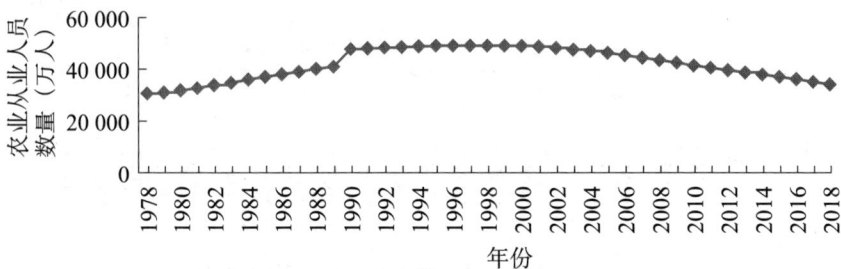

图 11 - 5　1978—2018 年农业从业人员的变化

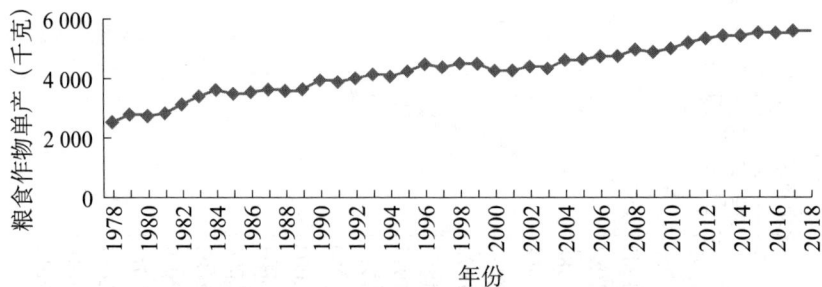

图 11 - 6　1978—2018 年粮食作物单位产量的变化

总体来看，自 1978 年以来，中国农业现代化的基本路径就是用机械替代劳动力、用资金替代土地，即劳动生产率和土地生产率双提升。党的十九大提出到 2035 年基本实现现代化，农业农村当然也要基本实现现代化，在未来 15 年的时间内，这两条路径依然要延续下去。支撑中国农业现代化的要素很多，其中，农业生产组织经营方式是最重要的要素之一。自 21 世纪以来，农业经营组织发展逐渐多样化，如"公司＋农户""公司＋合作社＋农户""公司＋合作社＋基地＋农户""产业协会＋合作社＋农户"等。其中，农民专业合作社和农业产业化组织成为当前促进农业稳定发展和农民持续增收的重要力量。

二、农户兼业化成为不可逆转的趋势

由于土地资源禀赋的关系，兼业化已经成为中国农户经济的必然行为。[①] 农户的兼业行为是基于家庭收益最大和风险控制，应对外界环境变化、适应经济社会发展所做出的家庭劳动力优化配置的一种理性选择。[②] 从国际上看，农户兼业现象不仅存在于中国、印度等发展中国家，而且普遍存在于发达国家（地区）。[③] 自改革开放以来，中国农户的兼业化水平不断提高，这个过程无疑是从 20 世纪 80 年代初期开始的，但限于数据的不可得性，本书运用农业农村部全国农村固定观察点数据计算自 2003 年以来中国农户的兼业化状况。见表 11 - 2。

表 11 - 2 2003 年以来中国农户兼业化状况（%）

年份	纯农户占比	一兼农户占比	二兼农户占比	非农户占比
2003	11.18	23.14	32.40	33.28
2004	11.45	26.36	31.43	30.77
2005	10.24	22.78	32.85	34.13
2006	9.35	20.93	32.98	36.75

---

① 冯海发. 亦论兼业化农业的历史命运——与陆一香同志商榷. 中国农村经济, 1998 (11): 1-6.
② 翁贞林, 高雪萍, 檀竹平. 农户禀赋、区域环境与粮农兼业化——基于 9 省份 1 647 个粮食种植户的问卷调研. 农业技术经济, 2017 (2): 61-71.
③ 徐雪高, 沈贵银, 何在中. 农户兼业化发展及未来研究展望. 农业展望, 2017 (2): 22-26.

续表

年份	纯农户占比	一兼农户占比	二兼农户占比	非农户占比
2007	8.96	19.86	31.65	39.52
2008	7.62	19.38	31.96	41.03
2009	7.64	17.34	31.34	43.68
2010	7.42	16.53	29.44	46.61
2011	6.80	15.62	29.21	48.38
2012	6.69	14.85	28.05	50.41
2013	5.92	13.13	26.13	54.82
2014	5.75	12.11	24.81	57.33
2015	4.27	10.53	23.32	61.88
2016	2.90	9.85	23.21	64.04

资料来源：根据农业农村部全国农村固定观察点数据计算。

按照收入中来自农业的比重，可以把农户划分为纯农户、一兼农户、二兼农户和非农户。不同研究目的的划分标准略有差异，本章的划分标准为：农业收入80%以上来自农业的为纯农户，50%～80%（含）来自农业的为一兼农户或农业兼业户，20%～50%（含）来自农业的为二兼农户或非业兼业户，20%及以下来自农业的为非农户。从表11-2可以看出，2003年以来，中国农户在从事产业方面的分化状况十分明显：一是纯农户比例从2003年的11.18%下降到2016年的2.90%，也就是说，只有不到3%的农户收入主要来自农业产业；二是非农户的比例快速上升，2003年非农户占比仅为33.28%，2016年增加到64.04%，年均增长率为5.16%；三是一兼农户和二兼农户的占比整体上呈现出下降的趋势。此外，兼业农户中二兼农户的比例明显高于一兼农户，二者之间的差值总体上呈现出扩大的趋势，这表明二兼农户是兼业农户中最为重要的组成部分。

农户收入结构的变化受多种因素影响，如城镇化快速发展的"拉力"与农业产业内部结构变化、农村就业结构变化的"推力"等①，农户兼业化的另外一极就是专业化，二者并行不悖。在农户兼业化水平越来越高的

① 张琛，彭超，孔祥智.农户分化的演化逻辑、历史演变与未来展望.改革，2019（2）：5-16.

同时，农民专业合作社、家庭农场等新型农业经营主体随之发育并成长①，推动着农业发展型式的转变和现代化水平的提高。

三、村庄持续减少，乡村形态将发生根本性变化

根据全国农业普查办公室发布的第三次全国农业普查报告，截至2016年底，全国共有 596 450 个村级组织，其中有 556 264 个村委会、40 186 个涉农居委会、15 万个 2006 年以后新建的农村居民定居点。而此前第二次全国农业普查报告数据表明，截至 2006 年底，全国共有 656 026 个村级组织，其中有 637 011 个村委会，没有报告新建农村居民定居点，二者之差 19 015 应为涉农居委会数量。两次的数据对比，说明 10 年间全国共减少了 59 576 个村级组织，年均减少 5 957.6 个；其中村委会（即行政村）共减少了 80 747 个，年均减少 8 074.7 个；涉农居委会增加 21 171 个。减少的村委会和增加的涉农居委会之差为 59 576 个，这些村要么为小村并成大村，或者合并后再建成农村居民定居点，要么在城镇化过程中变成城市社区。

党的十九大提出了到 2035 年基本实现现代化的战略目标，2018 年中共中央一号文件据此规划到 2035 年基本实现农业农村现代化，届时，城镇化率将至少达到 70%，这将意味着会有更多的农村人口到城镇定居，农村人口会更少，村庄也会大量消失。中共中央、国务院印发的《乡村振兴战略规划（2018—2022 年）》根据发展现状、区位条件、资源禀赋等，把现有村庄划分为集聚提升类、城郊融合类、特色保护类和搬迁撤并类四种类型。可见，除了少数特色保护类，其他三种类型要么合并、要么搬迁或融入城市而消失。其实，即使是特色保护类村庄，当村民大量转移到城镇而缺乏生机时，依然会吸引其他地方的村民迁入。因此，在 2035 年之前，中国的村落形态会一直处于变动之中。这种变化包括村庄的人口结

---

① 赵佳，姜长云. 兼业小农抑或家庭农场——中国农业家庭经营组织变迁的路径选择. 农业经济问题，2015（3）：11−17.

构、产业结构、人与人之间的关系，以及民居形态的演变。在这个意义上也可以说，中国乡村正在经历千年未有之大变局。

第二节　本固枝荣：小农户是中国农业农村治理现代化的基础

一、小规模农户的长期性

根据第三次全国农业普查的数据，截至 2016 年底，全国共有农业经营户20 743 万户，其中，规模规模农业经营户为 398 万户，仅占 1.9%。[①]尽管在党的十七届三中全会以后，土地流转速度大大加快，截至 2016 年底，土地流转总面积达到 4.71 亿亩，占家庭承包经营总面积的 35.1%，但仅形成 30 亩以上的大户 1 052.1 万户，其中 50 亩以上的有 356.6 万户。这说明大部分土地流转现象发生在亲朋之间，与规模经营无关。而且，由于粮食价格和收储体制改革以及种植业本身的风险，土地流转在近几年中遇到了瓶颈。我们在调研中发现，近年来，相当多的经营者由于诸多原因而退还流转的土地。河南某粮食贸易企业自 2010 年起在某产粮大县流转10 万亩土地种植小麦和玉米，近年来亏损严重，已于 2017 年、2018 年逐渐全部退还，公司由自己经营改为社会化服务。农业生产既要受到自然风险的影响，又要受到经济风险的影响。以玉米为例，在 2016 年临时收储制度取消后，东北三省及内蒙古自治农民可以享受到按上年种植面积给予的补贴，而同样作为玉米主产区的黄淮海地区则没有这样的补贴。这对于流转土地主要种植小麦、玉米的新型经营主体是一个很大的打击。目前按品种投保的农业保险赔付率很低，一旦出现较大的风险，就会把之前若干

---

① 规模经营户是指具有较大农业经营规模、以商品化经营为主的农业经营户。其中，种植业的标准为：一年一熟制地区露地种植农作物的土地达到 100 亩及以上、一年二熟及以上地区露地种植农作物的土地达到 50 亩及以上、设施农业的设施占地面积 25 亩及以上。

年盈利都赔进去。笔者在调研中发现，2015 年泰安市宁阳县的一位种植大户种植了 140 亩耕地玉米，因灾害比正常年份减产 300 斤/亩，一共仅获得 2 000 多元的保险赔付，杯水车薪，起不到弥补损失的作用。综上所述，自 2015 年以来，土地流转速度实际上呈下降态势。按照农业部公布的土地流转数据计算，2012 年、2013 年、2014 年的平均流转增速为4.3%，2015 年下降到 2.9%，2016 年继续下降到 1.8%。这说明，在相当长的时期内，中国必然以小规模农户经营为主，这是无法改变的。即使经过流转形成的规模经营主体，依然以较小规模为主。

二、小农户与村社制度

小规模农户与村社制度是并存且互为条件的。在新大陆国家中，其土地资源充足，从事农业产业的人口不可能在一个村子里聚居，只能居住在较大的镇上，如美国，就是典型的有农业没农村。除此之外，世界上大多数国家都是村社制度，就是因为土地资源少，人们只有居住在村庄中才能方便耕作。中国是世界上村庄形态形成最早、最成熟的国家之一，大部分村庄已有数百年历史，有的已有一千年以上历史。这样，在村社制度下的小规模农户具有以下特点：一是既是生产单元，又是消费单元，生产消费合一，生产的目的是为了消费。当农业生产不能满足家庭成员更好的消费时，农户便会做出兼业甚至部分成员离开农村的决策，以实现整个家庭效用的最大化。二是既是经济再生产单元，又是人口再生产单元，二者互为条件。尤其在以传统生产工具为主的阶段，消耗体力较大，所以农户在进行人口再生产时倾向于生男孩，且越多越好；而在农业现代化水平较高阶段（如现阶段），技术水平越来越高，农业生产活动消耗体力越来越少，人们的生育观念随之发生变化，女孩由于灵巧就成为越来越多农户的生育选择。三是既是社会单元，又是政治单元。中国的村庄多以家族为主体，一般由一个大家族或者若干个规模较小的家族构成，因此，农户的社会行为实际上受到家族的影响和制约，是家族行为的一部分。中国传统社会下的乡村治理实际上是家族治理或家族联合治理，其村规民约实际上反映的是家族的共同信念，这样，社会行为就演化为政治行为，村社制度下的农户在一定程度上也是政治单元。这一结论对于贯彻十九届四中全会《决定》的精神具有重要意义。

三、小农户与现代农业发展的衔接

经济基础决定上层建筑。无论中国村社制度下的农户具有多么复杂的属性，但经济行为依然是最重要的、基础性的行为，在现代开放型社会下尤为如此。为此，党的十九大提出了实现小农户与现代农业发展有机衔接的论断，在相当长时期内具有根本性的指导意义。小农户既是中国农业现代化的基础，也是农业农村治理现代化的基础。把小农户纳入现代农业发展轨道也是治理现代化的一项重要内容。

如前所述，随着农户兼业化水平的加深，农户的分化已经成为不可避免的大趋势。① 不同农户融入现代农业的方式差异很大。一般说来，非农户和二兼农户更多需要土地流转服务，包括出租、入股，甚至退出土地承包经营权。纯农户和二兼农户更多需要农业生产性服务，如构建完善的农产品市场体系，包括农村电商体系；促进农民专业合作社发展，带动更多的农户；加快农业社会化服务体系建设，把小规模农户尽可能纳入社会化服务体系。实际上，即使通过土地流转形成一定规模的经营主体依然需要社会化服务。

从世界范围看，农民合作社是联结小农户与现代农业发展的必由之路。作为土地资源禀赋丰裕国家的代表，美国一个农场（大都是以户为单位）参加4～5个合作社，每种农产品在一个地区一般只有一个合作社负责经营。比如笔者在美国调查的 Dairylea，拥有 2 300 个奶农成员，遍布美国东北部纽约、宾夕法尼亚、佛蒙特、马萨诸塞、新泽西 5 个州，是美

---

① 有关农户分化的更深入的讨论参见张琛，彭超，孔祥智. 农户分化的演化逻辑、历史演变与未来展望. 改革，2019（2）：5－16。

国东北部最大的牛奶销售合作社。① 欧洲的国家大都较小，一般一个国家的一种农产品主要由少数几个合作社负责经营，这样才能在国际市场上具有一定竞争力。比如荷兰拥有 110 个地区型采购合作社，农民通过它们采购种子、肥料、饲料等生产资料，这些合作社分别属于 3 个中央采购合作社，它们占有肥料供应市场的 60% 和饲料供应市场的 55%。丹麦只有 2 家屠宰合作社，其中最大的丹麦王冠集团每年的生猪屠宰量占丹麦全国的93.6%，占欧洲屠宰量的 8.2%，占世界屠宰量的 2%，是世界上最大的猪肉出口公司。欧美国家的合作社都是大型农业企业，农户（农场）只负责生产，合作社负责加工、销售等延长产业链工作。可见，在这些国家中，即使是大规模或较大规模农户（农场）也不可能直接面对市场，而要通过合作社实现。如前所述，中国有 2.1 亿农业经营户，在农业现代化过程中毫无疑问也必须通过合作社这个载体来实现。

中国促进合作社发展的正式制度建立于 2007 年 7 月 1 日，标志为《中华人民共和国农民专业合作社法》的实施。此后，合作社数量迅速增加，到 2019 年 7 月超过 220 万家，平均每个村有 4 家以上，50% 以上的农户都加入了各类合作社。但平均每个合作社只有 50 多人，大部分只有20~30 人，对市场的影响很小。因此，合作社出现的问题大都是农户问题的叠加。事实上，相当多的合作社理事长们已经意识到这一点，近年来已经出现了合作社再合作即构建农民专业合作社联合社的现象。2018 年 7月 1 日实施的《中华人民共和国农民专业合作社法》（修正版）已经加进了"农民专业合作社联合社"一章，对农民专业合作社联合社的成立条件、运行机制进行了规定。联合社的发展，对于农民合作社带动能力的提升是一个质的飞跃。目前，国内联合范围最大的联合社是黑龙江龙联农民专业合作社联合社，由省内 714 家成员社构成，分布在全省 13 个地级市、58 个县，具有较大的带动能力。此外，当前尤其要关注单个农民专业合

① 孔祥智.参观纽约最大的奶农合作社引发的思考.中国合作经济，2010（12）：52-53.

作社的规范发展和提质增效，这也是联合社发展的基础。

2008 年，党的十七届三中全会提出："加快构建以公共服务机构为依托、合作经济组织为基础、龙头企业为骨干、其他社会力量为补充，公益性服务和经营性服务相结合、专项服务和综合服务相协调的新型农业社会化服务体系。"公益性和经营性服务的分离，促进了社会化服务产业的发展。尽管由于统计口径的原因，这个产业在服务业总体中所占的比例并不大，但已经显示出对农业生产极强的带动作用。尤其在今年抗疫时期，凡是农业社会化服务产业发展水平高的地方，疫情的影响就小一些。据山西省农业厅对 40 家农业社会化服务主体的调查，由于这些服务主体服务规模经营，除助力政府抗疫消杀外，对春耕备耕影响不大，而影响最大的是没有纳入社会化服务体系的小农户。社会化服务主体包括那些以盈利为目的为非成员提供农业生产服务的合作社、具有社会化服务功能的家庭农场、以社会服务为主要业务的企业和其他社会化服务组织。当然，总体上看，社会化服务产业的发育还不能满足广大农民的需求，要按照主体多元、形式多样、服务专业、竞争充分的原则，加快培育各类服务组织；鼓励各类主体加强合作，促进不同主体之间的融合发展，优势互补；适应农民的需求，加快发展农业生产托管服务，发展单环节托管、多环节托管、关键环节综合托管和全程托管等多种托管模式；加快农业社会化服务的标准化建设，尽快发布不同领域社会化服务的标准，包括服务标准、收费标准等；加强农业社会化服务产业的行业管理，出台相关法律法规，规范产业发展。

第三节　根本基石：坚持和完善农村基本经营制度

一、农村基本经营制度及其优势

自农村改革开始以后，随着家庭联产承包制的推行，一种完全不同于

人民公社的新的经营制度逐渐成熟了，这就是党的十三届八中全会表述的
"统分结合的双层经营体制"，这个制度的最大优势就是有利于集体统一经
营的优越性和农户承包经营的积极性都得到发挥。1999 年 3 月 15 日，第
九届全国人民代表大会第二次会议通过了《中华人民共和国宪法修正案
(1999 年)》，把农村基本经营制度纳入宪法，正式表述为 "农村集体经济
组织实行家庭承包经营为基础、统分结合的双层经营体制。"1998 年召开
的党的十五届三中全会，总结了农村改革 20 年的基本经验，其中第二条
就是："……实行土地集体所有、家庭承包经营，使用权同所有权分离，
建立统分结合的双层经营体制，理顺了农村最基本的生产关系。这是能够
极大促进生产力发展的农村集体所有制的有效实现形式。"

二、存在的主要问题

当前，农村基本经营制度改革遇到了前所未有的挑战。主要表现在四
大方面。

第一，"长久不变"的实现问题。十七届三中全会明确指出："现有土
地承包关系要保持稳定并长久不变"，可以理解为家庭承包经营的制度
"长久不变"和"二轮"承包后的地块以及相应的责、权、利"长久不
变"。后者涉及一系列具体问题或者可操作性问题。例如，由于"二轮"
承包时农村税费负担比较重且基本上按土地面积平均分担，很多地方在具
体操作时都隐瞒了农户承包的实际面积（大部分隐瞒 30%～50%，多的
甚至接近 1 倍），这在土地承包管理上是没有问题的，但要实现《中华人
民共和国物权法》所界定的"用益物权"，即财产权就有问题了，这个财
产究竟是多少？是账面的还是实际的？流转的时候按哪个面积计算租金？
出现了纠纷以何为依据？如此等等。这就必须对农户的承包土地进行重新
丈量、登记、确权、颁证，这项工作目前已经在全国范围内全面推行。只
有土地面积和承包关系弄清楚了，才能"确实权，颁铁证"，才有可能实
现"长久不变"。当然，如何实现"长久不变"，农村集体和承包户之间是

否需要签订第三轮承包合同，以及合同的期限是多长，则是 2023 年（从 1993 年第二轮承包开始算起）前后必须解决的问题。但无论如何，这次农村承包地确权、登记、颁证就应该成为"长久不变"的起点，否则，这次耗费人力、物力巨大（全国平均每亩确权成本 60 元人民币）的确权工作岂不是白做了？

第二，土地细碎化和规模经营之间的矛盾难以解决。1982 年中央一号文件在肯定家庭联产承包制的同时，也明确指出："提倡根据生产的需要按劳力或人劳比例承包土地；由于劳力强弱、技术高低不同，承包土地的数量也可以不同"。但土地是农民最基本的生产资料，土地的分配首先要体现公平性，因此，各地在承包时大都采取了按人头平分土地的"均田制"，即在土地按优劣分级之后，把每一等级的耕地平均分配给每一户村民，这样，同一集体组织内部的每一个农户都拥有各个等级的土地，其结果就是每一片土地都被分成很多个小块，每户的耕地都散落在不同的地块上。自农村改革开始以来，随着人口的增长，农地细碎化程度日益严重。1997 年，全国第一次农业普查结果表明，我国 90% 以上农户的农地经营规模在 1 公顷以下，这些农户经营的农地占全国的 79.07%。自 21 世纪以来，农村耕地的细碎化程度进一步加剧。据农业部农村固定观察点办公室调查，2003 年我国农户家庭平均土地经营规模为 7.517 亩，户均有土地块数 5.722 块，平均每块大小为 1.314 亩，其中东部地区由于人地比例较高，农户家庭平均土地经营规模为 4.438 亩，户均有土地块数为 3.850 块，平均每块大小仅有 1.153 亩。至 2006 年第二次全国农业普查，我国农地经营面积不足 1 公顷的农户数量比重高达 92%，全国农地总面积的 84.8% 由这些小农户分散经营。分配方式的公平性导致了土地利用效率的低下，即公平和效率的矛盾，当前中国农业出现的所有问题几乎都是由这对矛盾引起的。自 2008 年以来，土地流转比例的不断提升在一定程度上缓解了这对矛盾，但正是由于小规模的分户承包，土地流转一直处于不稳定状态，流转期限一般为 1～3 年，严重影响了新型经营主体的发育。

第三，"统分结合"中"统"的作用发挥不足，社会化服务体系的供给严重滞后。现行土地制度的内涵是"统分结合"，统和分是两个方面的内容，缺一不可。早在 1983 年中央一号文件就指出："以分户经营为主的社队，要随着生产发展的需要，按照互利的原则，办好社员要求统一办的事情。"1991 年，中共十三届八中全会上通过的《中共中央关于进一步加强农业和农村工作的决定》指出："要在稳定家庭承包经营的基础上，逐步充实集体统一经营的内容。一家一户办不了、办不好、办起来不合算的事，乡村集体经济组织要根据群众要求努力去办。要做到集体财产有人管理，各种利益关系有人协调，生产服务、集体资源开发、农业基本建设有人组织。这不仅不会影响家庭经营，而且会给家庭经营注入新的活力，推动全体农户共同发展。"进一步明确了"统一经营"的内容及作用。但是，由于在改革初期更多地强调分，很多生产队甚至连每一头牛、每一个农具都分到了农户，致使绝大部分农村集体根本没有为农户服务、行使"统一经营"职能的资源。因此，1991 年，国务院发布了《国务院关于加强农业社会化服务体系建设的通知》，指出："农业社会化服务的形式，要以乡村集体或合作经济组织为基础，以专业经济技术部门为依托，以农民自办服务为补充，形成多经济成分、多渠道、多形式、多层次的服务体系。"在行使"统一经营"的基础组织中加进了"合作经济组织"。2008 年召开的中共十七届三中全会进一步指出："统一经营要向发展农户联合与合作，形成多元化、多层次、多形式经营服务体系的方向转变，发展集体经济、增强集体组织服务功能，培育农民新型合作组织，发展各种农业社会化服务组织，鼓励龙头企业与农民建立紧密型利益联结机制，着力提高组织化程度。"从而把行使"统一经营"职能的组织扩展到了合作经济组织农业产业化龙头企业和各种农业社会化服务组织。尽管如此，社会化服务体系的供给还是远远不能满足现代农业发展的需要。

第四，仍有很多理论问题没有弄清楚。比如，2014 年中央一号文件提出农村土地所有权、承包权、经营权"三权分置"的思想，农经界认为这是重大理论创新，有利于土地流转，有利于实践的发展；但法学界则认为在法理上说不通，尤其与《中华人民共和国物权法》的思想相抵触。这表现在《中华人民共和国农村土地承包法》的修正上，其征求意见稿在激烈的争论中把土地经营权界定为用益物权，而最后通过时又去掉了这一重大创新。那么，究竟是实践出错了还是理论或法律有问题？土地经营权人究竟有哪些需要法律赋予的权利？需不需要修改相关法律？如果需要，怎样修改？如此等等。这些问题都需要认真研究，并把研究成果融入相关法律之中，用以指导实践。

三、人地关系是农村基本经营制度的核心

影响农村基本经营制度稳定的最重要因素是土地承包关系不稳定。一些地方没有遵照"增人不增地，减人不减地"的要求，而是比较频繁地调整承包土地，对现代农业发展产生了负面影响。因此，中共十五届三中全会提出："稳定完善双层经营体制，关键是稳定完善土地承包关系。"2016年4月25日，习近平总书记在安徽省凤阳县小岗村视察时指出，"新形势下深化农村改革，主线仍然是处理好农民和土地的关系。"稳定农民和土地的关系，就是稳定农村基本经营制度，同时也就稳定了农民对土地的预期，在家务农的可以长期投资，提高农业生产效率；进城打工的可以放心流转，提升土地经营规模。实际上，改革开放以来，国家一直在试图稳定农民和土地的关系。1984年中央一号文件明确要求"土地承包期一般应在十五年以上。"1993年中央十一号文件指出："为了稳定土地承包关系，鼓励农民增加投入，提高土地的生产率，在原定的耕地承包期到期之后，再延长三十年不变。"并"提倡在承包期内实行'增人不增地、减人不减地'的办法"。2008年召开的党的十七届三中全会指出："赋予农民更加充分而有保障的土地承包经营权，现有土地承包关系要保持稳定并长久不变。"从15年，到30年，再到长久不变，不仅

仅是时间上的变化，更是农民和土地关系的变化，是国家对于农民土地承包经营权用益物权性质的确认和保证。那么，怎样才能实现"长久不变"？党的十九大报告明确要求："第二轮土地承包到期后再延长三十年。"2018年12月29日，第十三届全国人大会常务委员会修正了《中华人民共和国农村土地承包法》，第二十一条规定："耕地的承包期为三十年。……前款规定的耕地承包期届满后再延长三十年，……"以法律的形式固化了"长久不变"。

2019年11月26日，中共中央、国务院发布了《中共中央　国务院关于保持土地承包关系稳定并长久不变的意见》，按照这个意见，要稳妥推进"长久不变"实施，必须（1）稳定土地承包关系，第二轮土地承包到期后应坚持延包原则，不得将承包地打乱重分，确保绝大多数农户原有承包地继续保持稳定。（2）第二轮土地承包到期后再延长三十年，以承包地确权登记颁证为基础，已颁发的土地承包权利证书，在新的承包期继续有效且不变不换，证书记载的承包期限届时做统一变更。（3）继续提倡"增人不增地、减人不减地"。（4）建立健全土地承包权依法自愿有偿转让机制。如前所述，尽管土地流转的增长速度下降，但农户参加各种社会化服务体系的比例呈上升趋势。例如，山东省供销社改革过程中推行社会化服务，全省托管、半托管面积已经超过2 000万亩；山西省2017年接受中央财政补贴资金进行农业生产托管试点，2018年扩展到27个粮食主产县，公开选择服务组织280个，服务小农户26万户，完成农业生产托管服务试点面积122万亩，2019年为350万亩，取得了良好的效果。在这个过程中，各类新型农业经营主体和服务主体得到了较大的发展，成为我国农业现代化的重要支撑力量。应该看到，土地承包关系的稳定，会损害一部分村干部的权利，因此，在实践中要保证不折不扣地执行这一政策，确保我党用40余年时间探索的理论和政策成果不走样，就必须加强政策执行环节的监督，尤其是发动广大农民进行监督。

第四节　保驾护航："三权分置"是稳定
农村基本经营制度的重要保障

一、从"两权分离"到"三权分置"是农村土地制度改革的逻
###　　辑必然

　　农村土地"三权分置"思想，是 2013 年 7 月习近平总书记视察武汉农村产权交易所时提出的，2014 年中央一号文件正式以国家政策的形式发布。2019 年 11 月 26 日，中共中央、国务院发布了《中共中央　国务院关于保持土地承包关系稳定并长久不变的意见》。那么，这一政策思路提出的背景是什么？

　　始于 20 世纪 80 年代初期的农村改革，以承包的形式把集体所有的土地分配到户，农民获得了承包经营权，形成了以家庭承包经营为基础，统分结合的双层经营体制，并被纳入 1998 年版宪法修正案，农村土地所有权和承包经营权的"两权分离"制度在法律上得以确立。之后，农民的这一权利在政策上不断强化，直到 2002 年通过的《中华人民共和国农村土地承包法》规定"任何组织和个人不得剥夺和非法限制农村集体经济组织成员承包土地的权利"，农民的这一权利在法律上得到了进一步保护。

　　然而，由于家庭劳动力的丰裕程度差异较大，在这一制度确立的初期就存在着土地代耕乃至后来被称为"流转"的现象。为此，1984 年中央一号文件就提出"鼓励土地逐步向种田能手集中"；1993 年中央十一号文件在提出土地承包期延长 30 年的同时，提出"允许土地的使用权依法有偿转让"，从而确立了"二轮"承包期内土地流转的政策框架；2002 年的《中华人民共和国农村土地承包法》第十条规定："国家保护承包方依法、自愿、有偿地进行土地承包经营权流转"；2005 年 1 月，农业部发布了《农村土地承包经营权流转管理办法》，规定了具体的流转方式和政府管理办法。土地流转的政策、法律框架逐渐完善。2007 年 3 月全国人大通过

的《中华人民共和国物权法》把农民的土地承包经营权界定为"用益物权"，使农民的这项权利得到了法律保护，进一步促进了土地流转。2008年召开的中共十七届三中全会提出："建立健全土地承包经营权流转市场……允许农民以转包、出租、互换、转让、股份合作等形式流转土地承包经营权，发展多种形式的适度规模经营。"2013年召开的中共十八届三中全会指出："完善土地承包经营权权能，依法保障农民对承包土地的占有、使用、收益等权利。"这里的收益，当然包括流转承包土地所获得的收入。此外，新世纪以来的14个中央一号文件也大都提出了推进本年度土地流转的举措（见表11-3）。

表11-3　改革开放以来土地流转的政策沿革脉络

时间	文件名称	内容概要
1984年1月1日	《中共中央关于一九八四年农村工作的通知》	鼓励土地逐步向种田能手集中
1993年11月5日	《中共中央　国务院关于当前农业和农村经济发展的若干政策措施》	在坚持土地集体所有和不改变土地用途的前提下，经发包方同意，允许土地的使用权依法有偿转让
1998年10月14日	《中共中央关于农业和农村工作若干重大问题的决定》	土地使用权的合理流转，要坚持自愿、有偿的原则依法进行
2001年12月30日	《中共中央关于做好农户承包地使用权流转工作的通知》	在承包期内，农户对承包的土地有自主的使用权、收益权和流转权，有权依法自主决定承包地是否流转和流转的形式
2002年8月29日	《中华人民共和国农村土地承包法》	第十六条　承包方享有下列权利：（一）依法享有承包地使用、收益和土地承包经营权流转的权利，有权自主组织生产经营和处置产品。 第三十二条　通过家庭承包取得的土地承包经营权可以依法采取转包、出租、互换、转让或者其他方式流转
2005年1月7日	《农村土地承包经营权流转管理办法》	第十五条　承包方依法取得的农村土地承包经营权可以采取转包、出租、互换、转让或者其他符合有关法律和国家政策规定的方式流转
2007年3月16日	《中华人民共和国物权法》	土地承包经营权人依照农村土地承包法的规定，有权将土地承包经营权采取转包、互换、转让等方式流转

续表

时间	文件名称	内容概要
2008 年 12 月 12 日	《中共中央关于推进农村改革发展若干重大问题的决定》	加强土地承包经营权流转管理和服务，建立健全土地承包经营权流转市场，按照依法自愿有偿原则，允许农民以转包、出租、互换、转让、股份合作等形式流转土地承包经营权，发展多种形式的适度规模经营
2008 年 12 月 31 日	《中共中央 国务院关于2009 年促进农业稳定发展农民持续增收的若干意见》	坚持依法自愿有偿原则，尊重农民的土地流转主体地位，任何组织和个人不得强迫流转，也不能妨碍自主流转
2011 年 12 月 31 日	《关于加快推进农业科技创新持续增强农产品供给保障能力的若干意见》	按照依法自愿有偿原则，引导土地承包经营权流转，发展多种形式的适度规模经营，促进农业生产经营模式创新
2012 年 12 月 31 日	《中共中央 国务院关于加快发展现代农业进一步增强农村发展活力的若干意见》	坚持依法自愿有偿原则，引导农村土地承包经营权有序流转，鼓励和支持承包土地向专业大户、家庭农场、农民合作社流转，发展多种形式的适度规模经营
2013 年 11 月 12 日	《中共中央关于全面深化改革若干重大问题的决定》	鼓励承包经营权在公开市场上向专业大户、家庭农场、农民合作社、农业企业流转，发展多种形式规模经营，建立农村产权流转交易市场，推动农村产权流转交易公开、公正、规范运行
2014 年 1 月 2 日	《中共中央 国务院关于全面深化农村改革加快推进农业现代化的若干意见》	稳定农村土地承包关系并保持长久不变，在坚持和完善最严格的耕地保护制度前提下，赋予农民对承包地占有、使用、收益、流转及承包经营权抵押、担保权能
2015 年 1 月 1 日	《中共中央 国务院关于加大改革创新力度加快农业现代化建设的若干意见》	坚持和完善农村基本经营制度，坚持农民家庭经营主体地位，引导土地经营权规范有序流转，创新土地流转和规模经营方式，积极发展多种形式适度规模经营
2015 年 12 月 31 日	《中共中央 国务院关于落实发展新理念加快农业现代化实现全面小康目标的若干意见》	依法推进土地经营权有序流转，鼓励和引导农户自愿互换承包地块，实现连片耕种
2016 年 12 月 31 日	《中共中央 国务院关于深入推进农业供给侧结构性改革加快培育农业农村发展新动能的若干意见》	大力培育新型农业经营主体和服务主体，通过经营权流转、股份合作、代耕代种、土地托管等多种方式，加快发展土地流转型、服务带动型等多种形式规模经营

续表

时间	文件名称	内容概要
2019 年 1 月 3 日	《中共中央　国务院关于坚持农业农村优先发展做好"三农"工作的若干意见》	健全土地流转规范管理制度，发展多种形式农业适度规模经营，允许承包土地的经营权担保融资
2020 年 1 月 2 日	《中共中央　国务院关于抓好"三农"领域重点工作确保如期实现全面小康的意见》	重点培育家庭农场、农民合作社等新型农业经营主体，培育农业产业化联合体，通过订单农业、入股分红、托管服务等方式，将小农户融入农业产业链

资料来源：根据有关政策文件和法律整理。

　　从本质上看，土地流转就是承包权和经营权的分离，就是承包人把属于自己的经营权以有偿的方式让渡给他人的过程。从表 11-3 可以看出，几十年来，土地流转政策演进和完善的过程，就是对承包人权益保护不断全面深化的过程；同时，也是不断提高土地规模经营水平、不断提高农业生产能力的过程。从 1984 年中央一号文件"鼓励土地逐步向种田能手集中"，1993 年中央十一号文件"允许土地的使用权依法有偿转让"，到 2001 年中发十八号文件"农户……有权依法自主决定承包地是否流转和流转的形式"，以及 2002 年出台的《中华人民共和国土地承包法》和 2007 年出台的《中华人民共和国物权法》对农民土地承包经营权及其流转的保护，再到 2014 年中央一号文件"赋予农民对承包地占有、使用、收益、流转及承包经营权抵押、担保权能"，农民对于承包土地的权能不断扩大，国家对这一权能保护的力度也不断增大。

　　从现实中看，只要出现土地流转现象，就存在着土地所有权、承包权和经营权的分离问题，就存在着转入土地经营者的权益保护问题。实际上，自 20 世纪 80 年代土地流转还仅仅是个别现象的时候，转出方和转入方的权益纠纷就开始出现并随着流转比例的扩大而增加。不仅如此，由于转入方的法律地位不明确，从而缺乏长期投资预期，其大部分合同一年签一次，对土地往往采取掠夺性使用方式，更无法进行农田基础设施建设。

　　早在 2008 年前后，一些地方就开始了农村土地承包经营权抵押贷款试点，农业部推行的 29 个农村土地制度改革试点县也大都包含这项内容。但即使在试点地区，这项工作也很难推进，除非地方政府成立的担保机构能够完全消除金融机构的风险，不然这样的试点也就失去了意义。而福建、浙江等南方集体林区的林权抵押贷款却进展顺利。不管林地流转还是农地流转，其实质都是经营权的让渡，同样是流转后经营权的抵押，为什么林权抵押受到金融机构的认可，而农地经营权的抵押却受到排斥？其根本原因在于，经营权抵押的实质是土地产出物的价值。林木的显著特点是长期性，评估机构便于评估，当贷款人还不上贷款时，金融机构也便于处理。而农地上生长的作物具有极强的季节性，自然风险和市场风险都较大，并且如前所述，转出方和转入方大都是一年签一次合同，或者即使所签合同是长期的，土地租金也是一年一交。这种状况对于金融机构而言风险太大，从而造成了土地经营权难以实现抵押的困境。

在 2009 年以后，全国土地流转面积占家庭承包经营总面积的比例在十位数的基础上一路攀升，到 2018 年底，全国有 5.39 亿亩耕地在不同主体间进行流转。土地流转后形成的专业大户、家庭农场、农民专业合作社、农业企业等新型经营主体是中国农业现代化的重要力量，对一般农户起到引导、示范和带动作用，意义十分重大。这些新型农业经营主体是商品农产品供给的主体，也是中国农业现代化的核心主体。但在"两权分离"的政策、法律框架下，这些主体经营转入土地的权益无法得到全面保护，积极性不能得到充分发挥，严重影响着中国农业现代化的进程。这就在客观上提出了把经营权从承包经营权中独立出来赋予单独的权能，进而强化和保护经营权的要求。

可见，农村土地所有权、承包权和经营权的"三权分置"是大势所趋，也是农业现代化的迫切需要。理论研究认为，细分的地权结构可以通过作用于农业生产要素的经济效率来影响现代农业的发展。[①] 当前，中国

---

① 李宁，何兴邦，王舒娟. 地权结构细分视角下中国农地产权制度变迁与改革：一个分析框架的构建. 中国农村观察，2017（2）：2-14。

农业正处于发展方式转型的大变革时期，作为基本制度之一的土地产权制度的演化，不仅决定着变革的方向，还决定着发展方式的转型能否顺利推进，决定着中国农业现代化道路的基本走向。

二、"三权分置"的内涵和重点

2013 年 7 月，习近平总书记视察武汉农村产权交易所，首次提出了"三权分置"的政策构想；在 2013 年中央农村工作会议上，习近平总书记进一步阐述了这一思想；2014 年中央一号文件提出了"三权分置"的政策思路，即"在落实农村土地集体所有权的基础上，稳定农户承包权、放活土地经营权，允许承包土地的经营权向金融机构抵押融资"；2015 年中央一号文件、2016 年中央一号文件对此都有明确的要求；2016 年 10 月，《中共中央办公厅　国务院办公厅关于完善农村土地所有权承包权经营权分置办法的意见》印发；2017 年中央一号文件再次明确要求"落实农村土地集体所有权、农户承包权、土地经营权'三权分置'办法"（见表 11-4）；2018 年，《中华人民共和国农村土地承包法》经全国人大常委会第七次会议修正；2019 年，中共中央、国务院发布《中共中央　国务院关于保持土地承包关系稳定并长久不变的意见》。

表 11-4　农村土地"三权分置"政策演变

时间	文件名称	内容概要
2013 年 12 月 23 日	习近平《在中央农村工作会议上的讲话》	要不断探索农村土地集体所有制的有效实现形式，落实集体所有权、稳定农户承包权、放活土地经营权。完善农村基本经营制度，需要在理论上回答一个重大问题，就是农民土地承包权和土地经营权分离问题
2014 年 1 月 2 日	《中共中央　国务院关于全面深化农村改革加快推进农业现代化的若干意见》	在落实农村土地集体所有权的基础上，稳定农户承包权、放活土地经营权，允许承包土地的经营权向金融机构抵押融资。有关部门要抓紧研究提出规范的实施办法，建立配套的抵押资产处置机制，推动修订相关法律法规

续表

时间	文件名称	内容概要
2015 年 12 月 31 日	《中共中央　国务院关于落实发展新理念加快农业现代化实现全面小康目标的若干意见》	稳定农村土地承包关系，落实集体所有权，稳定农户承包权，放活土地经营权，完善"三权分置"办法，明确农村土地承包关系长久不变的具体规定
2016 年 10 月 30 日	《中共中央办公厅　国务院办公厅关于完善农村土地所有权承包权经营权分置办法的意见》	完善"三权分置"办法，不断探索农村土地集体所有制的有效实现形式，落实集体所有权，稳定农户承包权，放活土地经营权，充分发挥"三权"的各自功能和整体效用，形成层次分明、结构合理、平等保护的格局
2016 年 12 月 31 日	《中共中央　国务院关于深入推进农业供给侧结构性改革加快培育农业农村发展新动能的若干意见》	落实农村土地集体所有权、农户承包权、土地经营权"三权分置"办法
2018 年 12 月 29 日	《中华人民共和国农村土地承包法》	国家保护承包方依法、自愿、有偿流转土地经营权，保护土地经营权人的合法权益，任何组织和个人不得侵犯
2019 年 11 月 26 日	《中共中央　国务院关于保持土地承包关系稳定并长久不变的意见》	完善落实农村土地所有权、承包权、经营权"三权"分置政策体系。

资料来源：习近平．在中央农村工作会议上的讲话//中共中央文献研究室．十八大以来重要文献选编（上）．北京：中央文献出版社，2014；其余均摘自相关中央文件和法律。

从上述中央文件和法律看，农村土地"三权分置"在政策上包括三个方面的内容。

第一，坚持农村土地集体所有权的根本地位。这是由我国的社会主义制度所决定的，不能因改革而动摇集体所有权的地位。习近平指出："农村土地集体所有权是土地承包经营权的基础和本位，坚持农村基本经营制度，就要坚持农村土地集体所有。""不管怎么改，不能把农村土地集体所有制改垮了。"① 据统计，2008 年全国村级集体所有耕地占总集体耕地面积的 39%，村内各农民集体所有（主要指村民小组级）的耕地占 60%，

① 习近平．在中央农村工作会议上的讲话//中共中央文献研究室．十八大以来重要文献选编（上）．北京：中央文献出版社，2014：670-671.

乡镇集体所有的耕地占 1%。① 我国农村土地集体所有制是历史形成的，它兼顾了国家、集体、农民等各个方面的利益，是符合我国国情的有效制度安排。作为土地的所有者，农民集体的权能主要是对承包地发包、调整、监督、收回等。《中华人民共和国农村土地承包法》第十三条规定："农民集体所有的土地依法属于村农民集体所有的，由村集体经济组织或者村民委员会发包。"发包权是农民集体作为土地所有者权能的最高体现，任何组织和个人不得非法干预；如果遇到因自然灾害等因素造成土地损毁或承包人自愿申请时，农民集体可以对承包人的承包土地进行适当调整；有权对承包人和经营人对土地的使用行为进行监督，对土地非正常使用、非农化、损毁耕地、抛荒性行为进行纠正甚至收回承包地。从现实操作中看，农村土地集体所有权能的行使者在村一级一般为村党支部和村委会，在村民小组一级一般会成立一个代行管理职能的小组或委员会。

应该注意的是，农村土地集体所有和集体经济是两个维度的概念。按照 2016 年 12 月 26 日中共中央、国务院发布的《中共中央　国务院关于稳步推进农村集体产权制度改革的意见》的表述，"农村集体经济是集体成员利用集体所有的资源要素，通过合作与联合实现共同发展的一种经济形态，是社会主义公有制经济的重要形式"。集体经济的内容，除了土地外，还包括森林、山岭、草原、荒地、滩涂等资源性资产，以及经营性资产和非经营性资产。从全国 58 万个村看，2015 年当年无收益的村占55.3%，当年收益额为 5 万元以下的村占 21.7%，年收益 5 万元以上的村仅占 23%。② 这种状况影响着农村集体经济组织职能的发挥，但不影响农民集体行使对集体土地的各项权能。

第二，严格保护农户承包权。土地承包权是农民作为集体组织的成员而天然获得的权利。《中华人民共和国农村土地承包法》第十六条规定：

---

① 孙中华. 关于农村土地"三权分置"有关政策法律性问题的思考. 农业部管理干部学院学报，2015（1）：1-5.

② 孔祥智，高强. 改革开放以来我国农村集体经济的变迁及亟须解决的问题［J］. 理论探索，2017（1）：116-122.

"家庭承包的承包方是本集体经济组织的农户。"根据相关政策法律，承包集体土地的农户有权自主组织生产经营活动，有权处置土地产出物；有权流转承包的土地并收取相应费用；当承包地被依法征用、占用时，有权依法获得相应的补偿。中共十七届三中全会指出："赋予农民更加充分而有保障的土地承包经营权，现有土地承包关系要保持稳定并长久不变。"也就是说，农民对于所在集体组织的土地承包权是长期而有保障的。然而，现实中侵犯农民合法承包权益的行为时有发生，比如有些地方还出现过土地流转者潜逃的行为，不仅租金无处讨回，经流转者整理后连片的土地如何重新分配到原承包户也是很复杂的工作。可见，农户承包权的保护仍然需要强调并严格执行相关政策。

第三，加快放活土地经营权。《中共中央办公厅　国务院办公厅关于完善农村土地所有权承包权经营权分置办法的意见》的贡献之一是首创了"土地经营权人"的概念，意指土地流转关系中的转入方，即土地的具体经营者。如果土地没有流转，则承包权和经营权没有分离，则为"承包经营权人"，而不是"经营权人"。根据这个文件，放活土地经营权主要包括六个方面内容：其一，土地经营权人对流转土地依法享有在一定期限内占有、耕作并取得相应收益的权利。除非流转合同另有规定，土地经营权人有权在流转的土地上种植相应作物并获取收益，土地所有权人和承包人不得干预经营权人的合法经营行为。其二，经承包农户同意后，土地经营权人可依法依规改良土壤、提升地力，建设农业生产、附属、配套设施，如在合同到期或强行终止后这些设施仍在继续发挥作用，可以依照合同约定或协商获得相应补偿。其三，经承包农户同意，土地经营权人可以再流转土地经营权或依法依规设定抵押，但须向农民集体书面备案。其四，经承包农户同意，土地经营权人可以流转土地入股企业或合作经济组织。其五，土地经营权人有权在流转合同到期后按照同等条件优先续租承包土地。其六，流转土地被征收的，地上附着物及青苗补偿费应按照流转合同约定确定其归属。

　　在上述三个方面的内容中，放活经营权是文件的重点，尽管文件并没有明确指出这一点。这是因为：首先，2002 年出台的《中华人民共和国农村土地承包法》尽管设置了"土地经营权流转"一节，但所规定的主要是流转的方式、主体、发包方和承包方的责权利等，没有涉及土地流转后转入方即经营权人的权利。这个文件规定的中农村集体所有权人和承包人的权利，在《中华人民共和国农村土地承包法》中基本都有体现。其次，2005 年 1 月，农业部发布了《农村土地承包经营权流转管理办法》，规定了土地受让方即经营权人的责权利，但更多的是限制和责任，如"受让方应当具有农业经营能力""受让方应当依照有关法律、法规的规定保护土地，禁止改变流转土地的农业用途"等，完全规定经营权人权利的，只有一条，即"受让方在流转期间因投入而提高土地生产能力的，土地流转合同到期或者未到期由承包方依法收回承包土地时，受让方有权获得相应的补偿"。经营权人的其他权利只能在责任条款中看到，如"受让方将承包方以转包、出租方式流转的土地实行再流转，应当取得原承包方的同意"，可见经营权人可以将转入的土地再流转，并且即使这样，土地经营权人的权利也很有限。再次，现实中对土地经营权人的限制较多，如一些地方要求经营权人预交相当于半年到一年租金的风险金或保证金，大大增加了经营权人的经营负担，而土地经营权的抵押贷款仅仅在某些试点地区推行。最后，很多地方性规定或做法不利于对土地经营权人权利的保护。例如，大部分地区都要求专业大户领办农民专业合作社，而一般农户以土地经营权入股时则要求合作社保底分红，即先保证相当于土地流转费用的"底"，年终有盈余时再进行二次分红。这样的规定严重侵害了大户的权利，也使其领办的合作社难以规范发展。道理很简单，合作社就应该共担风险，"保底"相当于成员在入股时就知道了基本收益，使合作社的风险转嫁给少数核心成员，从而人为造成了合作社的不规范，也损害了土地经营权人的利益。有些地方，当地村民看到土地经营者赚了钱，就设置各种障碍，迫使经营权人不得不放弃部分利益。这些都是土地经营权人的权益得不到保障的表现，但根子上还是土地经营权没有在法律上得到保护。

2018年12月29日第十三届全国人民代表大会常务委员会第七次会议修正的《中华人民共和国农村土地承包法》对土地经营权进行了具体规定。这次修正法律，尽管最终没有把土地经营权界定为用益物权，但对由与土地经营相关的权益进行了比较充分的保护。第一，鼓励长期流转。如果流转期限为五年以上，当事人可以向登记机构申请土地经营权登记，从而进行相关权益保护。第二，土地经营权人经承包方书面同意并向发包方备案，可以向金融机构融资担保。担保物权自融资担保合同生效时设立。当事人可以向登记机构申请登记。担保物权的界定对于保护土地经营权人的合法权益具有重要作用。修正后的法律同时规定，实现担保物权时，担保物权人有权就土地经营权优先受偿，这是对经营权人权益的进一步保护。

第五节　双管齐下：从宏观和微观两个方向加强农业农村治理

实现农业农村治理现代化需要解决的问题很多，目前看，最重要的是在宏观上加快主要农产品价格改革和农业补贴制度改革，形成合理、稳定并适合中国国情的农业宏观治理体系；在微观上切实推进乡村治理现代化。

一、改革主要农产品的价格支持政策

按照2004年中央一号文件精神，从2004年开始，国家将全面放开粮食收购和销售市场，实行购销多渠道经营。为了保护农民利益，国家从当年在主产区实施水稻最低收购价政策，2006年扩大到小麦。2008年启动了玉米和大豆的临时收储政策，后拓展至油菜籽、生猪、棉花、食糖等，相当于价格支持政策。这一政策对于保护农民利益起到了十分重要的

支撑作用。以稻谷和小麦的最低收购价格为例，每年在播种前由国家主管部门发布，农民依据这个价格确定种植决策。

主要农产品的价格支持政策是以农民收入为导向的。这就决定了在成本逐年上涨的大前提下价格必然只提不降，从而也就违背了供求决定价格的基本规律。而且，当 2004 年开始实施价格支持政策时，国际市场粮价正处于高位运行状态，自 2012 年起，国际粮价开始持续下跌，导致 2014 年起国际、国内粮棉油糖肉等主要农产品价格全面倒挂，价差不断扩大，玉米等品种还出现了产量、储存量、进口量"三量齐增"的奇怪现象，反映了畸形价格机制带来的负面效应。因此，自 2014 年起，国家改革大豆和棉花的临时收储为目标价格，同时，把食糖的临时收储政策改为企业收储、财政补贴；2015 年起取消了油菜籽的临时收储政策；2016 年，国家改革东北四省区的玉米临时收储为"市场化收购"加"定向补贴"。从改革的效果看，取消支持政策可以使上述产品价格回归市场决定，对于产业发展以及与国际市场接轨具有重要意义。这里存在的问题是：（1）在国内国际农产品成本严重倒挂的前提下如何保证产业发展？（2）如何保障农民利益？在取消价格支持政策后，政府如何利用好财政补贴这个工具促进农业产业发展和农民收入水平的提升？

二、改革农业补贴体系

根据 2004 年中央一号文件精神，我国正式实施了良种补贴、种粮农民直接补贴和农机具购置补贴，2006 年因农业生产资料价格上涨而实施了农业生产资料综合补贴，史称"四大补贴"。国家还于 2005 年起陆续出台了奶牛良种补贴、生猪良种补贴等一系列畜禽养殖补贴政策，渔业、林业领域也都实施了相关补贴政策。2016 年，国家在前一年试点的基础上，把除农机具购置补贴之外的三项补贴为"农业支持保护补贴"，主要用于提升耕地地力和粮食适度规模经营。这就把原来属于"黄箱"范围的良种补贴通过改革转变为"绿箱"。近几年中央一号文件发布的许多政策如东北黑土地保护、农业环境问题治理、农业生态保护和修复等，都属于"绿箱"范围。在 WTO 规则限制下，农业补贴的支持方向除了"黄变绿"外，还应大力鼓励新型经营主体按照国家产业发展方向从事生产经营活动，这样才能够提高产业竞争力，使补贴覆盖更多的小农户。

三、推进乡村治理现代化

乡村治理是一个综合性问题。党的十九大指出："加强农村基层基础工作，健全自治、法治、德治相结合的乡村治理体系。"首次把德治纳入乡村治理范畴。2019 年 6 月 23 日，《中共中央办公厅　国务院办公厅关于加强和改进乡村治理的指导意见》印发，提出了加强和改进乡村治理的总体要求、主要任务和实施措施。参照文件精神，笔者认为，推进乡村治理体系和治理能力现代化主要做好以下几个方面工作。

一是加强党对乡村治理的领导。当前，乡村存在着各种各样的正式组织和非正式组织，包括村党组织、村民委员会、村集体经济组织、村务监督委员会、农民合作组织和其他经济社会组织（如老年人协会、婚丧嫁娶协会等），这些组织支撑着乡村经济社会的正常运转，是乡村治理的主要力量。这些组织的核心，就是党组织。村党组织书记和其他成员可以通过法定程序担任村民委员会主任、副主任和村级集体经济组织、合作经济组织负责人，村"两委"班子成员应当交叉任职。同时，要充分发挥党员在乡村治理中的先锋模范作用。

二是推进乡村法治建设，使广大农民群众学法、懂法、用法。不仅用法律手段保护自己的合法权益，还要保证村级各类组织的决策中不违法。我们在调研中发现，一些村民（代表）大会通过的决议，如剥夺"外嫁女"在承包土地、分配集体资产股份等的权利，就是不符合现行法律规定的。要促进乡村治理法治化、规范化、程序化，便于群众操作执行。针对许多村庄主要劳动力外出打工的现实，可以借鉴浙江省象山县等地的经验，借助手机、互联网等先进手段，建立"智慧村庄"综合管理服务平台，建立"村民微信群""乡村公众号"，鼓励村民通过手机等工具开展村民说事、民情恳谈、百姓议事、妇女议事等各类协商活动。

三是培育和践行社会主义核心价值观，并融入文明公约、村规民约、家规家训。充分挖掘传统文化中值得发扬和传承的精髓，如崇德向善、扶危济困、扶弱助残等，培育淳朴民风。大力开展文明村、农村文明家庭、五好家庭等创建活动，宣传农村道德模范、最美邻里、身边好人、新时代好少年，充分发挥农村道德模范的示范带动作用，弘扬道德新风。结合传统节日、民间特色节庆、农民丰收节等节庆活动，弘扬优秀传统文化，为构建新时代乡村"德治"体系服务。

四是切实推进农村集体产权制度改革，大力发展农村集体经济。集体经济是乡村治理的基础。2016 年 12 月 26 日，《中共中央　国务院关于稳步推进农村集体产权制度改革的意见》发布，提出从 2017 年起用 5 年左右的时间完成农村经营性资产股份合作制改革，主要是构建村级股份合作社，各地的名称不完全一致，有的叫经济合作社，有的实力雄厚的还在合作社的基础上成立了股份公司等，但在构建合作社的过程中都把各类资产尽可能的清理、核算清楚，壮大了集体经济实力，拓宽了集体经济发展路径。在剩下不到两年的时间里，未完成地区要按照主管部门的统一要求，保质保量地完成农村集体产权制度改革任务，为集体经济发展奠定组织基础。（1）做好集体资产清产核资工作。包括属于集体所有尚未承包到户的资产、资源等，如林地、池塘、厂房、仓库等，一些地方还有废弃的学校，由于小学撤并而无法继续作为教育设施和教育用地，也可以纳入集体资产清产核资范围。（2）做好成员界定工作。理论上看，集体经济组织成员就是这次产权制度改革需要界定的成员，但现实中很复杂。一是集体经济组织存续期间有去世和新出生的，有调出和调入的，即使简单地截至某一时点，每个成员由于年龄不同，对集体经济的贡献差异很大；二是外嫁女的处理问题，有的人走户走，有的人走户不走，有的人户都不走，这些复杂的情况如果简单地按照当地习俗，由村民大户或代表大会表决决定，有可能会出现多数人剥夺少数人权利的现象。（3）构建社区股份合作社。在清产核资和成员界定工作结束后，就可以依法组建农村社区股份合作社。其实质是把农村集体资产按份额落实到每一位成员。由于农村社区经营人才的有限性，大多数村社区股份合作社的理事长都由村党支部书记或村委会主任兼任，也有些地方由村民（代表）大会选举具有经营能力的本村企业家担任理事长，有利于农村集体资产的保值增值。这样的经验值得在资产较多的村庄推广。

参考文献

1. 冯海发. 亦论兼业化农业的历史命运——与陆一香同志商榷. 中国农村经济，1998（11）.

2. 孔祥智，刘同山. 论我国农村基本经营制度：历史、挑战与选择. 政治经济学评论，2013（4）.

3. 孔祥智，毛飞，等. 中国农村改革之路. 北京：中国人民大学出版社，2014.

4. 孔祥智. 我国农业劳动力数量和劳动力生产率估算. 改革，2019（5）.

5. 孔祥智. 中国农业社会化服务：基于供给和需求的研究. 北京：中国人民大学出版社，2009.

6. 翁贞林，高雪萍，檀竹平. 农户禀赋、区域环境与粮农兼业化——基于9省份1 647个粮食种植户的问卷调研. 农业技术经济，2017（2）.

7. 徐雪高，沈贵银，何在中. 农户兼业化发展及未来研究展望. 农业展望，2017（2）.